古代歷史文化 研究輯刊

二八編

王明蓀 主編

第 20 冊

香港城市社區歷史地理研究（1841～1991）（下）

劉祖強 著

國家圖書館出版品預行編目資料

香港城市社區歷史地理研究（1841～1991）（下）／劉祖強 著
－－初版－－新北市：花木蘭文化事業有限公司，2022〔民 111〕
目 8+236 面；19×26 公分
（古代歷史文化研究輯刊 二八編；第 20 冊）
ISBN 978-626-344-094-4（精裝）
1.CST：社區研究 2.CST：人文地理 3.CST：歷史
4.CST：香港特別行政區
618   111010296

ISBN-978-626-344-094-4

9 786263 440944

古代歷史文化研究輯刊
二八編　第二十冊　　　　　　　ISBN：978-626-344-094-4

香港城市社區歷史地理研究（1841～1991）（下）

作　　者	劉祖強
主　　編	王明蓀
總 編 輯	杜潔祥
副總編輯	楊嘉樂
編輯主任	許郁翎

編　　輯　張雅淋、潘玟靜、劉子瑄　美術編輯　陳逸婷
出　　版　花木蘭文化事業有限公司
發 行 人　高小娟
聯絡地址　235 新北市中和區中安街七二號十三樓
　　　　　電話：02-2923-1455／傳真：02-2923-1452
網　　址　http://www.huamulan.tw 信箱 service@huamulans.com
印　　刷　普羅文化出版廣告事業
初　　版　2022 年 9 月
定　　價　二八編 27 冊（精裝）新台幣 80,000 元　　版權所有 · 請勿翻印

香港城市社區歷史地理研究(1841～1991)(下)

劉祖強　著

目次

表目錄

圖目錄

第三章　香港城市社區的結構、類型與功能

　　城市社區的結構、類型及功能是剖析城市社區的重要基礎。本章首先分析香港城市社區的組織結構。接著,根據「自然區」與「社會區」的內涵探討了香港城市社區空間結構分布。並在此基礎上,結合國內外對城市社區類型劃分的理論依據,以及影響香港城市社區類型的幾個主要社會因子,對香港城市社區的類型作了簡單的劃分。最後,對香港城市社區所承載的功能進行了論述。

第一節　香港城市社區結構及演變

　　城市社區比農村社區在要素多樣性和空間集聚性等特點上要複雜得多。城市社區結構的內涵非常廣泛,包括「社區的人口結構、生態結構、空間結構、經濟結構、政治結構和社會文化結構等」〔註1〕。從香港城市社區的實際情況來看,社區內部結構的調整特別是社區組織結構和社區空間結構的優化已成為社區建設的重點之一。

一、城市社區組織結構及演變

　　城市社區不僅僅是一定地域上人群的彙集,也是組織制度的彙集〔註2〕。

〔註1〕 程玉申:《中國城市社區發展研究》,上海:華東師範大學出版社,2002年,第25頁。

〔註2〕 (美)R.E.帕克,(美)E.N.伯吉斯,R.D.麥肯齊著;宋俊嶺,鄭也夫譯:《城市社會學:芝加哥學派城市研究》,商務印書館,2012年,第115頁。

城市社區組織按照不同的劃分標準可以分為以下幾類：第一，根據組織內部成員間關係的規範與確定性，可分為正式組織和非正式組織；第二，根據組織目標取向和功能，可分為以生產、服務、福利為主要功能的經濟生產組織，以權力配置為主要功能的政治目標組織，以調整社會關係和維持社會秩序為主要功能的模式維持組織；第三，根據組織目標與受益者之間的關係，可分為使所有者受益的互利組織，以服務顧客為目標的服務性組織，使社會大眾普遍受益的公益組織；第四，根據組織對成員的控制手段，可以分為用暴力手段進行控制的強制性組織，用物質和金錢控制的功利性組織和以道德或信仰為基礎的規範性組織〔註3〕。可見，城市社區組織數量眾多且種類繁多，其組織內部結構和組織之間的關係也更為複雜。

在殖民地早期，港英政府在香港的統治政策是培植一些當地的領袖及社會組織，吸納他們進入行政架構，以增強政府與普通市民的溝通，從而實現對社會的有效治理。如早期華人社會成立的文武廟、東華三院、保良局等。

進入20世紀以後，殖民地政府亦開始探索建立民政工作的架構。如1913年華民政務司署的成立，其主要任務為管理及監督本地華人事務，包括保護婦女、兒童、勞工轉口、戶口、婚姻及社團登記等。華民政務司署作為政府與民間溝通的橋樑，一般接觸面較窄，只與東華三院、保良局及地區保衛委員會聯繫，這是為了配合殖民地政府對華人事務管理的不干預政策。除了一些基本服務外，政府並不重視基層居民工作〔註4〕。故其城市管理的重心一直在基層社區，這使得基層社區在城市社會生活中的地位和作用非常明顯，從而為社區組織的發展變化創造了有利條件。

1949年之後，隨著大量內地移民的不斷湧入，香港社區的社會服務缺口很大，為了鼓勵民間力量為來港的移民提供社會服務，以減輕政府的負擔，華民政務司署屬下的社會福利部成立了社區發展組，推動各區成立街坊福利會。街坊福利會為社區居民提供教育、醫療及賑災等服務。但是由於政府害怕街坊福利會發展成為威脅其統治的政治勢力，因此街坊福利會的發展受到很大限制。

20世紀60年代，政府為增強新安置居民的歸屬感，於1960年建成了

〔註3〕程玉申：《中國城市社區發展研究》，第25～26頁。
〔註4〕梁祖彬：《香港社區工作發展史》，選自莫泰基等主編：《香港社區工作——反思與前瞻》，中華書局（香港）有限公司，1995年1月，第3頁。

第一所社區中心。社區中心的工作則由社會福利署下屬的青年福利部管轄，而在 1967 年改名為社區及小組工作部〔註 5〕。而街坊福利會逐漸被專業團體所取代。社會福利署更是脫離華民政務司署成為一個獨立的部門，街坊福利會仍由華民政務司署負責，街坊福利會逐漸趨向一個代表民意的政治角色。

六七暴動以後，港府從六七暴動的教訓中覺醒，開始改變以往封閉的作風以及過度依賴傳統華人福利組織的方法，重視建設民政工作的組織架構。1968 年在市區內設立民政署，由民政主任主動接觸社區群眾，改善環境、接受投訴、宣傳政府政策。1970 年，鼓勵私人樓宇成立多層大廈業主立案法團，負責大廈管理工作。1972 年，民政署在各民政區內設立分區委員會，推行全港清潔運動。1973 年，推行互助委員會計劃，鼓勵居民自發組織起來，參與管理大廈問題。1974 年，成立民政委員會，成員包括有關部門代表，分區委員會主席、地方領袖。

80 年代以後，香港城市社區組織相繼湧現出各種組織。既有官辦的行政性社區組織，又有官民合辦即政府資助、民間主辦的半行政性社區組織，同時還有完全民辦的非行政性社區組織。這些組織都是相對獨立的，自治程度較高。撇開其非官辦組織及半官辦組織的自治程度，即使其官辦組織也有一定程度的自治性。例如，互助委員會就是一個由政府主導和策劃，居民選舉產生的，以自治為主、政府管理為輔的居民組織；分區委員會是地區民政事務處邀請一些對社區事務感興趣的人參加的，兼具自治和行政雙重功能的社區服務組織；地區管理委員會也有一定程度的自治色彩，這是一個由各區民政事務處牽頭的，其他政府機構代表參加的地區事務協調機構〔註 6〕。由互助委員會、分區委員會及民政區委員會組成的民政工作機構成為港府的地方諮詢橋樑，行政工作統一由民政署（後改為政務署）負責。至 1982 年時，為了彰顯選舉功能，民政區委員會改組為區議會。區議會、分區委員會及互助委員會由始至終都沒有直接的關係，它們唯一相同只是由政務署保持單線聯繫。如圖 3-1 所示。

〔註 5〕梁祖彬：《香港社區工作發展史》，第 4 頁。

〔註 6〕李會欣、劉慶龍編著：《中國城市社區》，河南人民出版社，2002 年第 1 版，第 289 頁。

圖 3-1　民政組織的關係〔註7〕

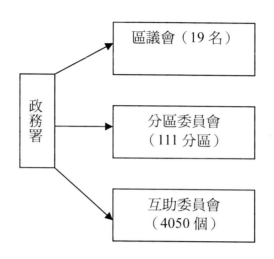

下面以分區委員會為例來討論香港社區發展中民政組織的組織結構及演變。

（一）分區委員會的組織及人員構成

分區委員會自 1972 年成立至今，已有 40 多年的發展歷史。分區委員會組織架構下設若干小組，小組數目根據不同地區情況而定。一般包括環境改善小組、交通運輸小組及社區建設小組。分區委員會每年選舉主席、副主席及司庫三個職位。小組主席亦是經過互選產生。分區委員會一般是六至八周開會一次，每次約兩個小時，會議內容包括各個工作小組的工作報告、各政府部門的報告、區議會報告及少量政府諮詢事項等。此外，分區委員會亦要負責選舉代表出席區議會下屬的委員會會議。

由於分區委員會屬於政府官辦性質，政府會津貼會議開支與社區活動經費，故其委員全部由政府委任，主要包括傳統街坊會領袖、業主立案法團主席、社團首長，以及在社區內工作或居住的專業人士、政府部門代表等。委員任期，一般是一個財政年度，即一年〔註8〕。關於各委員的人員構成，下面以港島一分區委員會為例說明之。詳情見下表。

〔註 7〕陳麗雲：《從分區委員會看社工參與政治》，載《社區發展資料彙編 1985 及 1986》，香港：香港社會服務聯會，1986 年，第 30 頁。

〔註 8〕陳麗雲：《從分區委員會看社工參與政治》，載《社區發展資料彙編 1985 及 1986》，香港：香港社會服務聯會，1986 年，第 31 頁。

表 3-1　1985 年港島一分區委員會委員資料〔註 9〕

	年　齡	性　　別	聯　繫		職　　業	
數目	25 以下：0 人	男：23 人	街坊福利會：8 個	教師：2 個	
			區內社團：5 個	社工：3 個	
	25～40：14 人		大廈組織：5 個	行政人員：6 個	
			區內工作：3 個	專業人士：3 個	
	41～60：9 人	女：4 人	居民：2 個	商人：8 個	
			區議會：4 個	技工：2 個	
	60 以上：4 人			小販：1 個	
				主婦：2 個	

　　由上表可知，至 1985 年時，分區委員會委員的年齡主要以 25 歲至 40 歲的中青年為主；從性別類型看，男性占絕對優勢；從連絡人來看，主要以社區內的社會組織為主，如街坊福利會、區內社團及大廈組織等；從職業來看，主要以商人與行政人員為主。雖然港府當局為了加強分區委員會的代表性，一直努力吸引新興力量的加入，包括青年人、婦女、專業人士等，但是傚果不是很好，以上表所反映來看，傳統勢力仍佔據優勢。

（二）分區委員會職權範圍

　　分區委員會作為一個民意諮詢與官民溝通的途徑，分區委員會職權可參照區議會的工作範圍，主要包括〔註 10〕：

①加強居民對政府政策和措施的瞭解；

②反映區內居民對公眾事務的意見；

③探查區內社區服務的缺點或不足之處，並設法加以改善；

④協助推行撲滅罪行運動即改善區內治安；

⑤改善區內的環境衛生；

⑥促進改善區內多層大廈管理；

⑦促進區內居民的睦鄰及互助精神；

⑧推行區內居民的康樂及體育活動。

〔註 9〕資料來源：筆者根據陳麗雲著《從分區委員會看社工參與政治》中的材料所製，第 31 頁。

〔註 10〕陳麗雲：《從分區委員會看社工參與政治》，載《社區發展資料彙編 1985 及 1986》，香港：香港社會服務聯會，1986 年，第 32 頁。

　　總結而言，結合分區委員會工作的特點，其職權範圍可以概括為兩大部分：其一是響應政府的施政並反映區內居民的意見；其二是舉辦文化、康健、體育及社區教育活動，增強社區團結及歸屬感。

（三）分區委員會的功能

　　從以上分區委員會的職責範圍來看，分區委員會的功能作為一個官民溝通的渠道，主要向政府提意見。而所提之意見一般是政府部門尚未做到的一些工作，委員會將問題反映給政府實際上起到了一種監督作用。分區委員會組織的多樣化的社區活動在一定程度上加強了社區居民的歸屬感。然而，分區委員會的參與模式主要是以被諮詢為主，分區委員會是沒有任何決策能力的。

　　總結來看，經過多年的實踐與發展，香港城市社區組織在上述各類組織範疇之內形成了一套健全而有效的社區建設組織體系，其城市內各類社區組織分工明細、功能明確，而且專門化的正式組織十分發達，並在社區組織結構中佔據主導地位。香港社區組織在其城市組織內部通過分層領導與負責的層級結構方式運作。如官辦的組織：民政事務署——民政區委員會——分區委員會——互助委員會；官民合辦的半行政性社區組織：社會福利署——社區中心及各種社區服務機構——屋村社區中心及各種社區服務機構——社區會堂及各種社區服務機構；完全民辦的非行政性社區組織：街坊福利會——伸手助人協會——總辦事處——護老院、老人之家、老人度假中心等〔註11〕。這些官辦與民辦的社區組織的出現，客觀上使家庭組織的功能逐步退化，作用日趨下降。在香港特殊的政治經濟體制下，社區組織成為了行政組織的重要補充，它們在城市基層社會生活中的作用愈加重要。

　　總之，從總體上看，香港社區組織的發育日漸成熟，其社區組織結構也不斷在完善。其城市社區組織的變化主要體現在以下三個方面：第一，無論是官辦社區組織，亦或是官民合辦及完全民辦的社區組織都與基層社區經濟社會發展越來越密切。第二，社區組織在主體多元化、形式多樣化的同時，也更加重視為基層社區提供服務。如互助會、護老院、老人之家、老人度假中心及其他社區服務等機構的紛紛建立。第三，各種類型的社團組織大量湧

〔註11〕李會欣、劉慶龍編著：《中國城市社區》，河南人民出版社，2002 年第 1 版，
　　　　第 289 頁。

現並在基層社區發展的許多方面發揮著日益重要的作用。如街坊福利會、區管理委員會、業主立案法團、社區中心、屋村社區中心等，其共同功能是在政府與社區居民之間架起互相溝通的橋樑。

二、城市社區空間結構及演變

　　城市社會地域始終處在分化整合的運動過程之中，社區便是這一過程的產物。馬克思主義唯物辯證法提出，任何物質都處在絕對運動與相對靜止的運動之中。因此，在一定時期內，城市地域內的各種社區在空間上呈現出某種組合狀態或分布格局。正是各種社區在空間上的有機組合，才構成了城市社區空間的整體〔註 12〕。學術界對城市社區空間的研究中影響最為廣泛的當屬以自然區和社會區為特色的兩類研究〔註 13〕。20 世紀初，以 R.E 帕克、E.N 伯吉斯、R.D 麥肯齊為代表的人類生態學派（也稱芝加哥學派）認為，城市是一個有機體，它是生態、經濟和文化三種基本過程的產物，是人類文明的自然生息地〔註 14〕。生態學派以自然概念為基礎探討了城市社區空間格局的形成機制、演變過程和一般模式。他們把城市社區理解為由未經規劃的生態和社會過程產生的具有獨特自然、經濟和文化特徵的地域單元，即「自然區」，認為城市是由自然區組成的，社區的空間結構或空間秩序是通過優勢、隔離、非人情化競爭和演替等「自然」過程才得以呈現的〔註 15〕。可見，人類生態學派關注的是對城市社區空間格局形成變化過程的一種動態研究。由於該派的研究簡單套用達爾文生物進化論的方法，把競爭因素置於文化因素之上，所以其得出的結論往往顯得不夠嚴謹，存在一定的缺陷。且在現實世界中，純粹的「自然區」並不存在，城市社區並非由單一「自然」過程產生的，而是「自然」過程與歷史文化過程的統一。因此，1945 年初期，以謝夫奇、貝爾等為代表的美國社會學者提出社會區分析理論，通過對特定時期城市社區空間的靜態格局的分析，來鑒別不同類型的社會地域——社會區，加深對城市社會空間格局的認識，彌補動態分析的不足。本節從「自然區」和

〔註 12〕程玉申：《中國城市社區發展研究》，上海：華東師範大學出版社，2002 年，第 27～28 頁。

〔註 13〕程玉申：《中國城市社區發展研究》，第 28 頁。

〔註 14〕（美）R.E.帕克，（美）E.N.伯吉斯，R.D.麥肯齊著；宋俊嶺，鄭也夫譯：《城市社會學：芝加哥學派城市研究》，商務印書館，2012 年。

〔註 15〕程玉申：《中國城市社區發展研究》，第 28 頁。

「社會區」兩個維度來探討香港城市社區的空間結構。

首先，伯吉斯於20世紀初以芝加哥城市社區為研究對象提出的同心圓帶城市空間結構模式對於研究香港城市社區具有重要借鑒意義。伯吉斯把城市空間結構區分為兩個層次。在總體上，城市空間會在經濟競爭實力不同的各種社會集團的影響下產生分異，形成由五個同心圓帶組成的基本格局。具體如圖3-2所示。

圖3-2　城市社區的空間格局（伯吉斯的同心圓帶模式）〔註16〕

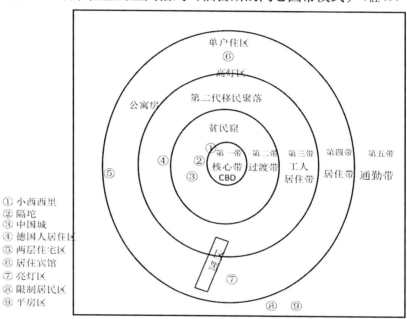

① 小西西里
② 隔坨
③ 中国城
④ 德国人居住区
⑤ 两层住宅区
⑥ 居住宾馆
⑦ 亮灯区
⑧ 限制居民区
⑨ 平房区

芝加哥學派認為，在市場機制作用下，經濟狀況或地租支付能力的差異決定著不同群體在爭奪優勢區位過程中的相對競爭實力，其結果是產生地理空間上的居住隔離。而上圖中每一帶中都存在一個優勢群體，如第三帶中以德國人為主的群體，第四帶中以美國家庭為主的中產階級，以及第五帶中的高收入群體。由於語言、文化和種族等因素的影響，第二帶即過渡帶中則鑲嵌著隔坨、小西西里和中國城，使其在帶中形成空間尺度更小的隔離〔註17〕。

城市裏不同階層和種族往往居住於不同地區，形成不同的社區。芝加哥

〔註16〕資料來源：Knox, P.L.1987, Urban Social Geography, p.60。
〔註17〕程玉申：《中國城市社區發展研究》，上海：華東師範大學出版社，2002年，第28頁。

城市社區以種族、經濟發展及教育水平、人口等為主要形成因素。這些因素對香港城市社區的形成與影響也是非常顯著的。種族隔離政策是導致早期的香港人口分布差異的最重要原因。1904 年，殖民地政府通過法例規定，香港島海拔 788 英尺以上的地區為英人居住區，美國人、日本人及其他歐籍人士住至梅道、堅道一帶，華人則居住在上環、西環一帶。1920 年初，一些富有的華人與亞洲人為顯示財富地位，特別在九龍塘建了一個花園城市式的高級住宅區。此後堅道雖然解禁，允許華人居住，但是政府以保持整體建築外觀的一致性為藉口，不允許中式建築在該區興建，再加上戰後香港經濟的快速發展，以及人口的大量增加等諸多因素，使香港城市社區形成獨特的空間結構模式。如圖 3-3 所示。

圖 3-3　1961 年香港地區城市社區空間概念圖〔註 18〕

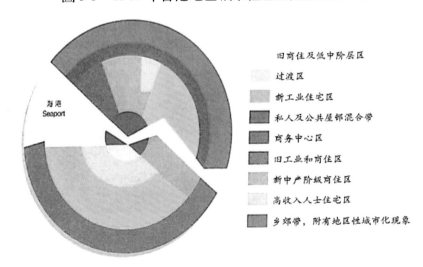

在總體上，香港城市空間在種族政策、經濟競爭等因素的共同作用下產生分異，形成由四個同心圓帶組成的基本格局。具體來說，共分為舊商住及低中階層區、過渡區、新工業及住宅區、私人及公共屋邨混合帶、商務中心區、舊工業和商住區、新中產階級商住區、高收入人士住宅區及城郊帶等九種社會區。由於受語言、文化、教育等因素的影響，香港島除了外層的鄉郊帶，九龍及新界除了鄉郊帶和私人及公共屋邨混合帶之外，剩餘所有的每個同心圓帶所包含的不同的社會區。尤其是港島的新中產階級商住區、舊商住

〔註 18〕資料來源：薛鳳旋：《香港發展地圖集》，三聯書店（香港）有限公司，2001
　　　　年，第 148 頁。

及低中階層區，以及九龍的新工業住宅區、新中產階級住宅區、舊工業商住
區等社會區在同心圓的第二帶與第三帶中相互交織並存著，這充分說明了香
港社會空間結構的複雜性。

其次，社會區雖然只是城市社區空間分異的一種靜態表現，並且也不能
簡單地把它與互動意義上的社區相提並論，但這種研究對於理解城市社區的
空間格局仍具有重要意義〔註 19〕。香港由於特殊的社會經濟背景、歷史文化
傳統、居民受教育程度等因素的影響，使其城市在社會區的類型和空間機構
上呈現出明顯的地域性特點。如圖 3-4 所示。戰後，香港經濟迅速發展，經濟
與教育水平成為社會發展的主導因素。下面我們從這兩個方面來探討其與香
港城市社會區發展的關聯。

圖 3-4　1961 與 1971 年香港城市社區空間結構圖〔註 20〕

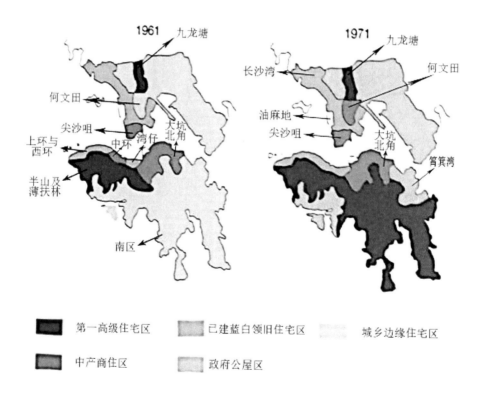

〔註 19〕程玉申：《中國城市社區發展研究》，上海：華東師範大學出版社，2002 年，
　　　　第 30 頁。
〔註 20〕資料來源：筆者根據薛鳳旋：《香港發展地圖集》，三聯書店（香港）有限公
　　　　司，2001 年，第 148 頁繪製。

　　第一，我們從經濟方面探討其對香港城市社區空間結構的影響。居民的平均收入高低是衡量經濟發展水平的主要指標，因此，我們從 1971 年香港島與九龍各區居民的平均收入的角度來探討經濟發展水平與社區的關聯。如圖 3-5 與 3-6 所示。1971 年香港各區的收入分布差異較為明顯，但出現一個趨勢，即向低收入群體開始傾斜。市區出現了雙峰現象。港島的半山、南區和中環平均收入很高。九龍的九龍塘、尖沙咀、何文田收入也很高，形成了收入的第二高峰。很明顯，結合圖 2-3 香港城市社區空間結構圖可以看出，九龍的九龍塘、尖沙咀收入很高，則在社區空間結構圖上為第一高級住宅區與中產商住區；同樣，港島的半山、南區，以及中環也呈現出此規律。收入的地域分布與社區的分布趨於一致。

圖 3-5　1971 年香港各區每戶月平均收入分布〔註21〕

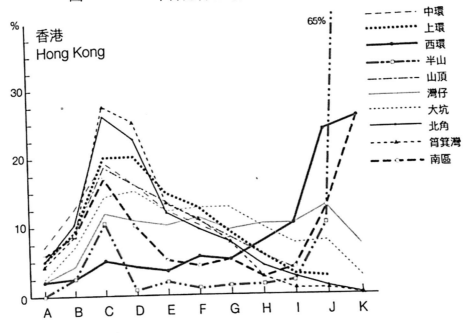

圖示說明：港元 HK $

A ∠ 200　　B 200～399　　C 400～599　　D 600～799　　E 800～999　　F 1000～1199

G 1200～1499　　H 1500～1999　　I 2000～2499　　J 2500～4499　　K > 4500

〔註21〕資料來源：薛鳳旋：《香港發展地圖集》，三聯書店（香港）有限公司，2001年，第 144 頁。

圖3-6　1971年九龍各區每戶月平均收入分布〔註22〕

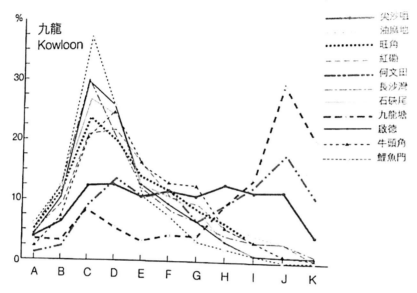

第二，從教育發展水平來探討對香港城市社區空間結構的影響。城市社區文明在一定程度上制約和促進社區的發展與建設。社區文明表現在成員對社區的認同感、建設高質量社區的共同目標、良好的社區風氣和人際關係、豐富的文化生活和優雅的生活環境等。優良的社區文化環境，以及培養社區成員高尚的道德情操、良好的思想品質和積極的進取精神，提高他們參與社區發展的積極性等這一切都要著眼於教育〔註23〕。馬克思主義認為，人的本質是社會關係的總和。教育活動作為人的一種基本活動，從內容到形式，都體現了一定的社會關係，它在本質上也是一種社會活動〔註24〕。我們知道，社區居民的文化素質水平在很大程度上代表了社區居民的社會地位、經濟地位和階層狀況。如在城市社區中以「白領」為主要標誌的中產階級的數量，以及以「藍領」為主要標誌的勞動階層的數量都可以以其受教育的文化程度表現出來。尤其是在城市的移民社區中，教育對社區居民的影響更大。美國社會學家 R. E.帕克很早就關注到了這一點，如其在研究美國移民社區中的日

〔註22〕資料來源：薛鳳旋：《香港發展地圖集》，三聯書店（香港）有限公司，2001年，第144頁。

〔註23〕周旭等著：《鄉鎮城市化進程中社區教育與社區發展關係研究》，《成人教育》，2008年2月，總第253期，第30頁。

〔註24〕謝維和著：《教育活動的社會學分析：一種教育社會學的研究》，教育科學出版社，2000年第1版，第87頁。

本人、中國人和墨西哥人的犯罪率時，特意提到了教育的作用。他認為在美國的移民團體中墨西哥人的犯罪率最高，而日本人的犯罪率最低。原因是日本人在其社區組織內建立了所謂的「控制組織」，可以隨時處理他們內部的爭執，並對付外部更大的社區。日本社區中的社區組織——社團（Japanese Association）像中國的六公司（Chinese Six Companies）一樣，是不經任何法庭而控制其國民的組織。但是日本社團遠勝於裁決紛爭的法庭。它的功能不僅限於解決爭執，而且也通過種種實際的方法，主要是教育，去保持日本地方社會社區中的風氣，並促使日本人在自己的社區中為成功而奮鬥〔註25〕，而香港作為一個移民社會，教育對其城市社會的發展影響無疑更大。本節以受大專以上文化教育的人口比例指標作為反映社區文化結構，以及素質高低的一個重要指標。在此，我們借助 1961 年～1991 年香港市區各區人口教育水平分布圖來探討教育水平對社區空間結構的形成與發展所起到的作用。如圖 3-7 所示。

圖 3-7　1961 年～1991 年香港市區各區人口教育水平分布圖〔註26〕

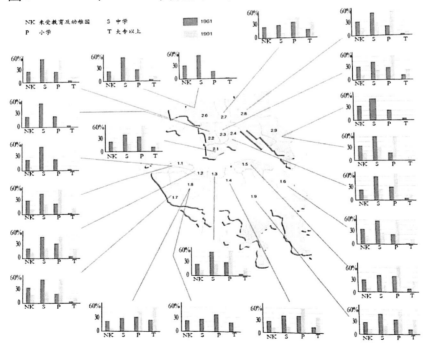

〔註25〕（美）R.E.帕克，（美）E.N.伯吉斯，R.D.麥肯齊著；宋俊嶺，鄭也夫譯：《城市社會學：芝加哥學派城市研究》，商務印書館，2012 年，第 122 頁。

〔註26〕資料來源：薛鳳旋：《香港發展地圖集》，三聯書店（香港）有限公司，2001年，第 138 頁。

　　如上圖所示，從整體上看，香港人口受過中等教育的比例由 1961 年的約 20%上升到 1991 年的近 70%，但是在 1971 年之前，變化不大。這與港府在 1970 年初推行的「九年義務教育計劃」有關。從具體各區空間分布來看，新界、水上蛋家與九龍和港島的市區在教育方面存有一定差距，尤其是在 1961 年時，差距更大，大約有 30%的人口沒有接受過任何教育。而 1961 年港島與九龍的舊市區，如牛頭角（圖 2.9 區）、筲箕灣（圖 1.6 區）、西環（圖 1.1 區）一帶人口受教育的情況，也不容樂觀。而此時的香港島的半山（圖 1.8 區）、大坑（圖 1.4 區）、南區（圖 1.9 區）、北角（圖 1.5 區）以及九龍的九龍塘（圖 2.7 區）、何文田（圖 2.3 區）、尖沙咀（圖 2.1 區）等區已經有相當比例的人口受過大專以上的教育，這些地區至今仍是香港教育水平較高的地區。再結合圖 3-3 香港城市社區空間結構分布圖來看，香港島的半山、大坑、南區和北角等區在城市社區空間分布對應為第一高級住宅區、中產商住區；而九龍城市社區空間分布中的高級住宅區和中產商住區則分布在九龍塘、何文田以及尖沙咀等區。港島、九龍等區教育水平的地域分布與城市社區空間分布趨勢與前文所探討的居民收入的地域分布與社區空間分布趨勢基本一致。二者相互佐證了戰後香港城市經濟的發展與教育水平成為其社會區發展的主導因素。正因如此，城市空間結構在多種因素的影響下，不斷演化和發展，城市社區的不同景觀組成了空間上社會區域「馬賽克」式的鑲嵌圖。

　　概而言之，我們可以從不同角度或層面對城市社區空間加以探討。如從空間功能上看，社區空間可分為居住空間、通勤空間、購物空間、文教空間和休閒娛樂空間等；從空間範圍來看，居民的日常活動在空間上又形成一種以家庭為中心的圈層結構，依次為家庭生活空間、嬰幼兒活動空間、小學生通學空間、日用品購物空間、中學生通學空間等〔註 27〕。香港由於特殊的經濟社會因素的長期作用，形成了特有的城市社區模式，城市社區可相應分為四個層次，即以幾戶業主為主體，對應的互助會為社區服務的社區；對應分區委員會管轄範圍的城市社區；對應區管理委員會管轄範圍的社區；對應民政事務署管轄範圍的城市社區。由於香港城市化的快速推進，即使在最低一級的城市社區也基本包含了居民多數日常所需，如上班、購物、上

〔註 27〕柴顏威：《城市空間》，北京：科學出版社，2000 年版，第 13 頁。

學、養老、醫療、休閒娛樂等。此外，隨著香港城市現代化的發展，原有城市社區空間的分化整合日趨活躍，正確引導其城市社區空間結構的調整與重組成為關注的重點。

第二節　香港城市社區類型

一、城市社區類型劃分的依據

　　城市社區類型可以按多種標準進行劃分。又由於社區包含的要素很多，各要素的內容又存在著非常大的差別，同時各要素之間的結合方式又表現得複雜多樣，這就使得社區的分類標準和角度也呈現出多樣化特徵〔註 28〕。如按城市社區所承載的功能標準可分為工業區、商業區、住宅區、文教區、娛樂區等；按照文化因素，把社區分為民族型社區、富人區、貧民區等；按照歷史發展時期，把社區分為村落型社區、傳統型社區、新興社區、現代型社區等；按區位可分為中心區與邊緣區。以上的劃分標準從宏觀上對整個城市或城市內的某一大區進行的社區劃分，然為了使城市社區的研究更深入，須在此基礎上將社區細分為若干個基層社區。如盧漢龍等在研究上海城市社區時，首先根據功能標準劃分出商業區、工業區、居住區、過渡區和文教區五大類型，並在此基礎上將居住社區細分為改造區、舊宅保留區、近建居住區和新辟居住區〔註 29〕。在具體的社區類型劃分研究方面，國外學者主要選取了土地利用功能、種族、經濟狀況等三個因子，並結合其他社會特徵，利用各種分析手段，根據分析結果對社區進行的類型劃分。而國內在因子選取方面主要借鑒了國外的因子選取法，把土地利用功能、建築景觀等物質因子作為主因子、社會因子及意識形態方面的因子只作為了參考因子〔註 30〕。本文在借鑒以上分析理論的基礎上，結合香港城市社區發展的時空性特點，認為社會因子中的人口因子、經濟發展等已成為影響香港城市社區類型劃分的主因子。原因如下：第一，香港作為一個移民城市，移民湧入城市，並按同種族或同

〔註 28〕李會欣、劉慶龍編著：《中國城市社區》，河南人民出版社，2002 年第 1 版，第 13 頁。

〔註 29〕程玉申：《中國城市社區發展研究》，上海：華東師範大學出版社，2002 年，第 190 頁。

〔註 30〕馮汝芳：《上海基層行政社區類型劃分研究》，華東師範大學碩士學位論文，2005 年 5 月，第 12 頁。

鄉聚居在一起，對其他種族或異鄉人則持排斥傾向〔註 31〕。香港城市社會由
不同種族、民族，不同階層、職業，不同文化背景的人群所構成。社會屬性相
近的人總是以這樣那樣的理由聚集在一起，產生空間分異現象，進而衍化為
不同類型的社區。第二，港英政府早期推行的種族隔離與居住分離政策人為
地造成華人與西人在居住社區上的分離。故本文以香港移民的人口、就業兩
個因子為社會主因子，並結合前文香港城市社區空間結構分布，嘗試對香港
城市社區進行類型劃分。

（一）人口結構特點

人口分布可以作為衡量城市新陳代謝狀態的最好指標。就像人體上那些
跳動的脈搏一樣，社區所實際發生的各種變化就是一個過程，這種過程反映
了變化，也能解釋變化；而流動現象則便於分析各種構成因素，並用數量形
式表現出來。參與流動的因素主要是指：人的無常變動狀態與人口環境中的
接觸和刺激的數量及類別。城市人口的變動狀態隨人口年齡、性別的構成的
情況而變化，也隨個人脫離家庭和其他團體的程度而變化〔註 32〕。所有這些
因素都可以以數量形式表現出來，因此，人口運動被芝加哥學派稱之為城市
社區的脈搏〔註 33〕。此外，人口密度是反映一個地區經濟發展水平高低、居
民居住環境優劣以及社區建設問題大小的一個重要因素。因此，本文將影響
著社區基本特徵的人口因素作為首選因子。

（二）職　業

城市社區的發展與社區內居民的職業關係密切。社區發育的程度直接影
響社區就業的規模和能力。社區的經濟發展水平決定了居民消費理念的不同
及消費能力的差異，影響了社區就業的需求量〔註 34〕，而從社區所承載的功
能標準來看，社區居民職業的種類與方向在一定程度上反映社區的類型。如
二戰以後，香港的長沙灣與荃灣借助從上海搬遷過來的工業家們所帶來的資
金、技術、設備、市場關係以及主要的管理工程技術人員而發展成為香港的

〔註 31〕 Enslewood Cliffs. Urban Geography. Prentice Hall. p112～144.

〔註 32〕 （美）R. E.帕克，（美）E. N.伯吉斯，R. D.麥肯齊著；宋俊嶺，鄭也夫譯：
《城市社會學：芝加哥學派城市研究》，商務印書館，2012 年，第 60 頁。

〔註 33〕 （美）R. E.帕克，（美）E. N.伯吉斯，R. D.麥肯齊著；宋俊嶺，鄭也夫譯：
《城市社會學：芝加哥學派城市研究》，商務印書館，2012 年，第 61 頁。

〔註 34〕 任遠、陳琰：《社區發育與社區就業：影響社區就業的因素及社會政策研究》，
《復旦學報（社會科學版）》，2005 年第 2 期，第 81 頁。

工業中心。1951 年時，該區內建立各類工廠 1702 間、雇傭 9 萬多人，至 1961 年時，工廠數則達到了 5624 間。至 1971 年時，荃灣已經成為香港最大的工業區，占香港工業產值的 20%〔註35〕。1961～1976 年間，荃灣的就業人口有 60%受雇於製造業，「藍領」工人之數居全港之冠，荃灣與長沙灣則形成了工業社區。因此，從這個角度講，社區內居民的職業也應作為劃分社區類型的一個重要指標。

二、城市社區類型的具體劃分

　　城市社會空間通常表現出三個層次：鄰里（Neighborhoods）、社區（Community）與社會區（Social Area）〔註36〕。數組鄰里構成一個社區，數個社區構成更大範圍的社會區。通常，同一社會區內部具有相似的社經特徵，其居民也具有相似的職業背景和社經地位。不同社會區之間，這些特徵就各不相同〔註37〕，而縱觀香港移民發展史，其人口由 1841 年的 7450 人〔註38〕，發展到 1941 年的 160 多萬〔註39〕。100 年間，人口增長了近 200 多倍，這顯然是大批的外來移民湧入的結果。香港的外來移民類型主要分為外來華人移民和外來西人移民。香港的人口構成相當複雜。我們可以從日本文人矢野龍溪途徑香港時的見聞可知：

> 我自此以往，將巡遊歐美各地，然而，大概不會再看到像香港這般諸事駁雜的地方了。先說人種吧，有白，有黑，有淺黑，有黃。既有英、法人，也有波斯人、馬來人、加爾各答人、葡萄牙人、不消說，中國人最多〔註40〕。

　　從以上材料，我們可以看出香港人口構成的複雜性與多樣性。然總體來說，其人口可以分為華籍移民與外籍移民。基於此，我們可以把香港城市社

〔註35〕資料來源：1951、1961、1971 年《香港統計年鑒》。

〔註36〕李小健：《西方社會地理學中的社會空間》，《地理譯報》，1987 年 2 月，第 63 頁。

〔註37〕鄭靜、許學強、陳浩光：《廣州是社會空間的因子生態再分析》，《地理研究》，1995 年 6 月，第 14 卷第 2 期，第 15 頁。

〔註38〕數據來源：《香港政府憲報》（Hong Kong Government Gazette），1841 年 5 月 15 日。

〔註39〕Hong Kong Sessional Paper, 1941.

〔註40〕陳湛頤：《日本人與香港十九世紀見聞錄》，香港教育圖書公司，1995 年，第 185～186 頁。

會空間劃分為華人社會區〔註41〕與外國人社會區〔註42〕。而華人社會區可細分為廣府人社區、客家人社區、福佬人社區；外國人社會區可細分為英美人社區、葡人社區、日本人社區、印度人社區。

（一）華人社會區

香港的華人移民群體，由於其內部使用不同的方言，有不同的生活方式，有各自的自我認同，甚至在就業上都有傾向性。故這些從不同地域移入香港的族群得以形成了不同的社區發展模式。因此，我們根據這些特點將香港的華人移民群體所建立的社區劃分為廣府人社區、客家人社區、福佬人〔註43〕社區。

1. 廣府人社區

香港是一個多種族、多國籍人口的聚居區。華人在其總人口中始終佔據絕對多數。而華人的極大多數係廣東人，廣東人中尤以廣州、番禺、南海、東莞、三水等地為多〔註44〕。至 1887 年時，居港的廣府人更是達到了 156603 人，超過了其他各州府人數之和。詳情見表 3-2 所示。

表 3-2　廣東籍貫香港華人的分州、府來源統計（1887 年）〔註45〕

單位：人

州府名稱	男　性	女　性	總　計
潮州府	3985	293	4278

〔註41〕 本文在對華籍移民社區類型劃分時，引用了司徒尚紀對「族群」的定義：即同一民族內部由於文化特質的差異而劃分的群體。華人因來源地不同，導致語言、宗教、風俗等迥然不同，將其分為廣府、客家、福佬和蛋家四大類。詳情參見司徒尚紀：《嶺南歷史人文地理——廣府、客家、福佬民系比較研究》，廣州：中山大學出版社，2001 年，第 1 頁。

〔註42〕 香港開埠以後來香港的外籍人士的源流地可謂多種多樣。據 1871 年香港的人口普查報告，當年的香港的西人移民來自於英國、美國、德國、西班牙、法國、意大利、奧地利、丹麥、瑞典、挪威、匈牙利、比利時、墨西哥、俄羅斯、荷蘭等。由於條件所限，本文只探討在港人數最多的英人、葡人、日人、印度人等幾種類型。

〔註43〕 本文所探討的社區類型是以香港移民社會中形成的族群為基礎來劃分的。所謂的福佬人，通常是指的使用閩方言的族群，本文粗略的分成廣州境內的潮州話和福建境內的福建話兩大類。本文不是嚴格的語言學討論，為便於從歷史學的角度討論，故暫時把二者統稱為使用閩方言的福佬人。

〔註44〕 徐曰彪：《近代香港人口試析》，選自《近代史研究》，1993 年 3 月，第 7 頁。

〔註45〕 資料來源：Census, 1887; Sessional Papers, June 20, 1887.

嘉應府	2654	567	3221
廣州府	109280	47323	156603
肇慶府	13932	2388	16320
惠州府	12617	3442	16059
羅定州	533	128	661
其餘各州府	332	130	462
總計	143233	54271	197604

　　由上表可以清晰地看出，廣州府位居廣東省府州中流入香港人口的第一位，而且其人口的總數達到了 156603 人，比其他各府州人口總數之和多出41001 人。由此一舉奠定了「香港華人廣府根」的歷史淵源。因此，廣州府是香港華人的最主要流出地，其後依次才是肇慶府與惠州府，潮州府與嘉應州，這些州府流出的華人，包括廣府族群、福佬族群、客家族群和蛋家族群，奠定了今天香港華人習慣上總稱的所謂四大族群的基礎〔註 46〕。廣州府之所以成為香港華人的最主要流出地，不光是地理臨近那麼簡單，有著深刻的社會原因。據張振江的研究，其與傳統和歷史上的某些事件都有密切關聯。1887 年以前，廣州府成為香港華人最多的人口流出地，很大程度上是由於一口通商的傳統和紅兵內亂所致。此外，廣州和香港兩地地理臨近，往來容易。清朝一改前代的四口通商，而獨開廣州一口以進行中西貿易，這樣，廣州就出現了大批與英國人等歐洲人士相互依附的商人、買辦、僕人等。香港開埠以後，這些人中的身居下位者（如買辦、僕人）隨即赴港謀生。到了 1850年代，由於紅兵起義，廣州府地方不靖，這些人中的富有者（如行商）入港避亂，他們構成了赴港謀生的廣府人士的主體〔註 47〕。

　　除原住地的推力之外，香港本身對移民的吸引力也是不可忽視的。開埠初期，香港不僅提供大量的就業機會，而當時香港的工資較高。據丁新豹的研究：「開埠初期，來港華人多是胼手胝足的勞動者，當時勞工平均每天收入是 7 便士，而石匠則是 1 光令 4 便士半」〔註 48〕，這對於廣東的勞苦大眾是非常具有吸引力的，當時華南農村已瀕臨破產邊緣，人民陷於赤貧境地。

〔註 46〕張振江：《早期香港華人流出地試析》，《南方人口》，2008 年第 1 期第 23 卷（總 89 期），第 15 頁。

〔註 47〕張振江：《早期香港華人流出地試析》，《南方人口》，2008 年第 1 期第 23 卷（總 89 期），第 16 頁。

〔註 48〕丁新豹：《香港早期之華人社會》，香港大學博士學位論文，1989 年，第 141 頁。

　　大概從 1856 年開始，本地族群（廣府人）迅速替代疍民成為新的華人社會領袖，廣府人成為香港早期最為主要的經濟力量，我們可以從其從事的職業看出。香港開埠伊始，未知因素太多，況且清政府治下的廣東地區反英情緒高漲，中國官府極力阻撓富商往港貿易，在種種不利因素影響下，殷實富商遂報觀望態度。但工匠、苦力、小商人卻不受其影響，踴躍前往香港，其中買辦〔註49〕更是迅速崛起，成為華人社會中舉足輕重的階級。傳教士郭士立曾指出；「1844 年時香港貿易操於店主、買辦及商販手中。廣州是近代中國對外貿易的中心之一，因此成為孕育近代中國買辦的溫床」〔註50〕。香港開埠以來，外商為了經商便利，很是倚重買辦，原來活躍廣州、黃埔的買辦便隨著外國商行，在香港落戶。「原籍廣東的買辦占全國買辦的大多數，而香山由於靠近港澳，得風氣之先，成為買辦之鄉」〔註51〕。19 世紀 40 年代末至 50 年代初時，「在廣州臨近的城鄉，天地會起事日益頻繁，東莞、南海、番禺、廣州和佛山飽受困擾」〔註52〕，局勢的動盪不安，乃使一些廣州及珠江三角洲的富商興起遷港避亂之念。實際上，「在 1845 年之後的 Hong kong Blue Book 不斷提到香港新移民素質的提高，攜卷者日眾」〔註53〕，這足以證明廣州富有華商遷港的兩個條件已漸趨成熟。而到了 1850 年，內地爆發紅兵之亂，廣東則首當其衝，致使廣東一帶居民大批遷入香港，形成新的移民高潮，香港人口暴增。據統計，1853 年人口達到 39017 人，1854 年是 55715 人，1855 年則達到了 72607 人，平均每年增加過萬人；及至 1860 年時，港島人口更是達到了驚人的 94917 人，比 1851 年時淨增六萬餘人，年平均增長率為 12.46%〔註54〕。這批移民中不乏有攜帶鉅資、舉家遷來的殷實富裕之商、地主和其他殷實之家〔註55〕。正是由於廣州及其附近地區

〔註49〕根據莫爾斯（Hosea Ballou Morse，1855～1934）的研究，中國口岸的買辦有
　　　　兩類，一為外國商行中的總出納和經紀人；二為船上小商人或伙食購備員。

〔註50〕章文欽：《明清廣州中西貿易與中國近代買辦的起源》，選自《明清廣東社會
　　　　經濟形態研究》，廣州：廣東人民出版社，1985 年，第 330 頁。

〔註51〕The Compradore in nineteenth-Century China Bridge Between east and west
　　　　（Cambridge Mass：Harvard univerisity press，1970）.p.13.

〔註52〕詳情參閱 Frederic Wakeman, Jr. "The Secret Socirties of Kawangtung. 1800～
　　　　1856", pp.29～47.

〔註53〕Hong Kong Blue Book, "Population", 1846, p.224.

〔註54〕《華民政務司 1851～1861 年統計資料摘要》，《英國議會文書》，1863 年第 39
　　　　卷，第 251 頁。

〔註55〕參閱《英國議會文書》，1856 年第 42 卷，第 311 頁；1860 年，第 44 卷，第 262 頁。

的買辦及富裕商人遷入香港，不僅在香港建立了發展貿易的商行，而且建立其自己的社會組織，如文武廟等，這些都徹底改變了香港華人社會的命運。因為在此之前的 1841 年到 1856 年的十幾年的時間內，香港發展令人大失所望〔註 56〕。據張振江的研究，廣府人中富有的商人不僅擁有龐大的物質財富，而且他們利用手中的財富從事公益事業，迅速贏得港英政府和香港社會的各階層的信任，提高廣府人的社會地位，使他們成為公認的社會精英〔註 57〕。如原籍東莞的大商人、大買辦馮明珊，積極投身於社會公益事業，聯合其他廣府商人，申請建立了備受尊重、極有社會聲望的「保良局」。馮明珊只是活躍於香港社會中知名的廣府人之一。以馮明珊為代表的社會精英發起組織的保良局、東華醫院等社會組織，成為凝聚當地華人社會的核心力量。雖然這些社會組織所舉辦的一切生活上的互助，如喪葬、祭祀、醫藥、娛樂、社交、教育，以及養老、育幼、助貧等都是為了華人，但對於未來廣府人社區建設的觀念的形成，無疑具有重要地推動作用。正如丁新豹在《香港早期之華人社會》一文中所指出：「文武廟既是華人社會發展至某個階段，產生了群體的觀念後而集資興建的機構，它也是華人社會適應港府的不干涉政策而組織起來的自行處理華人事務的機關。文武廟所服務的華人以中上環為主，不論籍貫、不分職業，文武廟之建立是香港華人社會發展的里程碑」〔註 58〕。見圖 3-8 所示。歐德理亦指出：「文武廟成為非正式的本地華人管制機構，秘密處理華人事務，擔當商業上的仲裁者，安排中國官員過港事宜，成為香港華人與中國官府間的非正式中介」〔註 59〕。「在東華醫院成立之前，文武廟擔演與東華醫院日後所扮演的近似角色。事實上，即在傳統中國社會裏，文武廟也常是地方福利事業的發起機構，主持公道的仲裁機構。香港的華人都是來自中國的農村或城市，也習慣了這種處理公眾事務的方式，因而在香港這個新移民組成的華人社會建立文武廟以集議香港華人社會事務，理所當然。文武廟的建成和擴建，正標誌著香

〔註 56〕蘭靜：《近代香港外來移民與香港城市社會發展（1841～1941）》，暨南大學博士學位論文，2011 年，第 82 頁。

〔註 57〕張振江：《試論早期香港華籍族群的語言競爭與選擇》，《中山大學學報（社會科學版）》，2008 年第 2 期。

〔註 58〕丁新豹：《香港早期之華人社會》，香港大學博士學位論文，1989 年，第 195 頁。

〔註 59〕E. J. Eitel（1838～1908），Europe in China: The History of HongKong From the beginning to the Year 1882（HongKong: oxford university press，1983）.p.282.

港華人社會的建立和發展」〔註60〕。

圖 3-8　荷里活道文武廟〔註61〕

圖 3-9　灣仔石水街之藍屋〔註62〕

　　由上圖可知，1929 年建成的灣仔區石水街道藍屋具有典型的唐樓特點：磚牆結構、木窗戶、木樓梯，臨街露臺立面，以及其上的熟鐵柵欄。它的特別在於這些平凡的因素構成了一幅幅華人社會民間生活的精彩畫卷，並在社區內建立了社區環境及人脈的聯繫，豐富了建築的內涵，又有助於華人社區的

〔註60〕丁新豹：《香港早期之華人社會》，香港大學博士學位論文，1989 年，第 189
　　　　～190 頁。
〔註61〕政府新聞處圖片資料室，1983 年。
〔註62〕香港公共圖書館 5／F 地圖圖書館，2003 年。

塑造。正如香港建築中心編著的《十築香港——我最愛的香港百年建築》所認為：「藍屋的價值，不是殖民地建築的宏偉，也不是中式宮殿的勾心鬥角，藍屋骨子裏洋溢著販夫走卒的市井生命力：林鎮顯醫官、鏡涵義學、一中書院、聯興酒莊……都是有面孔、有脈搏的名字」〔註63〕。的確如此，藍屋與石水街上的中式建築所承載的是一個雞鳴狗吠的生活社區。

2. 客家人社區〔註64〕

香港開埠以後，客家人遷移香港的步伐有據可查的，至少有三次。

第一次是英占之後，香港開始都市化進程。城市建設需要大量勞工，也需要大量技工，這一階段，大量湧入的客家人，與以前遷入的有很大不同，這一波來的，不是農民，而是以木匠、石匠等工匠和小商販為主，地域上也脫離新界，進入九龍和港島。1841年1月26日，英國佔領香港島，遂大興土木，建樓築路，不少客家人來到香港謀生，其中包括打石工人。據傳教士郭士立記載：「英政府開闢香港，從事建設，華人群趨香港謀生，客族人士以生活所迫，亦相率往港」〔註65〕。另據1845年6月塞繆爾·費倫（Samuel Fearon）的人口登記與統計報告透露：「隨著各種公共建設的開展，勞工需求大增，吸引了數以千計的華人到此謀生，其中大部分是客家人」〔註66〕。1844年底，「喬治·史密斯牧師在港島東區的石礦場上傳道時，所接觸的打石工人，多操客家話」〔註67〕。開埠以後來港的客家人，「有開採石礦的，也有投身於建築行業，並因此而發家致富的，如鄧元昌、曾三利、曾瓊記等」〔註68〕。在香港開埠的前十年，香港的華人人口中，客家人佔了相當大的比重。喬治·史密斯牧師曾指出：「在1844年的19000名華人中，有3500名是操客家語

〔註63〕 香港建築中心編著：《十築香港——我最愛的香港百年建築》，三聯書店（香港）有限公司，2015年7月，第99頁。

〔註64〕 客家人很早遷到香港地區生活，如新界五大族之上水廖族，他們早已在新界形成單姓村落，並建有祠堂，並不在此研究範圍之內。本文探討的客家人社區是指開埠以後客家人遷到香港聚居而成的社區。

〔註65〕 中華基督教崇真總會編寫：《巴色傳道會派遣黎韓二牧師來華傳道百週年紀念特刊》所載之《二牧來吾客族地區傳道簡史之緣起》與《韓牧史實》。轉引自羅香林：《中國族譜研究》，香港：香港中國學社，1971年，第131頁。

〔註66〕 Carl Smith, The Emergence of a chinese Elite in Hong Kong, 1971, p.79.

〔註67〕 George · Smith, A Narrative of an Exploratory visit to each of comsular cities of China and to the islands of Chusan and Hong Kong, London: seeley co, 1847, pp.74~75.

〔註68〕 羅香林：《打石史蹟》，第461頁。

的，來自廣東的東北部」〔註69〕。據 1841 年 5 月，香港第一次人口普查，香港島總人口為 7450 人，由此推算，到 1844 年時，香港新遷入的人口數為 11000 人，其中客家人占近三分之一。客家人大量遷入香港，除了港島開發需要大量打石工人的原因之外，還有一個原因值得關注。香港開埠以後，客家人出現了聯群遷港現象，「客家人並不像廣州等地的民眾仇視英人那樣，他們與英人接觸較少，鴉片戰爭並無影響到潮、梅、惠一帶地區，故客家人並不仇英，甚至在第二次鴉片戰爭時，港府曾組織一支 750 人的客家兵，投入到廣州之戰」〔註70〕，這反映了客家人對英國人的態度與廣州人是迥異的，所以他們樂於移居到香港。至 1859 年，港督寶靈爵士特別撥款興建三間專為客家人而設的學舍〔註71〕。

第二次是 1941 年左右。香港淪陷前，相對於大陸有穩定的政治社會環境，於是不少客家人，紛紛到港謀生，從事工商業，客家人口遂大增。香港淪陷後，雖不少人逃回老家避難，但光復後又陸續返回，且攜帶不少親屬，香港的客家人口不但未減，還有增加。該時段內從事工商業的客家人的大量湧入，遂催生了香港第一個客家社團的誕生。據謝劍對香港客家社團的研究：「香港之有客家志願社團，就作者所知，最早可以上溯到 1921 年 9 月的『旅港崇正工商總會』。這一社團之成立固然是由於外來的刺激，事出偶然，但更重要的是旅居香港的客屬人士，從事工商業者極多，深覺為共同利益計有此需要」〔註72〕。

第三次是 1949 年新中國成立前後。該次客家人的遷入比較有特點，主要包含兩類人，一類是官僚與資本家及地主；一類是孤身一人獨自闖香港的。這其中，第一類人中包含的國民黨高官、軍政人員及地主士紳階級是歷來遷居香港的客家人中身家最殷實，文化程度最高的一批。他們的到來，改變了香港客家給人出身低微，大多從事體力勞動的印象，為香港客家群體注入了新鮮血液，成為居港客家人的社會精英階層。而孑然一身闖蕩香港的這些客

〔註69〕 George. Smith, A Narrative of an Exploratory visit to each of comsular cities of China and to the islands of Chusan and Hong Kong, London: seeley co, 1847, pp.54.

〔註70〕 E.J.Eitel（1838～1908）, Europe in China: The History of HongKong From the beginning to the Year 1882（HongKong: oxford university press, 1983）.p.316.

〔註71〕 丁新豹：《香港早期之華人社會》，香港大學博士學位論文，1989 年，第 394 頁。

〔註72〕 謝劍：《試論香港客屬社團對都市化情況的適應》，《中國社會經濟史研究》，1991 年第 4 期，第 85 頁。

家人,「他們的情況既不同於長期定居新界的『舊客』,也異於 1949 年之前自
內地來港投身於工商業的『新客』。換言之,他們很多都是孑然一身,到港時
並無事業基礎,也乏親友照顧,一切必須從頭開始。這一迴異於戰前海外華
人『鏈式移民』的模式,決定了組織志願社團的需要,……」〔註73〕因此,
1949 年之後,香港客屬社團紛紛成立,如 1956 年成立的旅港嘉應五屬同鄉
會;1958 年成立的僑港蕉嶺同鄉會;1967 年成立的香港梅縣同鄉會;1970 年
成立的香港客屬菜館職工會;1972 年成立的大埔旅港同鄉會與香港中原客屬
總會;1973 年成立的新界興寧聯誼會;1981 年成立的荃灣興寧同鄉福利會,
以及 1982 年成立的世界客屬總會香港分會〔註74〕。

　　我們知道,華人社會多以社團組織作為其內部機構的基石,而初期具有
「鄉土觀念」的社團組織則是構成社區建設的基礎。從社區建設上來說,以
「鄉土觀念」為背景成立的社團組織,事實上是不會永久存在的,只是社區
觀念未被促醒前的過渡現象,隨著喚醒社區觀念的共同需要,這些客居他鄉
的人士需要在一個反覆的社區生活裏生活著,社區的利益也便成為他們的利
益,社區的危害也便是他們的危害,社區的需要也便是他們的需要,即所謂
「愛人不外己,己在所愛之中」。社區觀念便在己群與社區的利害一致的情況
下,逐漸促醒,因而有了適應社區需要以建設社區的企圖,並由於社區建設
的成功,又愈加深了社區觀念〔註75〕。故隨著香港客家社團紛紛建立,居港
客家人的城市社區逐步走向成熟。

　　3. 福佬人社區

　　福佬,又稱「鶴佬」。本文所探討的福佬泛指潮州、汕頭、福建等地操持
閩南語的族群。

　　如前表所示,潮汕人在早期香港移民史中佔有重要地位,1887 年時,居
港總人數達到了 4278 人。據張振江的研究,早期潮州府流入香港的人口,與
赴港水域打魚和在廣州與英國人經商的傳統有最為密切的關係。明代時,潮
汕漁民開始在香港的海域捕魚,許多人季節性地在香港及周圍海域生活。英
人佔領香港後,這些漁民開始上岸從事碼頭搬運、水面運輸等工作。而在廣
州一口通商時期,許多著名的大行商其實是屬於潮汕族群的,受 1850 年洪秀

〔註73〕謝劍:《試論香港客屬社團對都市化情況的適應》,第 85 頁。
〔註74〕謝劍:《試論香港客屬社團對都市化情況的適應》,第 86 頁。
〔註75〕竇季良:《同鄉組織之研究》,正中書局印行,第 16～17 頁。

全太平軍動亂的影響，原居廣州的這些潮汕富人遷到了香港。1911 年之後，廣東境內軍閥混戰，民不聊生，「粵人大批來港避難。時人指出，中國商人因廣東兩年內戰，視香港為安樂土，爭相奔投」〔註76〕，而潮州因「年來內地農村破產，盜匪遍地，潮人相率以謀生於斯者日眾」〔註77〕。

實際上，早期香港的福佬人以廣東境內的潮汕人為主，這種格局大致到了 19 世紀 60 年代南北行公所〔註78〕成立時，才有一些改變，但不是根本性的改變〔註79〕。1868 年，香港第一個比較有規模的華人團體——南北行公所成立，由於經營南北行辦莊的商人大多是潮汕人，約占 70%，因此，可以說率先開闢南北行轉口貿易的潮商成為香港轉口貿易的奠基者之一。潮籍人士在南北行佔有相當重要的地位〔註80〕。此外，居港潮州人，除了經營「南北行」以外，又有經營南洋各地業務的「南洋辦莊」，主要包括經營泰國業務的「暹羅莊」；經營星馬業務的「新加坡莊」；經營越南業務的「安南莊」。這其中以「暹羅莊」為成立較早，範圍亦大，……在香港，凡經營出口雜貨者皆稱之為「莊口」，在 1930 年時，約共有 200 餘家〔註81〕。

20 世紀初，香港社會已經初步形成了一些以潮商為主的行業，除南北行外，主要有米業、藥材業、瓷器業、紙業、茶業、菜種業、涼果業、柴碳業、餅食業、匯兌業、和批業等。這些都是潮汕一帶原有一定基礎的行業，所以潮人經營起來較為便捷和順暢〔註82〕。1920 年代末至 1930 年初，港中潮人約有三萬餘人，或為商、或任事、或為工人、或為苦力，間有教員、醫生，或

〔註76〕鄧中夏：《省港罷工的勝利》，人民出版社編《第一次國內革命戰爭時期的工人運動》，北京：人民出版社，1954 年，第 161 頁。

〔註77〕《旅港潮州同鄉會刊》，香港出版社，1934 年，第 10 頁。

〔註78〕香港開埠後，作為一個轉口貿易港，主要負責南貨北運或北貨南運，一般把從事這種業務的商行稱之為南北行。南北行組成了一個貫通南方與北方的貿易網，「南方」指星、馬、泰、越南、印尼、柬埔寨、菲律賓、緬甸以及印度等國家和地區；「北方」指中國大陸，包括汕頭、廈門、福州、溫州、上海、漢口、青島、天津、煙臺、臺灣等地區。南北行從南方運來樹膠、木材、藤、白米、椰油、皮革；而從北方運來藥材、京果、生油、豆類、土產等，南北洋的土產貿易，均以香港為集散地。

〔註79〕張振江：《早期香港華人流出地試析》，《南方人口》，2008 年第 1 期第 23 卷（總 89 期），第 16 頁。

〔註80〕湯秉達：《南北行的今昔》，《香港潮州商會六十週年紀念特刊》，香港：香港潮州商會，1981，第 142 頁。

〔註81〕周佳榮：《香港潮州商會九十年發展史》，中華書局，2012 年 7 月，第 41 頁。

〔註82〕周佳榮：《香港潮州商會九十年發展史》，第 44～45 頁。

任職於報界者。潮人除集中於南北行外,在九龍尖沙咀,潮州語言亦得以通行〔註83〕。由此可知該處潮人之眾。

　　1950 年之後,香港轉口貿易衰落,潮商經濟也受波及,部分潮商轉而向其他經濟領域轉型,輕工業成為他們的主要目標。進入 1960 年代以後,尤其是 1970 年代潮商工業家在香港四大輕工製造業——塑膠業〔註84〕、紡織製衣業〔註85〕、鐘表業〔註86〕、電子業〔註87〕當中,佔有重要地位。

　　綜上,南北行及金山莊紛紛在港建立及發展的過程中,潮商在其中起到了中堅作用,如南北行中的潮商陳煥榮(乾泰隆商行)、高滿華(元發行)等都曾在香港富甲一方。然這些旅港商人初時只以香港為謀生或營商的僑居地,對香港並沒有大的歸屬感,因此諸如會館、會所、廟宇等之類的社會組織,成為他們聚合同鄉或同業的主要場所。隨著歲月流逝,僑商紛紛相繼以香港為家,逐漸凝聚而成一股不可低估的社區力量,文武廟與東華醫院,便是早期華人領袖的集會中心。

　　下面我們來探討一下福建人在香港的移民過程。香港說閩南語的福建人

〔註83〕周佳榮:《香港潮州商會九十年發展史》,第 69 頁。

〔註84〕1950 年代後期,潮商開辦的塑膠廠約佔了這個行業總廠數的四成,他們大多白手起家,所以小廠店佔了絕大多數。1959 年,全港塑膠花出口金額是一億六千萬餘元,1969 年時十四億四千餘萬元,上升了九倍多,潮商在這個出口額中占去了一半以上。1980 年以降,潮商有長江、福達、僑星、再光、大生、美麗斯、寶星、永成等著名塑膠廠。

〔註85〕第一個涉足香港棉紡織業並卓有成就的是鄭光,他在 1953 年創辦遠東棉產工業廠有限公司,該廠年產棉紗約兩千萬鎊,占全港棉紡年總量的 6.25%。1958 年鄭光又新建榮行棉花廠,兩廠生產的「紅棉」牌棉紗在香港和歐美享有盛譽。另外,潮商在製衣業也佔有重要地位,1969 年全港成衣出口總額為三十餘億港元,其中潮商約占兩成,營業額超千萬的潮商廠家有林百欣的麗新製衣有限公司、鄭翼雄的永泰製衣有限公司、陳俊的鱷魚恤有限公司、陳章正的紅寶製衣廠、蔡衍濤的百達製衣有限公司、李介山的中南製衣廠。

〔註86〕第一次世界大戰之後,潮商林厚德開設林源豐鐘錶行,其分店遍設上海、廣州、汕頭、湛江等城市,是當時比較著名的鐘錶行。第二次世界大戰之後,香港鐘錶業需求增長很快,香港第一批自製的電鐘、鬧鐘都是由潮商生產的。潮商的捷和製造廠率先生產的廉價時鐘,很受歡迎。1961 年,潮商在香港開始有十四家鐘錶公司,年營業額已達五千萬港元,占全港鐘錶交易額的四成以上。1980 年以後,潮商的中南鐘錶行有限公司、捷和集團屬下的東方鐘錶廠有限公司、立興表行、瑞華表行、東亞鐘錶有限公司等都是該行業中的著名公司。

〔註87〕潮商在電子行業中有很多公司,如實力電子有限公司、依利安達電子有限公司。1981 年,周振基創立振基電子集團,主營電子專業產品,發展成為全球主要超聲鋁線供應商,同時也是一系列半導體及電子工業物料的供應商。

是一個人數極多的族群。據香港政府的人口統計，二戰後講閩南語的福建籍人士約 80 萬人。在今天的香港，說閩南語的福建人估計有 180 萬人左右，占香港總人口的三分之一〔註 88〕。除廣東之外，福建是遷入香港人口最多的省份。具體如下表 3-3 所示。

表 3-3　1886 年香港華人陸地居民的籍貫〔註 89〕　　　　　　單位：人

省　份	男　性	女　性	總　計
廣東	143238	54288	197526
福建	1024	259	1283
江蘇	151	185	336
浙江	174	24	198
廣西	53	94	147
湖南	34	17	51
其餘各省	260	74	334

　　如上表所示，1886 年時，居港福建人總數達到了 1283 人，位居所有大陸省份的第二位，更是超過了除廣東之外所有省份總數之和。但細細觀之，可以看出，此時福建人口與廣東人口總數的近 20 萬人相比，顯然是微不足道的。所以，以上而論認為福建是早期香港華人的主要流出地之一，筆者認為是值得商榷的。另據張振江的研究，「福建人在全港華人占少數，因而不是主要的流出地，這種局面一直延續到早期香港結束之後很久都沒有根本性的改變」〔註 90〕。接著，他根據港英政府的統計，研究對比九龍與新界的全部閩方言人口或者福建籍貫人口，也同樣存在這樣的情形，即「在很長時間內，新界作為使用閩方言的人口較為集中的地區之一，但直到 1911 年，整個新界地區包括定居於長期居住在內的全部閩方言人口，也不過 1444 人（Sessional Papers，1911：103）」〔註 91〕。我們也可以從另外一個視角來探討說明。一般認為，社團、學校和報紙是華族社會的三大支柱，其中，社團

〔註 88〕潘耀明：《淺談香港的閩南文化——兼談春秧街的滄桑》，選自《閩南文化的當代性和世界性論文集》，海峽文藝出版社，2015 年，第 274 頁。
〔註 89〕Sessional Papers, June 20, 1897。
〔註 90〕張振江：《早期香港華人流出地試析》，《南方人口》，2008 年第 1 期第 23 卷（總 89 期），第 14 頁。
〔註 91〕張振江：《早期香港華人流出地試析》，第 14 頁。

又是建構華族社會的基石。故我們可以從香港最早的福建人社團成立的時間，及發展的規模來探討該時期福建並不是香港華人的主要流出地。香港最早的福建人社團組織——榕廬會所成立於 1893 年，即是在整個 19 世紀，居港的福建人只有這一個社團組織，至此，香港開埠已 50 餘年，可見該時間段內居港福建人是多麼的式微。而進入二十世紀，尤其是進入三十年代，「香港的福建人口估計達到 10 萬人，約占全港人口總數的五分之一。至抗日戰爭爆發，金門、廈門、福州、長樂、連江、福清相繼淪陷，大批福建人南下香港避難，香港的福建人口猛然增加」〔註 92〕。隨著人數的快速增加，香港的福建社團逐漸增多，其中包括成立於 1916 年的旅港福建商會；成立於 1925 年的旅港福建體育會；成立於 1926 年的旅港福建學校；1937 年成立的福州十邑旅港同鄉會，以及成立於 1939 年的旅港福建同鄉會，此外，還有旅粵鷺航會館、旅粵泉漳會館、旅粵福建會館、旅粵汀龍會所等〔註 93〕。這些社團的成立，標誌著居港福佬人社區在組織管理上逐漸走向成熟。

（二）外國人社區

1. 英美人社區

1.1. 人口結構特點

　　歐美人在香港的人口如下：1845 年為 595 人、1861 年為 1557 人、1881 年為 3040 人、1897 年為 5532 人、1901 年為 3860 人、1911 年為 5185 人、1921 年為 9025 人、1931 年為 8820 人、1941 年為 11313 人〔註 94〕。由此可見，香港的外籍移民的歐美人在這一時期內的數量仍是穩步增長的，是居港的外國人中人數最多的群體。在近代一百多年間，居港的外籍族群中在人口數量上一直是歐美人位於前列，幾乎一直占外籍人口總數的一半以上。另據 1897 年香港人口普查報告顯示居港的 5532 人中英國人 2213 人、德國人 292 人、美國人 174 人、法國人 112 人、西班牙人 104 人。這其中殖民者英國人又是主要的構成者，在歐美族群中英國人的人數也在一半以上。

〔註 92〕香港福建同鄉會金禧紀念特刊編輯委員會編：《香港福建同鄉會金禧紀念特刊，1939～1989》，香港：香港福建同鄉會，1989 年，第 67 頁。

〔註 93〕柯伯誠：《香港閩籍社團發展簡史》，載《旅港福建商會八十週年紀念特刊》，香港：旅港福建商會，1997 年，第 243～245 頁；杜祖貽：《數十年前香港閩僑的商業活動片段》，載《旅港福建商會八十週年紀念特刊》，第 285～288 頁。

〔註 94〕以上數據來源於歷年香港人口統計。

下面以 19 世紀中後期英人在香港的人口構成數據來探討該群體與香港城市社會發展的關係。

表 3-4　1885 年和 1891 年英人在香港的人口構成〔註95〕　　單位：人

	男　性	女　性	男　童	女　童	總　數
1885	336	165	140	144	785
1891	785	300	159	194	1448

從上表中可以看出在港的英國兒童和女性的比例還是比較高的，1885 年的婦女兒童的比例占在港英國總人數的 57%，到 1891 年時，這個數字雖說降到 46%，但比例仍然較高。我們知道，在移民社會裏，如果一個族群定居在某一地區的話，族群裏的女性和兒童占總人口的比例應該是比較高的，這顯示出了該族群在此地有了較為穩定的家庭生活。從該角度上看，此時的在港英人對香港有了一定的歸屬感，雖然說不是很強。此外，「一個移民民族如果在移入地開始建立墳場，表示這個民族對移入地已經有了認同感，願意在此地落地歸根了」〔註96〕。據 1894 年的《鏡海叢報》報導：「港督羅制軍夫人生一女而歿，旋亦病卒，即葬於港之英人墓」〔註97〕。可見，英國於 19 世紀已經在港建立民用墳場，也是一個例證。

1.2. 職　業

關於居港英人的職業分布，研究很少，故本節梳理了《遐邇貫珍》、《循環日報》及《香港華字日報》等報紙對英人的一些零星記載，並依此為依據來分析居港英人的職業狀況。

　　①5 月 15 日，香港有官地十九段出批，英人承批十四段，漢人承批五段。〔註98〕

　　②月內香港英臬憲鞫案，有初六七日一件原告亞金等呈控侯亞玉，因原告定買中土米石販運金山及期，被告以洋米充交，與原訂不符，致耽誤售期，審實罰令被告賠交銀五百圓；又一件原告英人

〔註95〕（法）J.Chailley-Bert 著，（英）Arthur Baring Brabant 譯：The colonization of lndo-China, London: Archibald constable & co.1894, page89。

〔註96〕蘭靜：《近代香港外來移民與香港城市社會發展》，暨南大學博士學位論文，2011 年，第 62 頁。

〔註97〕《鏡海叢報》，1894 年 10 月 17 日。

〔註98〕《遐邇貫珍》，香港：英華書院，1853 年 8 月，第 12 頁。

控中土人亞金，因被告立約雇船前赴金山及期違約，但裝貨物不裝人口，致期外耽延二日，審實令罰賠，而原告言，彼但以銀五十圓交付施醫院，即作結案矣。〔註99〕

③正月初六，日香港臬憲署審訊英人兩造，因交付銀式不協涉訟一件，此案於本港地方生理大有關係。據臬憲斷云：凡有交易彼此立約者，須視約內寫明何式銀錢，即照其式交付，若交別式者，按時價補水，不得援引原例，以額定元亮數核計交付為詞。但約內未經聲明何式銀者，仍照原例交付。〔註100〕

④5月26日，香港刑訟司監獄中有英人四名在禁越獄潛逃，旋經差役等捕獲三名，其一名尚未弋獲。〔註101〕

⑤5月27日，有英船到港，載來英兵一百零九名，兵丁妻眷十三口，幼孩二十四名。〔註102〕

⑥六月初一日，有英火輪信船到港裝來煙土一千二百零五箱，銀四十一萬四千八百一十五元。〔註103〕

⑦港中有英人所建大禮拜堂，崇宏華美堂之外，四周竹樹陰翳，風景絕勝。近有保羅書院之及門所勒頌詞，狀若碑碣，工雅異常，饋於前任大牧師宋美先生，以志沒後，思念其德，永志勿忘之意，今特嵌遺於堂之北隅，眾人入堂者，俱得瞻仰焉。按宋君為教中領袖，居於粵地最久，設教誨人循循善，諸弟子大半蜚聲雲路，著績仕途，今勒銘紀德，俾得永垂於後，日亦可謂不負其啟迪之功矣。〔註104〕

⑧香港附近之地皆在環圍，一鳥中一經可通□，有時山巡，崎嶇山石嶝□未能多為康莊大道，如由港中往赤柱皆由水路者多，陸路者少，近日港憲擬開一途，俾彼此可以通往來，誠利便事也，按赤柱在山之陰，其地於秋冬時，風浪稍微險惡，實不利舟行也。〔註105〕

〔註99〕　《遐邇貫珍》，香港：英華書院，1854年2月，第12頁。
〔註100〕　《遐邇貫珍》，香港：英華書院，1854年4月，第10頁。
〔註101〕　《遐邇貫珍》，香港：英華書院，1854年8月，第5～6頁。
〔註102〕　《遐邇貫珍》，香港：英華書院，1854年8月，第6頁。
〔註103〕　《遐邇貫珍》，香港：英華書院，1854年8月，第6頁。
〔註104〕　《循環日報》，1874年6月2日，第3頁。
〔註105〕　《循環日報》，1874年6月9日，第3頁。

⑨英官擬設法保護華商。香港一島於和議既成割放英，而英乃以香港為屬地招，商賈轉貨物所有出入船舶概不徵稅。於是帆檣雲集，遠近華商無不願出於其市，邇年來，粵東大憲以航海商船每多走私漏稅，巧於趨避，以致釐金不旺，而國餉有虧，於是以炮舶為巡船，藉以稽查水面，凡遇華船之往來者，例當閱驗，其有已輸關稅者勿聞，否則解至省垣，船貨充公，如有不服盤查者，准以槍炮轟擊，由是商人多視為畏途，或謂五年中至港之船在口被獲解省者已不下三百艘，港中官憲已以此事□末譯聞於英京理藩院，理藩院大臣擬為之徹底查辦，設法保護論者，謂此莫如命港中通商局，人歷其弊，更為了然。〔註106〕

⑩英國擊毬師士的芬臣，由新金山附奄澈亞輪船昨日到港，本港英人公司已預備一切，請其演擊桌上球之技。〔註107〕

由以上可知：其一，總體而言，英國人作為殖民者的身份來到香港這塊土地上，一直都是以主人和統治者的身份自居的。這一族群在近代香港具有很高的社會地位。

其二，從以上報紙報導的內容來看，英國人的就業人口通常在政府機關、司法部門、商業和金融等單位任職。按職業不同，大致可分為四類：一是公務員、商人；二是專業人員，包括教師、護士、牧師和傳教士、技術人員等；三是文員和翻譯、監工；四是其他低收入者，如士兵、警察、監獄看守及罪犯等。其中以收入豐厚的商人和公務員為多，一少部分屬於社會下層。他們所從事的行業基本上是英國政府所委任的政府官員或高級技術人員，拿得政府的豐厚的薪酬；或是來港經商的商人。

概而言之，不管哪一種職業，在港英人的經濟狀況都是很好的，他們聚集在維多利亞城，居住在半山區等高檔住宅區〔註108〕。這種職業階層的分布，我們可以從其族群的建築風格的特點可以看出。

歐美人的建築風格明顯呈現出愛德華式建築風格的特點，如舊上環街市西港城，亦是如此。具體如圖3-10所示。

〔註106〕《循環日報》，1874年6月12日，第2頁。
〔註107〕《華字日報》，1907年9月28日，第3頁。
〔註108〕蘭靜：《近代香港外來移民與香港城市社會發展》，暨南大學博士學位論文，2011年，第60頁。

圖 3-10　舊上環街市西港城圖〔註 109〕

　　西港城位於原舊上環街市北座，現位於干諾道中與摩利臣街交界處，其前身是舊上環街市北座大樓。建於 1906 年，樓高兩層，以花崗岩石為基座，紅白色磚外牆及圓拱造型，屬於典型的英國愛德華式建築風格。從該建築反映出多數英人當時在港的生活狀態，即經濟富裕、社會地位較高。

2. 葡人社區

　　本文之所以把葡萄牙人從歐美人中單列出來，是因為葡萄牙人在香港的外籍族群中是一個比較特殊的群體，故單獨劃分出來探討。

2.1. 人口結構特點

　　第一、葡萄牙人的人口數量相較於其他族群較為穩定，他們在香港建立了較為完整的家庭生活。鴉片戰爭後，香港開埠，港英政府在香港進行了大規模的城市建設，吸引了大批各行各業的人來港尋求發展。其中就包括澳門葡萄牙人。初期遷港的葡萄牙人是跟著其雇主而來的。據湯開建的研究，從 19 世紀 40 年代後期起，「港英當局改善健康條件，許多英國商人開始在香港尋求永久居住的更大的可能性，更多在澳門長期居住的小心的人們開始行動起來，搬到香港加入到其先到的同胞中去。大批澳門葡萄牙人由於受雇於這些英國公司、機構，他們亦隨之移民香港」〔註 110〕。「香港開埠成為殖民地後，港督璞鼎查（Henry Pottinger）決定將對華貿易監理搬遷至香港。在澳門的業務終止，所有職員，包括監理、財務、統計、譯員等均於 1842 年 2 月 27 日遷往香港。在這種情況下，列奧納多‧奧馬達‧卡斯楚及其兄弟若瑟‧奧馬

〔註 109〕香港公共圖書館，2002 年。
〔註 110〕湯開建等編《香港 6000 年：從遠古～1997》，麒麟書業有限公司，1998 年，第 67 頁。

達·卡斯楚離開澳門正式到香港定居，成為第一批赴港定居的澳門屠神葡人」〔註111〕。另據罷辣架的研究：「從一開始，在英國公司機構的澳門葡萄牙人社區的年輕成員們，伴隨著英國公司機構，來到香港。……葡萄牙人與香港早期歷史上的英國開創者一起，忍受香港早期的艱難困苦，與他們一起勞動，為香港的美好未來打下基石。……澳門葡萄牙人中不顧一切的年輕人也從澳門遷港，把他們致富的希望寄託在這篇新土地上」〔註112〕。除此之外，香港可提供的職位較多，工資高且稅率較低也是葡萄牙人遷港的主要原因，施白蒂指出：「1845 年，澳門居民興起向香港的移民熱，主要因為香港就業容易、待遇高。……」〔註113〕「四五十年代他們的年薪在 150 英鎊以上，約為同類華人雇員的三倍。」〔註114〕葡萄牙學者西蒙斯（Rui Simões）也認為，正是因為香港的低稅制和地理優勢，紛紛使葡萄牙人遷入香港〔註115〕。故居港的葡萄牙人快速增長，葡萄牙人在香港人數統計如下：1861 年為 800 人、1901 年時為 1948 人；1911 年時為 2558 人；1921 年時為 2057 人；1931 年時為 3197 人；1941 年時為 2922 人〔註116〕。據 1911 年的香港人口普查報告顯示，居港歐美人中 5 至 15 歲的兒童人口占其總人口的比例為 13%，但是對於居港的葡萄牙人來說，這一比例則高達 23%〔註117〕。有西人曾對居港的葡萄牙人描述：「葡萄牙人和其他在港的歐美人的區別非常明顯和有意思。香港的葡萄牙人構成了歐洲人定居在亞熱帶地區的一個族群，他們完全適應這裡的生活而且不需要從歐洲來補充人員。任何其他的歐洲族群都不會有類似的情況」〔註118〕。由於在港的葡萄牙人不少是與當地人結婚，其子女大部分都是承認父母一方的國籍，因此在港的葡萄牙人登記的國籍為歐洲的比例比較低。這也表明這裡的葡萄牙人已經把這裡視為他們的永久住所。第二、葡萄牙人遷

〔註111〕 李長森：《澳門土生族群研究》，暨南大學博士學位論文，2005 年，第 172 頁。

〔註112〕 Braga, José Pedro, "Portuguese in HongKong and China: Their Beginning, Settlment and Progress During One Hundred Years," Renascimento, 1944, Macau: Fundacǎo Macau and Mar-Oceano, 1998, p.141.

〔註113〕 （葡）施白蒂：《澳門編年史（十九世紀）》，姚京明譯，澳門基金會，1998 年，第 89、106 頁。

〔註114〕 余繩武、劉存寬主編《十九世紀的香港》，中華書局，1994 年，第 358 頁。

〔註115〕 葉農：《渡海重生：19 世紀澳門葡萄牙人移居香港研究》，社會科學文獻出版社，2014 年，第 43 頁。

〔註116〕 以上數據來源於歷年香港人口統計。

〔註117〕 Hong Kong Sessional Paper, 1911 年，No.17，第 103 頁。

〔註118〕 S.G.Davis: Hong Kong in its Geographical setting, London: Collins, 1949, Page 96.

居香港另外有一個特點，就是舉家遷移，往往是兄弟姐妹甚至是其他親戚一起聯合行動，形成家族性遷徙。至 19 世紀末，遷港的葡萄牙人多以家族形式遷港〔註 119〕。這些家族中較為著名的有羅沙家族、奧馬達‧卡斯楚家族、巴萊托家族等。其中羅沙家族的第八代貝拉吉奧（Pelágio José da Rosa）於 1852 年 2 月 13 日在香港出世，標示著該家族已經在香港定居了〔註 120〕。葡萄牙人對香港的歸屬感無疑更強一些。至此，我們可以斷定，至少在 19 世紀末 20 世紀初期，居港葡萄牙人已經在香港建立起完整的家庭生活，並把香港視為他們永久的住所，初步形成具有葡人生活特色的社區。葉農在《渡海重生：19 世紀澳門葡萄牙人移居香港研究》中亦認為：「由於澳門葡萄牙人以家族形式大量遷港生活，或經商，或充當洋行和港英政府的雇員，到 19 世紀末，人數達到了一定的數量，成為香港西人社區的一個重要組成部分，地位相當重要，並且由於他們特有的生活方式，葡萄牙人終於形成了自己的一個新社區──香港葡萄牙人社區」〔註 121〕。

2.2. 職　業

第一、社會地位一般。在香港的葡萄牙人的社會地位沒有英國人那麼高，基本上是從事商業或被英國政府或公司雇傭做文員〔註 122〕、翻譯等工作。商業主要包括其經營的運輸業、開設的商行等。他們一些人取得了較大的成功，如「最早來到香港經營船運業的葡萄牙商人 Mr. J. J. dos Remedios 和 Mr. Marcos do Rosario，開辦印刷公司的 Mr. Delfino Noronha」〔註 123〕，以及 1914 年前，原三利洋行職員梳沙（E. V. M. R. de Sousa）在香港德輔道中開設葡商貿易行梳沙洋行（De Sousa&Co.）；布爹路兄弟（B. J. Botelho，J. Heitor Botelho 及 P. V. Botelho）在香港創辦的紹和洋行；香港德輔道中開設的葡商貿易行經濟貿易公司（Economical Trading Co.）等。此外，居港葡人對香港的印刷業與

〔註 119〕李長森：《澳門土生族群研究》，暨南大學博士學位論文，2005 年。
〔註 120〕葉農：《渡海重生：19 世紀澳門葡萄牙人移居香港研究》，第 63 頁。
〔註 121〕葉農：《渡海重生：19 世紀澳門葡萄牙人移居香港研究》，第 145 頁。
〔註 122〕據記載，1860 年時，港英政府大約雇傭了 40 名葡萄牙人，而在英國或其他外國公司從事文員的葡萄牙約 150 人。詳情參閱：Mr.J.P.Braga, O.B.E.: Portuguese pioneering: A hundred years of Hong Kong. Hong Kong Centenary Commemorative Talks 1841～1941: the collection of the broadeast "talks", from the Hong Kong studio of ZBW, page52.
〔註 123〕Mr. J. P. Braga, O.B.E.: Portuguese pioneering: A hundred years of Hong Kong. Hong Kong Centenary Commemorative Talks 1841～1941: the collection of the broadeast "talks", from the Hong Kong studio of ZBW, page51.

園藝業貢獻甚大。如 1844 年，居港葡人羅郎乜（Deffino Noronh）在香港開設了著名的羅郎乜印字館，開啟了香港印刷業。羅郎乜印字館承印《香港政府憲報》（Hong Kong Government Gazette）及其他零單業務。1867 年改組為父子公司，更名為「Noronha&Sons」，主營英國駐華使領館印務，兼營一般書籍文具商業務。1878 年，該館兼併上海望益紙館（Carvalho & CO.），成立上海分號。1867 年前，葡商盧斯（J. A.da Luz）在香港嘉咸街開設了今孖素印字館，承辦商業印刷業務〔註 124〕。植物學家索瑞斯在西營盤有一個小花園，其培育的黃色百合花，很受香港市民的喜愛。1876 年，羅郎乜和另一位葡萄牙商人在九龍油麻地購買了兩塊土地和 5 英畝農田，專門用於發展園藝栽培與水果種植。他們在港首次生產出菠蘿，菠蘿種植後來成為新界重要的產業。十九世紀末，葡萄牙駐香港總領事羅馬諾（A.G.Romano）在薄扶林經營了一個花圃，裏面不僅栽培蔗類植物和蘭花，並收集很多稀有花卉。每年為香港花卉展提供大量各種花卉的是九龍一所經營良好、面積最大的花園〔註 125〕。這些居港葡人在香港所經營的商業生意非常興隆，對於溝通葡人與外界的經濟往來起到重要作用。第二、工作地點相對固定。從以上居港葡人所從事的職業與地域來看，居港葡人對開發九龍油麻地、何文田、九龍灣和香港島薄扶林地區做出了重要的貢獻。油麻地、薄扶林等區域成為葡人在港的主要聚居地，並以此為基礎發展成為葡萄牙人社區。

3. 日人社區

3.1. 人口結構特點

據記載，最早居港的日本人是「寶順丸」的船員。「寶順丸號船員莊藏，出海漂泊五年後，乘美船歸國時，被拒之入境。之後莊藏於 1845 年移居香港，經營裁縫店」〔註 126〕。莊藏開啟日人居港之始。此後日本人在香港的人口數逐年增加。下面從居港日人的人口數量和男女比例大致具體分析。如表 3-5 所示。

〔註 124〕蘭靜：《近代香港外來移民與香港城市社會發展》，暨南大學博士學位論文，2011 年，第 64 頁。

〔註 125〕J. P. Braga, Portuguese Pioneers of Hong Kong-Horticultural Experiments at Kowloon.，《澳門評論》，1930 年 1 月 24 日，澳門文化司署出版，第 10～15 頁。

〔註 126〕陳湛頤：《日本人與香港十九世紀見聞錄》，香港：香港教育圖書公司，1995 年版，第 8 頁。

表 3-5　居港日本人人口統計數字〔註 127〕　　　　　　　　單位：人數

年　　代	男性人數	女性人數	人口總數	男女比例
1888	101	142	243	0.71
1890	89	114	203	0.77
1891	105	143	248	0.73
1895	104	110	214	0.95
1898	159	160	319	1.00
1902	261	342	603	0.76
1903	291	292	583	1.00
1905	298	339	637	0.88
1906	394	362	756	1.09
1907	452	383	835	1.18
1908	447	434	881	1.03
1910	586	448	1034	1.31
1911	617	482	1099	1.28
1912	679	499	1178	1.36
1913	697	517	1214	1.35
1914	694	530	1224	1.31
1922	1020	734	1754	1.39
1923	989	677	1666	1.46
1924	973	676	1649	1.44
1925	885	676	1561	1.31
1926	885	641	1526	1.38
1927	875	653	1528	1.34
1928	909	668	1577	1.36
1929	932	690	1622	1.35
1930	1310	993	2303	1.32
1931	1063	738	1801	1.44
1932	824	648	1472	1.27
1934	743	735	1478	1.01
1935	817	716	1533	1.14
1936	715	708	1423	1.01
1937	412	132	544	3.12
1938	405	179	584	2.26

〔註 127〕 數據來源：《大日本統治年鑑》陳湛頤《香港日本關係年表》，香港：香港教育圖書公司，2004 年，男女比例是筆者根據原有男女人數計算得到。

　　從上表中我們可以清楚地看出戰前居港日人的人口數量變化：第一，從整體趨勢來看，居港日人的人口數量是一直增長的。在香港開埠前期，外籍族群是以歐美人，葡萄牙人和印度人為主的；進入十九世紀末，外籍人口的構成發生了一定的變化：日本人開始進入香港，而且人數是逐年遞增，最後達到了位居香港外籍人口第二的印度人的半數之多。但是有幾個時間點，值得我們關注一下。如 1931 年與 1937 年，該兩個時間點的日人居港人數因為受政治因素的影響，波動很大。

　　第二，從居港日人人數的男女比例變化來看，1906 年以前，居港日人女性人數多於男性，而之後男女比例出現倒置，男性人數超過女性人數。這一特點和居港其他族群的男女比例特點有很大不同。一般來說，在城市發展的早期，其境內的移民多以來此謀生的單身男性較多，等到其發展趨於穩定了，男女比例系數才會趨向於 1。但是居港日人卻出現了相反的情況，究其原因，我們發現這跟日本女人在港從事的娼妓業密切相關。據記載，「日本人前往發展的地方，最先行的拓荒者就是勇敢的大和撫子，日本娘子軍。隨後，男的就必然在附近開店，巧妙保持聯絡，一舉兩得……」〔註 128〕。

　　第三，從 1910 年始，一直到 1932 年，居港日人男女比例基本保持在 1.3 左右，這表明 20 多年的時間內居港日人生活的日趨穩定。另據記載，「1913 年，日本社團在掃捍埔建成日僑火葬場，對面有一安放骨灰的靈堂」〔註 129〕。日本人在香港的墓地主要建在跑馬場〔註 130〕。此外，「在薄扶林東華醫院華僑殯儀館附近以及堅尼地城附近海旁的山上都曾有過不少日本人的墓穴」〔註 131〕。由此可見，大概在 1910 以後，居港日人在香港建立起了基本家庭生活，基本形成日本人的社區。

3.2. 職　業

　　居港日本人在香港主要從事商業、醫務、娼妓等業。據資料記載，1872 年 10 月，橫濱駿府屋貞太郎商店在香港開設了分店「駿浦號」，乃是居港日

〔註128〕　（日）石川達三：《最近南美事情》，中公文庫，1981 年，第 132 頁。
〔註129〕　（日）奧田乙治郎：《明治初年在香港的日本人》中附錄部分。轉自陳湛頤編譯《日本人訪港見聞錄（1898～1941）》，三聯書店（香港）有限公司 2005 年版，第 522 頁。
〔註130〕　（日）藤田一郎：《香港往事談》，載香港日本人俱樂部廣告部編《香港：香港日本人俱樂部創立二十五週年紀念特輯號》，1981 年，第 78 頁。
〔註131〕　（日）奧田乙治郎：《明治初年在香港的日本人》中附錄部分。第 523～524 頁。

人在香港最早的店鋪。該店鋪開於位於中環大街54號，以售賣漆器、婦女用品為主。此後，隨著香港港口貿易的迅速發展，許多日本大公司紛紛在港開設分號。如表3-6所示。

表3-6　居港日人在港開設店號統計〔註132〕

公司名稱	開店時間	店　址	備　註
廣業商會	1878年	史丹利街與威靈頓街之間	
三菱汽船香港分店	1879年	廣業商會附近，海拔略低於廣業商會	
三井物產香港支店	1878年8月	皇后大道	1882～1886年停業
日本郵船香港支店	1893年9月	不詳	
正金銀行香港分店	1896年9月	滙豐銀行一側	
臺灣銀行香港分店	1903年2月	皇后大道中4號	
大阪商船會社	1907年9月	不詳	
洛興號家私店	1894年	皇后大道	
梅屋莊吉攝影館	1894年	中環大馬力8號	

除了上表所列以外，還有許多貿易商社和個人經營的日下部商店、西山商店、富士山洋行等雜貨店，以及玻璃廠、餐館（野村餐館）、麵店（西川麵店）、旅館、紋身店等〔註133〕。

在醫療方面，日本先後有不少醫生、護士受聘於香港潔淨局和國家醫院從事醫務工作。但也有在香港開始診所的，如當時香港的灣仔有馬島醫院，由宗廣醫生負責診治；九龍總統酒店背後的漢口道有原醫院；告士打道有山崎牙科，由下川醫生診治〔註134〕。

在教育方面，日人一向很重視教育，早期教育主要是在本願寺由僧人承擔，後來建立了日本人小學專門負責居港日人的教育。關於居港日人的教育，筆者在第四章日人社區的社會生活中有詳細闡述，在此不作過多贅述。

〔註132〕表格數據來源自陳湛頤的《日本人與香港十九世紀見聞錄》和《日本人訪港見聞錄1898～1941》兩書中收錄的過港的日本人的相關回憶。

〔註133〕截至1941年3月，香港的日本公司約有一百間，其中貿易商社54家，銀行2家，海運業3家，其餘雜貨、飲食、旅館、理髮等店鋪37家。

〔註134〕（日）藤田一郎：《香港往事談》，載香港日本人俱樂部廣告部編：《香港：香港日本人俱樂部創立二十五週年紀念特輯號》，1981年，第77頁。

　　綜上所述，我們可以看出，在 20 世紀初期，居港日人具有基本完整的社區，社區內開設小學、商店、醫院、旅館、餐館、甚至火葬場等，這些設施與提供的服務使居港日人民能夠安居樂業。正如藤田一郎在回憶文章《香港往事談》中所說：「駐港領事館在 1873 年開設。在香港既有小學、又有醫生，……因此香港的僑民都能夠安居樂業」〔註 135〕。和香港的其他外籍族群相比，日人在商貿中是有一定地位的，但政治上沒有實際的影響力，存在感相對薄弱。另外由於語言、生活習慣等不同，以及香港不時出現的濃厚的反日氣氛，他們大都謀求自保，傾向於生活在自我封閉的本國人社區中。

4. 印度人社區

　　居港印度人是隨著英國人一起來到香港的。由於印度在香港開埠前已經是英國的殖民地，所以在香港這塊英國在亞洲開闢的另一塊殖民地上，英國人在之前的殖民地經驗和印度人的調配方面做得非常充分〔註 136〕。因此，英人在利用印度人來維持其在港的統治方面顯得更加的得心應手。很多印度人前往香港，使居港印度人成為當時外籍族群中是很重要的一支。

4.1. 人口結構特點

　　印度人在香港的人口數如下：1845 年為 362 人、1854 年為 328 人、1855 年為 391 人、1861 年為 784 人、1863 年為 1268 人、1870 年為 1435 人、1872 年為 288 人、1876 年為 639 人、1881 年為 754 人、1901 為 1453 人、1906 年為 2086 年、1911 年為 2012 人、1921 年為 2012 人、1931 年為 4745 人、1941 年為 7379 人〔註 137〕。由此可見，香港的外籍移民的印度人在這一時期內的數量仍是穩步增長的。印度人的比例在外籍總人口中逐漸增大，在戰前居港的印度人數量超過了葡萄牙人，在居港的外籍人口中僅次於歐美人。下面以 19 世紀中期以來居港印度人的人口構成數據來探討該群體與香港城市社會發展的關係。如表 3-7 所示。

〔註 135〕（日）藤田一郎：《香港往事談》，第 77 頁。

〔註 136〕蘭靜：《近代香港外來移民與香港城市社會發展》，暨南大學博士學位論文，2011 年 5 月，第 64～65 頁。

〔註 137〕以上數據來源於歷年香港人口統計。

表 3-7　居港印度人人口的統計數字〔註138〕　　　　　　　單位：人

年　份	男性人數	女性與兒童	總　數	備　註
1845	346	16	362	
1855	213	178	391	
1861	701	83	784	
1863	1014	254	1268	
1870	1394	41	1435	
1872	264	24	288	
1876	613	26	639	
1881	705	19	754	
1901	1108	345	1453	未計入兒童數
1906	1690	378	2086	未計入兒童數
1911	1548	464	2012	未計入兒童數
1931	3989	756	4745	未計入兒童數
1941	7379	無	無	
1961	20286	無	無	

從上表我們可以看出居港印度人口的變化特點。

第一，居港印度人男性比例一直很高，除了 1855 年比例降至 54% 以外，其他各年份男性比例都達到了 70% 以上，尤其是 1845 年、1870 年、1872 年、1876 年及 1881 年的比例更是超過了 90%。這一特點顯示出該時間段到港的印度成年男性較少的攜帶家眷來港。來港的印度成年男性主要是想通過在香港幾年的辛勞工作來改善印度家中的狀況，而且單身一人在外還可以省開支。當時印度的女性一般在家勞作，不被允許外出工作的。她們只能帶著孩子持家，同時等待丈夫從外地寄回薪水。同時，也說明了及至 19 世紀 80 年代，居港印度人尚未建立其完整的家庭生活，他們大都依附於當地人的家庭中。據記載，「來港的印度男性並非都是單身聚居的，他們一般會被安排在一個當地的家庭裏，生活起居有所照應，這些家庭還會定期和他們在印度的家庭取得聯繫，告知他們在港的情況。這樣他們就能很快的適應環境，不會有太強的挫敗感和孤獨感」〔註139〕。實際上，這種現象正是移民網絡中的「社會資本」在起作

〔註138〕表中 1845～1876 年的數據來自各年的《香港政府憲報》（Hong Kong Government Gazette）；1881～1941 年的數據來源於各年的人口普查報告（Census report）。

〔註139〕K. N. Vaid: The Overseas Indian Community in Hong Kong, Hong Kong University Press, 1972, Page 25～26.

用。所謂社會資本，不同學者對其有不同的定義，如 Coleman 將其定義為一種過程，認為「通過已有的人際聯繫，諸如植根於種族社區裏的聯繫，將其變成為經濟合作中可用的資源的一種過程」〔註140〕，而 Portes 則將其定義為一種能力，「即個人通過他們在社會網絡或更為廣闊的社會結構中的成員資格來調配稀缺資源（如就業機會）的能力」〔註141〕。無論社會資本是一種過程，亦或是一種能力，然其在族群的移民過程中都起到了減少移民過程中的風險的作用，會使越來越多的移民流出地社區的成員不斷的加入到移民大軍中去。

第二，在不同的時間段，居港印度人婦女與兒童的比例波動很大。如 1845 年～1863 年該時間段內 1845 年的比例為 4%、而 1855 年時該比例達到了 45%，1861 時則又降到了 11%，1863 年又升至 20%。這可以解釋為一些商人在香港經營一段時間後感覺到不穩定而且生意蕭條，遂攜帶家眷打道回府，導致女性與兒童比例下降；有時女性和兒童的上升是因為一些公派的職員任期需要延長，特把其家眷一起接來香港。這在一定程度上說明了香港開埠初期居港印度人生活的不穩定性。而 1870～1881 年該時間段內婦女與兒童的比例則一直維持在低於 10%的較低水平，1870 年與 1881 年甚至降到了 2%。這可以分析為，由於大多數男性未帶家眷來港，導致當時在港的印度婦女與兒童的人數一直很少。這種情況，及至 20 世紀初方有改觀。1901年時居港印度人的婦女與兒童比例達到了 24%，1911 年為 23%，1931 年時雖有所下降，但也達到了 16%，該時間段婦女與兒童的平均比例在 21%左右，此比例已非常接近同時期居港葡萄牙人兒童占總人口數 23%的比例水平。由此我們可以得知，直到 20 世紀初期，居港印度人方才建立其比較穩定的家庭生活，進而建立自己的社區。

4.2. 職　業

居港的印度人大都從事商業、警察、公務員及工程技術員等職業。

首先，在商業方面。居港印度商人來自孟買和印度西海岸的一些城市。在眾多居港印度商人中，帕西人最為知名。英國割占香港後，已經開始有少

〔註140〕 Coleman. James .Social Captial in the Creation of Human Captial. American Journal of Sociology.1988.（94）. p110.

〔註141〕 Portes. Alejandro. Economic Sociology and Sociology of Immigration: A Conceptual Overview. In Alejandro portes The Economic Sociology of Immigration Essays on Networks. Ethnicity. And Entrepreneurship. New York Russell Sage Foundation. 1995. p100.

量的帕西斯商人來到香港開辦分公司。這些來自孟買的帕西商人在香港主營鴉片貿易，比較注重信譽，贏得很好的口碑。他們的社會地位優於華人。一些西人遊記中對此有過詳細的描述：「香港除了中國人和歐洲人，也有必要提一下帕西人。帕西人信奉拜火教，他們大量分布在香港和澳門。帕西人主要來自於印度孟買，大多從事鴉片貿易。他們的社會地位優於中國人。在商界以誠實信譽贏得了很好的口碑。他們穿著也很特別，身著白色的東方長袍，戴黑色形狀奇特的帽子，使其在香港熙熙攘攘的街道上甚是顯眼」〔註142〕。

其次，居港印度人在港從事職業中，警察與公務員也是重要的兩個職業。香港警察隊伍中的印籍警察大都來自旁遮普省的錫克人〔註143〕。1871年，香港政府從印度的旁遮普邦招募了182名錫克警察和126名穆斯林警察，英國人任警官。開辦警察培訓學校，正式教授英語。任期十年，退休後享有退休金〔註144〕。19世紀80年代，日本人的訪港遊記中對香港印度警察有清晰的描述，「當地在通衛上的巡警是膚色淺黑、骨骼強壯的印度人。他們頭纏紅布，身穿洋服，腰間繫短棍」〔註145〕。

此外，一些從新加坡、馬來西亞、婆羅洲和沙巴等地調來的印度人，主要從事技術工作，如工程師等，他們有的是受雇於香港殖民政府，有的是受雇於個別公司，一般都是合同期滿就離開香港了。〔註146〕從總體上看，居港印度人大多是商人群體。印度商人看似富有，但是在面對香港日益高漲的房租，為了減少開支，很多商人「不得不和貨物住在一起。在尖沙咀和跑馬地一帶，經常會見到一些印度人自己睡廚房，其他房間用來堆放貨物。有些人還沒有租房的經濟條件，這些印度人還喜歡聚居，這也就使得香港的一些地方看起來就像孟買市區的貧民窟」〔註147〕。

〔註142〕 Moges, Alfred. Marquis de.: Recollections of Baron Gros`s embass to China and japan in 1857～1858, London: Richard Griffin，1860，Page80。

〔註143〕 K. N. Vaid: The Overseas Indian Community in Hong Kong, Hong Kong University Press, 1972, Page 37。

〔註144〕 K. N. Vaid: The Overseas Indian Community in Hong Kong, Hong Kong University Press, 1972, Page 38.

〔註145〕 （日）稻垣達郎編：《明治文學全集（15）矢野龍溪集》，東京：築摩書房，1970年，第284頁。

〔註146〕 K. N. Vaid: The Overseas Indian Community in Hong Kong, Hong Kong University Press, 1972, Page 23～24.

〔註147〕 K. N. Vaid: The Overseas Indian Community in Hong Kong, Hong Kong University Press, 1972, Page 30.

綜上所述，印度人在香港的外來移民中算是一個比較大的群體，他們較早的來到香港，為香港的經濟發展做出了很大的貢獻，同時也為推動香港的城市發展和社會生活發揮了積極的作用。因為主要受早期到達香港的印度先鋒人物帕西人的影響，在港的印度人已經被視為一個商人族群。在社會階層上，這個看似富有的群體其實大部分屬於中產階級，但是他們只是忙於掙錢積累物質財富，而忽視了自身的社會文化生活或改善自身的社會文化地位，缺乏和其他社群的溝通，使這個群體成為一個內向的族群〔註148〕。

第三節　香港城市社區的功能

自香港成為英屬殖民地以來的近150多年，由於港府特殊的管治政策，使其在社會福利方面存在諸多的功能缺失。在這種情況下，作為基層社會的社區承擔起諸多管治與服務功能。基層居民互相扶助，自發結成社區組織，成為凝聚社區、建設社區的主要力量，數目眾多的社區組織又逐漸形成一個強大的社區網絡，這些社區組織通過有效的內部溝通和管理機制協助政府穩定香港社會，彌補政府由於社會管理的缺失和服務功能的不足，以維持社會正常運轉。在香港百餘年的歷史變遷中，各類基層社區組織與港府的關係也隨著時代的發展變化而不斷調整，社區在不斷調整角色定位以適應社會環境的需要，在這一過程中，其功能不斷增多和完善。

社區是居民生活和活動的載體。人們需要在社區裏實現各種不同功能，這些功能亦是社區所承載的功能，即社區功能。國內外學者對社區功能看法頗多，如美國社區研究學者桑德斯（Irwin T. Sanders）從服務中心角度論述社區功能，分為商業服務、醫療服務、教育服務、娛樂服務、交通服務等〔註149〕。我國學者楊懋春則將社區功能分為經濟的、社會的、教育的、技術及醫藥的等方面。而於顯洋主編的《社區概論》將社區功能分為兩個方面：其一是一般功能，包括經濟功能、政治功能、教育功能、衛生功能、福利和服務功能、娛樂功能、宗教功能；其二是本質功能，包括社會化功能、社會控制功能、社會參與功能、社會互助〔註150〕。以上論述有助於我們對香港城市社區功能的

〔註148〕蘭靜：《近代香港外來移民與香港城市社會發展》，暨南大學博士學位論文，2011年，第69頁。
〔註149〕（美）桑德斯著，徐震譯：《社區論》，臺北：黎明文化事業股份有限公司，1982年。
〔註150〕於顯洋主編：《社區概論》，北京：中國人民大學出版社，2006年，第41～44頁。

認識。本文以於顯洋將社區功能分為一般功能與本質功能的兩分法為基礎，結合香港城市社區發展的特點，將其城市社區功能大致分為政治功能、經濟功能及文化功能，文化功能又包括教育功能、宗教功能、娛樂功能。

一、政治功能

政治是經濟的最集中表現。社區政治功能主要在於維護和保持社區及所在地區的秩序和安定，力求保證社區居民生活、生產的安全和和諧所具備的功能，主要表現為政治穩定功能、政治傳導功能及社區政治參與和政治表達。

開埠以後，香港的華人居民由大清子民一躍成為大英子民，他們在思想上一時都是難以接受的，其驚惶不安的程度可以想像，而當時減輕華人不安情緒的最佳方法莫如儘量保持現狀，就是不擾民，維持居民生活現狀。香港在英國的殖民地歷史上比較獨特的，它是英國第一個以華民占絕大多數的殖民地，故在對其制定政策進行治理時根本沒有先例可言〔註151〕。為此，主管英國所屬的各地殖民地的理藩院也不能為港英政府提供治理華人的政策，只能任由港英政府根據地方實際情況作出決策。而港英政府為了保持香港的穩定，不至於出現大的錯誤，往往遵隨前任官員所釐定的政策，蕭規曹隨〔註152〕。1841年2月1日，義律與伯麥佔佔領香港後所發布的安民告示，便成為後來歷屆港府治理華人的總方針：

> 照得本公使大臣奉命為英國善定事宜，現經與欽差大臣爵閣部堂琦善議定諸事，將香港等處全島地方，讓給英國寄居主掌，已有文據在案，是爾香港等處居民，現係歸屬大英國主子子民，故自應恭順樂服國主派來之官，其官亦必保護爾等安堵，不致一人受害，至爾居民，向來所有田畝房舍產業家俬，概必如舊，斷不輕動。凡有禮儀所關，鄉約律例，率准仍舊，亦無絲毫更改之議。且未奉國主另降諭旨之先，擬應大清律例規矩之治，居民除不拷訊研鞫外，

〔註151〕據丁新豹的研究，英人在佔領香港前已經佔領了新加坡、馬六甲及檳榔嶼，該三地均有不少華僑聚居，但它們均不是直轄的殖民地，而是隸屬於印度政府，由英國東印度公司間接統治。1867年4月1日，由上述三地組成的海峽殖民地（Strait Settlements）才正式脫離印度統治移交到理藩院，成為直轄殖民地（crown colony）。

〔註152〕丁新豹：《香港早期之華人社會》，香港大學博士學位論文，1989年，第216頁。

其餘稍無所改，凡有長老治理鄉里者，仍聽如舊，惟須稟明英官治
理可也……當嗣後有應示事，即有派來官憲，隨時曉瑜，責成鄉里
長老，轉轄小民，使其從順無違，特示〔註153〕。

這是英國人佔領香港後發布的第一份告示，它清楚地申明英國政府統治
香港的政策。丁新豹認為，這些「責成鄉里長老，轉轄小民」、「鄉約律例，率
准如舊」的規定，使得開埠後的頭二十年的歷任香港總督，均奉為圭臬循循
相因，即使行政上偶有偏離，但總的施政精神大體遵從。這對於香港華人社
會的發展，華人社會與港府，甚至與西人社會的關係，都有極其深遠的影響
〔註154〕。砵甸乍與戴維斯鑒於開埠初期香港治安狀況每況愈下，故堅定地認
為要維持香港的穩定，必須用大清律例處治華人，戴維斯致耆英的信中指出：
「香港之居民，大半係華人，務必按照本國律例處治，方易辦妥，若不然，斷
難辦理」〔註155〕。1843 年 4 月 5 日香港政府成立，翌年，港督戴維斯加緊落
實義律制定的對待華人的方針，隨即通過 1844 年第 13 號法例，明確規定：
「保留及採用有助於維持治安的中國制度，香港總督在立法局的諮詢下通過
嗣後香港總督可在全港之市鎮、鄉村及小村落委任華人保安人員，即保長
（Paouchong）與保甲（Paoukea）」〔註156〕，這是港英政府在香港推行的保甲
制。開埠初期，香港百事待舉，基於統治需要，港府沒有改變島上華人的生
活模式，規定華人仍沿用中國法律風俗習慣，這些政策法規的制定比較注重
與香港地方社會的實際情況相結合。但是必須說明的是，香港被割占以後，
其管治權已經牢牢被英廷所掌握。據丁新豹的研究，香港的割讓，是義律和
砵甸乍自作主張取得的，而在爭取香港主權、治權的問題上，也是身為香港
總督的砵甸乍和戴維斯積極爭取得來的；反而作為最高決策機構的英廷——
無論是外交部，或是理藩院，都表現得較為被動，這主要是職權和處境不同
所造成的。政策是英廷釐定的，但實際執行者卻是殖民地官員根據實際情況
需要對政策作出修改，甚至連他們自己的看法也會隨著時勢而變化〔註157〕。

〔註153〕中國史學會編：《鴉片戰爭》，第 4 冊，上海人民出版社，1957 年，第 241～242
頁。
〔註154〕丁新豹：《香港早期之華人社會》，香港大學博士學位論文，1989 年，第 217～
218 頁。
〔註155〕《戴維斯致耆英函件》，2／1845：FO233／185。
〔註156〕Davis to Stanley, 8th June 1844 ＃14：CO129/6。
〔註157〕丁新豹：《香港早期之華人社會》，香港大學博士學位論文，1989 年，第 95 頁。

1844 年港府推行的保甲制在赤柱等原居民區取得了巨大成功，但是在新移民聚居的西環與中下環等處，則遭遇困難。為此，港府對中下環居民作出曉瑜：「照得總理欽差大臣前飭香港居民，擇其尊貴有體面人等公舉為保甲，即赴總理欽差大臣衙署稟明，以憑查辦，該人克充厥職，俾得責成管束匪類而安良善也等諭在案，合就曉示中下環等處居民鋪戶知悉，汝等各宜剋日公舉保甲，稟報欽差大臣查照妥辦，稟之，特示」〔註 158〕。港府之所以再次重申 1844 年第 13 條例，因為在該條例頒布的半年內，中下環的華人對此根本無動於衷，沒有響應港府號召來推舉保甲。丁新豹認為，港府發此曉諭是因為「中下環的華人還未能推舉保甲，曉示所指的中下環，都是新移港華人聚居地，新移民互不相識，流動性大，社會組織的結構與鄉村迥異，保甲成立困難，是香港保甲未能成功推行的基本原因」〔註 159〕。此後，港府又陸續於 1853 年頒布《華僑地保條例》，擴大地保職權；1857 年第 6 號條例《華人登記及調查戶口條例》，以及 1858 年第 8 號條例等。總的來說，地保制作為地方頭人管理鄉村的一種因地制宜的制度在香港開埠初期算是取得一定的成功。但是就整個保甲制度而言，其顯然是一個失敗的嘗試。尤其是 1857 年第 6 號條例，這種十戶為一甲、十甲為一保是一種嚴密的戶籍組織管理，要切實執行，殊非易事，尤其是在香港這樣一個由新移民組成的社會裏，推送保甲，則極為困難。「1850 年代晚期所發生的一系列事件、騷亂和不安，使港府決定摒棄由華人治理華人的間接方法，改由總登記官——撫華道直接管理」〔註 160〕。1861 年，地保制的取消，是根據香港社會發展的實際情況而做出的合乎民意的決策，對香港社會的發展影響極其深遠，丁新豹認為，「地保制的取消，是港府順應客觀環境改變所作出的措施，它也標誌了一個時代的終結，預示著香港華人統治進入一個新的紀元」〔註 161〕。

19 世紀中後期，華人社會在港影響力日漸增長，港府也逐漸意識到香港的繁榮與發展，離不開華人社會的積極努力與參與。因此，港府在制定相關政策與法規時開始注重在香港的地方實際情形。其中，走在最前列的無疑是保陵與軒尼詩總督。

〔註 158〕《戴維斯致耆英函件》1／1845：FO233／185。
〔註 159〕丁新豹：《香港早期之華人社會》，香港大學博士學位論文，1989 年，第 225 頁。
〔註 160〕丁新豹：《香港早期之華人社會》，第 385 頁。
〔註 161〕丁新豹：《香港早期之華人社會》，第 386 頁。

　　保陵總督蒞任未幾，鑒於香港社會混亂的收規、勒索、偏袒及欺騙的陋習，設立一個調查委員會，這是一個專門調查政府各部門的非法勒索與收規情形的部門，藉以減少華人受官員壓榨盤剝之弊。目的雖好，但由於華人對英人不夠信任，又不懂得通過法律途徑維護本身的權益，都不肯站出來舉報與舉證，致使調查委員成效不大。軒尼詩總督在對於華人政策方面較為開明，其認為，「香港能夠在短短幾十年間繁榮起來，主要是靠華人的努力，而華人一向被歧視，這樣將影響華人對香港的信心」〔註162〕。於是，他在立法局提出提出華人申請入英籍法案。為了減少阻力，他在提出該法案時非常有技巧，並不指定是華人，而是任何國籍的人，都可申請為英國公民。經過軒尼詩與馬師等人的努力，該方案終於於1880年獲得通過。1881年，華人開始申請加入英國國籍，主要是一些地產商，因為『入籍條例』給予華人地產商以無限的信心，夏曆在《香港東區街道故事》一書中講到當時華人地產商紛紛加入英國國籍的原因，「是當時華人被規定不能購買中國街以東的西人地區的房屋，入了英國籍之後，就可以衝破中國街這一條華人與西人的分界線，因為他們是英籍人士」〔註163〕。除此之外，軒尼詩還邀請華人入立法局擔任議員。當時華人伍廷芳在英國學成歸來，並取得了大律師資格，在港執業，軒尼詩特邀請他如立法局，這無疑更加了華人的信心。此外，港英政府對於與華人社會生活密切相關的法令法規較為鬆弛，據大宅莊一在《香港戰時色》中記載：「與此相反，取締各種助長反文化傾向的法令卻遠較中國國內為寬鬆。例如舉行喪禮時，四鄰的人聚在一起敲鑼打鼓，一直喧囂到深夜。這種情況在廣州一帶早已被禁，但香港依然准許。麻將及其他賭博行為也獲得認可，旅遊人士常常可目睹這些賭博活動在街頭公園公開進行」〔註164〕。

　　不僅如此，港府對政令發布的形式也較注重與香港地方社會發展的實際情況相結合。「一切的政令，除了用布告通過文字傳播之外，大部分政令，也是靠口頭傳播開去的」〔註165〕。主要原因是，當時傳播媒介甚少，只有兩份中文報紙，而習慣讀報紙的華人又少之又少。且當時在港華人文盲居多，稍為識字的人亦看不懂當時的中文報紙。中文報紙所用文字都是文言文，並不通俗〔註166〕。

〔註162〕　夏曆：《香港東區街道故事》，三聯書店（香港）有限公司，1995年，第69頁。
〔註163〕　夏曆：《香港東區街道故事》，第71頁。
〔註164〕　（日）大宅莊一：《香港戰時色》，載《改造》，1937年12月，第76～77頁。
〔註165〕　夏曆：《香港東區街道故事》，第82頁。
〔註166〕　夏曆：《香港東區街道故事》，第82頁。

　　20 世紀 70 年代的香港社會問題主要表現為由於龐大公屋計劃與新市鎮急速發展出現了人口流動及高密度居住環境有關的都市問題，因此，在 1976 年港府順勢提出要建立一個相互關懷和負責任社會的「社區建設」計劃。社區建設的目的，就是解決這些問題，以促進香港社會的和諧及團結。而進入 80 年代，隨著回歸的臨近及香港現行殖民地政權結構逐步民主化，建設一個具有合法性、回應性、穩定性、有效性的政治結構，以及培養港人治港的未來政治領袖，已經成為香港社區建設的首要任務。香港社區建設的對象，已經不再是香港的社會結構，而是香港的政治結構〔註 167〕。結構帶動功能，這一重大轉變，政治制度的開放與否，決定了社區的政治化程度。港府在六七暴動以前採用較為開放的社區策略，而 70 年代的互委會運動卻來了一個大回潮，用赤裸裸的手法控制社區的變化。到了 80 年代，隨著地方行政計劃的推行，才進一步激起了各區居民的參政意識。區議會及由地區選舉立法局議員的制度使社區工作變得更「政治化」，其社區政治功能得以強化。下面以樂富邨青年參政為例來闡述社區政治功能。

　　1.「樂富青年關社聯委會」的成立

　　「樂富青年關社聯委會」簡稱聯委會，是由一群居住在樂富邨的本地青年組成，年齡約為 18～30 周歲之間，這些本地青年都是在樂富出生和長大，對樂富有著強烈的歸屬感。他們因在 1982～1983 年年間先後參加社區服務訓練課程而相互結識。課程如下表所示。

表 3-8　香港樂富邨社區《青年關懷社會訓練課程》（1983 年 7 月至 9 月）〔註 168〕

日　期	星期	授　課	實習內容
7 月 18 日	一	演講技巧：如何主持講座	演講練習（我眼中的樂富）
7 月 22 日	五	社會分析（一）：香港政制	
7 月 25 日	一	即席的演講：辯論會技巧	講練習②籌備辯論會（公屋邨應多設馬會投注站）
7 月 29 日	五	社會分析（二）：誰操縱香港	

〔註 167〕李明堃：《社區建設的政治意義》，載《社區發展資料彙編 1983 及 1984》，香港：香港社會服務聯會，1984 年 9 月，第 9 頁。

〔註 168〕黃強生：《樂富青年關懷社區計劃》，載《社區發展資料彙編 1983 及 1984》，香港：香港社會服務聯會，1984 年 9 月，第 65 頁。

8月1日	一	小組討論技巧；如何主持會議；如何寫會議記錄	遊戲（討論）；籌備辯論會
8月5日	五	如何推行教育；訓練活動（社區教育、成人教育）	備辯論會②介紹樂富社區調查計劃
8月8日	一	團體工作與公共關係	辯論比賽
8月12	五	社區問題分析與解決方法	
8月15日	一	社區運動與社會行動	模擬遊戲：本區街坊、反馬會投注站
8月19日	五	資料搜集、書寫報告、程序策劃	策劃「關心」行動
8月22日	一	小組動力	遊戲（小組動力）
8月26日	五	地方行政（區議會、區管會）	
8月29日	一	人際關係	遊戲（人際關係）
9月2日	五	群眾組織與地區發展	策劃「關心」行動
9月3日至4日	六 / 日	香港前景探討（九七問題）；社會發展——青年的責任	
9月5日	一	調查技巧與問卷分析	策劃「關心」行動
9月9日	五	畢業禮	演講練習：我對課程的感受

　　由上表可知，社區工作人員在樂富邨舉辦的為期兩個月《青年關懷社會訓練課程》，無論是授課內容，亦或是實習內容都是非常豐富的，而且在該課程中開始注重引導青年人關注香港政治前景問題，經學員討論和考慮後，學員會自覺參與政治當中去。通過該課程的培訓與學習，刺激了樂富青年對社會有更多認識和培養他們參與的意識及才幹。其後他們為了繼續實踐關懷社區的意識，先後組成了數個青年小組，推動了多項關懷社區內大廈燈光設施、樂富青年對九七問題意見調查、及對在社區內設置新馬會投注站、教育及組織樂富街坊去爭取「重建」權益等等〔註169〕。及至1984年時，他們更進一步聯合組成了目前的「樂富青年關社聯委會」。

2. 樂富青年參政的過程

2.1. 積極參加區內競選活動，當選為全港最年輕區議員

　　樂富青年關社聯委會成立以後，樂富青年依此為平臺積極推行事關本社區發展的事工項目，並與區內有決策或有影響力階層接觸，如政務署、房屋

〔註169〕黃強生：《青年參政在樂富》，載《社區發展資料彙編1985及1986》，香港：香港社會服務聯會，1986年9月，第63頁。

署及區議員等,使他們漸漸認識了政府所解釋的「如何透過地方行政以吸納民意」。1984 年發生的馬會投注站事件〔註 170〕中,更促使了樂富青年認識了地方行政的運作,及其中區議員所擔當的角色。於是聯委會開始考慮選派一位會員參選下一屆樂富選區區議員〔註 171〕。值得一提的是,聯委會推薦會員參選區議員及參加競選活動時一律有會內會員擔任,他們在會內成立了一個競選工作核心小組(由聯委會主席擔任助選團長,副主席擔任候選人的經理)以負責統籌聯委會屬下各小組全力推行競選活動。聯委會以參加競選活動為契機,把競選活動作為訓練會員的平臺,很多會員通過參加競選活動得到了迅速成長,成為基層社區建設的中堅力量。如逐漸成長起來的王松泉議員。王松泉是土生土長的樂富人,年輕有為,擔任聯委會的在任外務秘書,參與樂富關社運動已有兩年有餘,有著豐富的社區工作經驗,成功當選為全港最年輕區議員。1985 年 3 月 8 日凌晨的點票結果顯示王松泉以二千多票當選,占全部選票的 73%;而競選連任的對手卻落後了一千三百多票。樂富是一個以中年人占大多數的舊式社區,但是在此次選舉中,王松泉能夠以如此大的優勢獲勝,在一定程度上說明了在樂富一般居民心中,開始接納青年人參政,由「青年人當家」的趨勢,正如香港明愛社區工作員黃強生先生在分析此次勝利的原因時認為:首先,樂富青年關社聯委會在過往一年時間,為街坊爭取重建權益的事件上,已曾經推行多次如居民大會,簽名運動及請願等行動。在街坊心中,這群青年早已建立一個「肯為街坊做事」的印象。在競選過程中,聯委會亦再就這些街坊權益事工,加以宣傳突出,街坊對聯委會的成員王松泉,便自然就有較多的信任。這次勝利也可以說是「多勞多得」的結果。其次,聯委會作為王松泉的助選後盾,這群積極的青年人有能力動員龐大而連貫的助

〔註 170〕 在該事件中,當時在任的樂富區議員(兼樂富分區委員會主席)與青年關社聯委會意見相左,並拒絕將青年向街坊搜集的意見在區議會提出討論,而政務署官員又向他們表示政府只會接納從正統的諮詢機構所吸納的民意——即通過區議會或分區委員會所呈交的意見。

〔註 171〕 當時聯委會決定派人參選樂富區區議員的動機主要有:其一,他們認為當時在任的區議員沒有肩負起反映民意的責任,應該換一位願意向街坊交代及願意接受街坊監察的人來擔任;其二,聯委會自己選出來的議員有助於實現對社區居民的諾言,從而達到社區建設及改善社區的目標;其三,動員參與是次選舉,對促進會員的成長,尤其是學習組織技巧及認識本港政制等方面,將大有裨益。參閱黃強生:《青年參政在樂富》,載《社區發展資料彙編 1985 及 1986》,香港:香港社會服務聯會,1986 年 9 月,第 63 頁。

選活動（單是傳單方面，向全區地毯式按戶派發的也有六次之多；此外在家訪活動方面，也總共接觸選民超過兩千多名，約占全選區登記選民四分之一）。聯委會的助選活動為王松泉建立了一個「有活力」的形象，反對對方可能因人力不足，在助選活動上便遜色得多了〔註172〕。的確如此，樂富區內街坊，包括會員們的家人，都對這群青年在區內服務，有著越來越多的嘉許和瞭解。

2.2. 監察議員工作，實行集體參政

聯委會組織的競選活動過後，為適應新的社區工作需要，其本身組織架構也做了相應改變，包括增加一個工作小組——區議會事務組。該小組的主要任務實踐競選活動時所定的政綱及作為當選議員王松泉的顧問。聯委會負責對區議員事務，如有關決策取向、公共關係、資源運用等向居民提供交代途徑、意見和協助運作等。

樂富青年關社聯委會與王松泉議員相互支持，密切協作，共同為區內街坊服務，其合作模式如下〔註173〕：

①就有關房屋政策，區內環境之改善等事項，聯委會經常進行內部討論，以協助區議員預備在區議會及分區負責會的會議發言內容和意向表達。

②利用聯委會所出版的區報，區議員的工作，每兩個月向街坊彙報一次。

③聯委會在過去的一年，就「房屋富戶政策」、「樂富重建」等事務，先後舉行多次居民大會，以進行對事件彙報和收集民意。在上述程序中樂富區議員也通常是被安排為大會其中一位講者。

④借著區議員的穿梭工作，聯委會連同區內數個互委會，先後約見了樂富房屋經理和房屋署的有關官員，以反映街坊對「重建事務」的意見。

⑤每週週二晚上的「樂富區議員接見市民計劃」，在計劃的推廣，維持值勤服務，個案跟進處理等方面，聯委會的人力資源，便再次發揮了它的潛能。

〔註172〕黃強生：《青年參政在樂富》，載《社區發展資料彙編 1985 及 1986》，香港：香港社會服務聯會，1986 年 9 月，第 63 頁。

〔註173〕黃強生：《青年參政在樂富》，載《社區發展資料彙編 1985 及 1986》，香港：香港社會服務聯會，1986 年 9 月，第 64 頁。

⑥在取得各座大廈互助委員會的合作下，這群青年在樂富邨逐座大廈向街坊推廣有關改善民生的知識和權力。推行這項公民教育的程序，也為樂富區議員和聯委會建立良好的服務形象。

⑦為更方面今後在區內推廣社區服務和街坊聯絡，透過樂富區議員個人名義，在 85 年底向房屋署在區內租用了一個百多尺的商用單位，以作為區議員與聯委會合用的辦公地方；此外，聯委會與王松泉也合共聘用一位半職和一位全職的受薪幹事，以協助推廣工作。

⑧為籌募支持會務活動經費，聯委會的計劃是除了每年舉行一些不公開式的籌款活動外，也向海外教會的基金申請一些資助。此外，樂富區議員的部分議員津貼，只交由聯委會設立基金，以作為推行社區建設之用。

⑨就 1986 年市政局選舉事，有意參選的人士，在 1985 年秋天曾先後來訪，欲爭取樂富這群青年人的支持。經聯委會的會員大會討論和表決後，他們選擇了支持一位身份屬於基層而又參與運動的人士。這項選擇決定，對於運用聯委會名義或樂富區議員名義作為支持，皆同樣具有決策作用。

由此可知，聯委會與樂富區區議員王松泉的合作模式，實際上就已經包括了監察的功能，這個合作模式不單促進了樂富區議員切實履行區議員的責任，也為讓聯委會透過參與地方行政運作製造了機會，從而能夠更加積極關注社區事務。此舉既實現了樂富青年參政的理想，又有助於維護香港社會的穩定。

二、經濟生活功能

社區經濟生活功能是指社區的工廠、商店等為居民提供生產、流通、消費服務的功能。社區經濟生活功能是香港社區組織所承載的重要功能之一，與社區居民社會生活關係最密切，並對不同類型社區居民文化的融合具有促進作用。

20 世紀 50 年代，深井社區內工業迅速發展，包括生力啤酒廠、嘉頓麵包廠〔註174〕、九龍紗廠等紛紛在此設廠，造就了大量就業機會，並承擔起為社

〔註174〕嘉頓麵包廠隸屬於嘉頓公司，其位於荃灣深井廠房內計有麵包，餅乾，糖果，雪糕及小食等製造工廠。據統計，截至 1986 年時，該廠員工人數超過一千五百人。資料來源：《華僑日報》，1986 年 12 月 16 日。

區居民提供就業、生產、消費等服務功能。深井工業得以迅速發展，一方面因深井距離荃灣較近，如葵涌一樣，成為荃灣之一環。從地理環境來看，深井比荃灣其他地區，最先開闢為工廠區，原有相當歷史與基礎的九龍紗廠、生力啤酒廠、香港桔水廠等企業，由於地勢之便，故都願意擴大投資，與荃灣一樣，發展遠景被一致看好。「深井位於青山道十二咪〔註 175〕半，適當九龍至元朗中站，交通便利，除汽車行走外，復建有碼頭，供水上貨運之用，目前啤酒製品運港，多靠船隻。自荃灣市區至深井，雖有四咪餘路程，但荃灣工廠最集中之西約（九咪半至十咪）與深井接近，幾成相連之勢，而深井有比較突出之條件，即接近公路地方尚有較多未開發之地，足供設廠，附近青龍頭，元敦兩村，年前因水災影響，大部農田失耕，可能轉為場地，是則足供建立工廠之土地無形增多，將來該區工廠必然增加」〔註 176〕。

　　另一方面，深井基礎設施日益完善。深井為公路上一據點，因此亦與青山道上各大市鎮同被重視，同時發展完善基礎設施，如擴闊公路標準已與荃灣方面相同，達百尺，以便利運輸。不僅如此，在擴路時，並改建深井橋，深井兩端之兩度橋樑，亦計劃改建新型石屎橋，以配合新路面。如圖 3-11 所示。為了擴路之需，公路兩旁之石屋及木屋小商店已經拆除，上述商店將遷往街市。隨著深井基礎設施的日益完善，深井社區的發展前景被一致看好。

圖 3-11　改建的深井橋〔註 177〕

〔註 175〕咪：法國長度單位「米突」的省稱。今作米。
〔註 176〕《華僑日報》，1959 年 9 月 1 日。
〔註 177〕《華僑日報》，1959 年 9 月 1 日。

　　至 50 年代末，深井工業規模已相當大，吸納眾多就業工人，其中九龍紗廠有工人千人以上。在公路的另一面，建有工人宿舍，外型宏偉，並有寬闊足球場，籃球場，供工友娛樂之用〔註 178〕。生力啤酒廠〔註 179〕規模亦相當，近來更擴展業務，改建廠房，門面裝飾一新，裝飾部門有新型之玻璃窗框設計，自外面可清楚看見啤酒入樽裝箱工作，與該廠內部之美化設計，成為深井一小靚麗景觀。

　　深井社區正面是碧綠的海灣，北面是山嶺和高樓。深井社區內除建有眾多的工業企業以外，還開設有供居民日常生活的一些商店，較為知名的當屬深井燒鵝，如陳記燒鵝、傳記燒鵝、裕記燒鵝、鴻記燒鵝、能記燒鵝（如圖 3-12 所示）等。這些燒鵝店主要集中在屯門公路大橋下青山道十三咪路旁的燒鵝檔附近，前鋪後居，以賣燒味為主，服務對象不僅包括當地社區居民，而且周邊工人及遊客亦紛紛到此品嘗燒鵝。據能記燒鵝創始人劉老伯稱：六十年代深井燒鵝以做居民生意為主，恰逢假日時，一些游泳愛好者也會來吃燒鵝。後來隨著生力啤酒廠、九龍紗廠及嘉頓麵包廠等企業相繼在深井設廠，不少工人，甚至工廠老闆亦專程駕車入來飲生啤，吃燒鵝，生意好時一日可賣出數十隻燒鵝，而深井燒鵝的名字亦逐漸響亮起來。深井燒鵝遠近馳名，當時報紙對此多有報導：「要一嘗新鮮美味的燒鵝，本港人士都知道深井這個去處，事實上，地處一隅的深井，燒鵝生意發展迅速，沿著青山道十三咪路旁，所見店戶，幾乎清一色以燒鵝為號召，所以說深井是『燒鵝鎮』，絕對不是誇大其詞」〔註 180〕。「在深井擠迫一起的九間小酒樓，不單止吸引荃灣二十四萬人口前往品嘗美味的燒鵝，而且那裡亦馳名中外，本地及外籍人

<hr />

〔註 178〕《華僑日報》，1959 年 9 月 1 日。

〔註 179〕1948 年，生力啤酒廠在深井岸邊青山道設廠，於五月開始售賣生力樽裝啤酒，首年銷量達到 4000 百升。至 20 世紀 50 年代初期，該公司營業猛進，如以 1952 年銷量為基準，則 1953 年增加百分之二十八，1954 年時增加百分之六十二，因此該公司為適應增加的需求，提高產量起見，擴充釀造設備，包括麥汁糖化器兩座，使容量增加一倍；新型 APV 式冷卻器一座，能每小時將麥汁二千二百加侖從華氏表一百八十度冷卻至華氏表四十二度；巨型發酵池十四座，每座容量為二千四百加侖；不銹鋼製釀成啤酒儲藏器十三座。此外並增建槐花冷藏庫，大麥倉及瓶蓋除濕庫等各一座。生力啤酒廣受深井及其他地區香港華人之歡迎，據統計至 1959 年時，生力啤酒廠生產之啤酒 90% 售予華人。參閱《香港工商日報》，1954 年 12 月 15 日；《華僑日報》，1959 年 7 月 10 日。

〔註 180〕《華僑日報》，1983 年 4 月 9 日。

士均甚為嚮往，慕名而至」〔註181〕。由於深井燒鵝遠近聞名，慕名前來品嘗美味的人絡繹不絕，給當地交通及治安造成極大困擾，警方不得不呼籲居民自律，遵守法例，共同維護蓬勃發展的深井燒鵝生意。據《華僑日報》報導：「荃灣區指揮官許招賢表示，荃灣沒有獨特之處，罪案方面也一樣，亦沒有特別的趨同。然而，有一點是與其他地區不同的——就是深井燒鵝……他說：深井燒鵝區是有一些問題存在的，那裡的酒家是由村屋改建而成，他們將鋪位範圍擴展，構成阻塞情況，顧客坐在路邊或花園裏，而車輛則到處停泊。倘只限該等酒店在其狹窄的鋪位經營，彼等無法維持下去，因此，荃灣警方試圖與深井的居民合作。徐招賢指出，該處面積雖小，但問題則多，誠然，那些酒家是荃灣吸引人的地方，因此有關方面與當地機構合作，試圖找出解決的辦法。至於經營酒家人士在競爭生意方面也頗為激烈，可能導致他們彼此間的一些問題，很多車輛是停泊在官地，警方是無權干預的。他又謂警方檢控在街道上的違例泊車事件亦採取其他的需要行動，以警告市民遵守法例，惟無人想破壞那蓬勃的深井燒鵝生意」〔註182〕。

概而言之，由於眾多工廠在深井建立及工廠工人生活及屋宇同時增加，原有客家人所建之房屋與外來潮州人建築的較為新式小屋，以及街市商店參差夾雜其間，使該社區另有一番風味，社區之內，平時往來成市，儼然成為一雞鳴狗吠的成熟社區。

圖 3-12　能記飯店圖〔註183〕

〔註181〕《華僑日報》，1987 年 11 月 5 日。
〔註182〕《華僑日報》，1987 年 11 月 5 日。
〔註183〕筆者實地田野考察所得。

三、文化功能

（一）教育功能

教育功能主要體現在對社區居民的教化過程，主要包括兩個方面的內容：其一是社區學校教育；其二是社區居民的大眾教育。

香港被英國割占以後，由於中英兩國在政治制度和文化教育政策的差異，以及不同外來移民所帶來的多元文化對文化教育需求的異同等因素共同造就了香港文化教育在不同的時期具有迥異的發展層次。對此，港英政府根據不同時期的情況嘗試著實施自己的文化教育政策。

20 世紀初，居港印人開始建立較為完整的家庭生活，其社區基本形成。而此時，居港印度人開始興辦教育。當時的報紙對此有報導，據 1905 年 6 月《香港華字日報》報導的《中華會館告白》，內容如下：

> 逕啟者：今接育才書社來函，內稱擬請將前批本會館三十年期之約，改為永遠字樣。今將原函附錄於後，敬請闔港街坊同人及值理等，於本月二十九日禮拜六下午兩點半鐘，齊集本會館商議可否。如預期不到，則以座中所議者從多數舉行。乙巳年（1905 年）五月二十五日〔註184〕。
>
> 中華會館主席馮華川啟

上文告白中提到的育才書社，是以「興學育才」為宗旨的教育團體，由印度猶太富商嘉道理（Ellis Kadoorie）任主席。該教育團體在上海、廣州都有設立學校，在香港有兩所：一所在西營盤的中文學校；另一所在銅鑼灣掃桿埔，是一所印度學校。1890 年，嘉道理家族出資在西營盤東院道興建的官立嘉道理爵士中學。這是居港印度人在香港開展教育較早的記錄。此後，隨著居港印度商人財富日益增長，他們開始回饋社會，積極投身文化教育事業。麼地爵士（Sir Hormusjee NaorojeeMody）是其中的代表，不僅出資興建香港海員訓練學校，還投入 15 萬元鉅資建設香港大學。20 世紀初香港社會普遍存在重商業、輕教育的觀念，麼地爵士這一舉動無疑引起巨大轟動。「至今在香港大學本院大樓內還放置著捐款人麼地爵士的塑像，紀念他為推動香港教育事業做出的傑出貢獻」〔註185〕。

〔註184〕《中華會館告白》，載 1901 年 6 月 27 日《香港華字日報》。
〔註185〕Alian Le Pichon. China Trade and Empire: Jardine & Matheson and the Origins

關於居港日人所受的教育，奧田乙治郎主持召開的《老香港座談會》中有著較為詳細的描述。

　　　　奧田乙治郎：野間先生，1902 年到 05 年、06 年之間的情況和日常生活等，還有當時你上學的情形，你還記得嗎？

　　　　野間秀〔註186〕：當時日本人小學還沒有，由本願寺的高田先生（香港最早的僧侶）教書，不過念的是《日本外史》、《孟子》等，全是很難的書。……寺院在山邊臺。

　　　　奧田乙治郎：小學是在什麼時候開校的呢？

　　　　竹田直藏〔註187〕：最初在東洋館的二樓，落本大師擺了六張書桌就開始上課。學生有東京酒店的一個人、兩個叫荒川的和另外一個，合供四人。

　　　　守山政吉〔註188〕：學校後來搬到灣仔今天的電車公司去了。

　　　　櫻井鐵次郎〔註189〕：當時是由慈善會營建的。

　　　　守山政吉：教師有口羽先生和飯田小師傅，不過兩個人不夠，還從臺灣請來一個準教員，由三個人來執教。

　　　　平崗貞〔註190〕：後來學校搬到馬島診所旁，然後再搬往牛奶公司附近，買下了現時堅尼地道德地方〔註191〕。

　　從以上訪談可以看出，早期居港日人的教育尚未設置專門教育機構，主要是靠僧人，教育的場所也在寺院內。而教育的內容既有介紹日本歷史的《日本外史》，也有中國儒家經典的《孟子》，教學內容可謂中日結合，這說明了日人比較重視對傳統文化的教育。此後，設立日本小學，有慈善會捐建，並從臺灣青睞專門教員來執教。

　　概而言之，無論是華人社區，亦或是外國人社區，他們在本社區內舉辦

---

　　　　of British Ruse in HongKong，1827～1843. Oxford University Press, 2007, p28.

〔註186〕野間秀於 1894 年來港，是理髮店職員。

〔註187〕竹田直藏於 1901 年 5 月 25 日來港，在港開設直田洋服店。

〔註188〕守山政吉於 1909 年來港，供職於天祥洋行。

〔註189〕櫻井鐵次郎於 1901 年來港，供職於櫻商行。

〔註190〕平崗貞於 1907 年 11 月 10 日來港，在港開設平崗貞商店。

〔註191〕（日）奧田乙治郎：《明治初年在香港的日本人》（附錄），臺灣總督府熱帶產業調查會，1937 年，第 18～19 頁。

的教育，對社區居民起到教化作用。社區的教育包括兩個方面：其一是在社區學校內對中小學生的基礎教育；其二是針對社區大眾的教育，主要通過舉辦各類教育培訓活動，為社區居民提供教育服務，使他們學習知識、提升自身素質，對社區規範社區意識的形成具有較大的作用。

（二）宗教功能

香港乃是中西文化彙集之地，其多元文化社會的特點，對居民的宗教信仰影響頗深。「在這樣一個多元化的社會裏。號稱香港社會支柱的宗教也呈現出多元化的特點」〔註192〕。香港的宗教主要有佛教、道教、孔教、天主教、基督教，以及眾多的民間信仰等。不同宗教的教義、教規、禮儀、組織各不相同，不同的人們信仰宗教的表現形式亦是多種多樣的，尤其是華人社區的宗教與外國人社區的宗教有很大差異，故本節從華人社區與外國人社區兩個角度來探討社區的宗教功能。

1. 華人社區的宗教功能

1.1. 中國傳統宗教活動

佛教是香港歷史最悠久、信徒最多的宗教。香港開埠以後，佛教各宗隨著華人一同傳入，佛教的活動在香港逐漸開展起來。而道教作為中國本土文化衍生出來的宗教，其在香港社會的影響力也不可小覷。道教在香港社會普遍流行，信徒涉及社會各個領域。「因道教常與佛教、儒教混為一體」〔註193〕，且香港道教與佛教的宗教活動極為相似，尤其是在與社區居民生活密切相關的宗教活動的開展過程中，常常都是混合在一起進行，二者難以釐清。故本節在論述香港宗教的活動時，將二者放在一起討論。香港佛教與道教的活動主要包括宗教活動、社會活動及文化活動三大類。具體來說，宗教活動是指在寺院內進行弘法講經；定期舉行功德法事；為社會各界人士超幽薦祖，消災解厄，以及在廟內設有祖先靈牌位，方便後世子孫祭祀盡孝等。而與社區居民生活密切相關的宗教活動主要有舉行功德法事、為亡靈建醮超幽、慶祝崇拜神靈誕辰以及舉辦盂蘭盆法會等。下面以為亡靈建醮超幽與舉辦盂蘭法會為例來探討說明之。

〔註192〕趙紅宇：《香港宗教的傳播與發展》，《世界宗教研究》，1997年第2期，第133頁。
〔註193〕趙紅宇：《香港宗教的傳播與發展》，第138頁。

1.1.1. 建醮超幽

為亡靈建醮超幽可以分為個人舉辦與團體組織舉辦兩種方式。

首先，個人舉辦的建醮超幽也可分為家屬為悼念親人在家中舉辦的超幽儀式；社區內的街坊組織的居民超幽，及一些社會賢達為在公共事件中遇難的亡靈自行出資舉辦的建醮超幽等。如《華僑日報》以「西街有鬼，居民超幽」為題報導：「前日（7月6日）凌晨三時許，上環西街毗連太平山街口處，突發生怪異事件，居民僉於夢中為怪聲所警醒覺，如飛沙走石，人聲嘈雜，恍如萬馬奔騰，而目擊者則謂於怪聲發作時，突見有百數十之人群，自卜公園之球場，向太平山街西街衝奔而下，迨至將近荷里活道時，則此人群，頓告渺無蹤跡，而此怪異事件，已轟傳該處一帶，迷信者又僉言為普慶坊卜公園一帶之冤死者幽魂作祟也。查此怪事發生後，該處附近一帶居民之稍具迷信者，皆惶惶不可終日，故前日（六日）即有居民發起醵資作醮，藉以超度幽魂，在一唱一和之下，是日居民即已醵資數百元，並於昨晚起，舉行燒衣超幽，而此怪異事件由昨日起，已為港九市民之談話資料矣」〔註194〕。

又如馬場火災發生後，港紳何棣生心痛馬棚之浩劫，可憐幽魂無依無靠，故自行出資在跑馬地愉園內建醮超幽。《香港華字日版》對此有詳細的報導：「港紳何君棣生痛馬棚之浩劫，憐幽魂之無依，特自行捐資在跑馬地愉園內建醮超幽，由月之十二晚開壇，先是在愉園射擊場用紙紮成靈牌兩個，寫明在馬棚遇難之死者姓名籍貫、分列男女幽魂，秩序整齊。昨日到場哭祭者男女數達兩千餘名，哭泣之聲呼號凄慘，聞者當亦為之下淚，其中婦女有哭至失聲者，幸場中已多備如意油保心安油通關散等匡救，辦事人殊周密也，各界送往輓聯甚多，不備錄」〔註195〕。27日以「愉園超度亡魂第二日情形」為題進行報導：「何棣生在愉園超度馬棚遇難亡魂一事，已紀前報，茲續查得青山禪院、六祖禪堂、福勝庵均到場報效誦經咒，昨日之秩序愈覺整齊，男女到場者亦達兩千餘名，中有一老婦有子年方十六歲，聞係四代單傳，此次亦在場遇難，故老婦昨日到祭奠時，哭至失聲暈倒，後得用藥灌救始蘇，亦云慘矣」〔註196〕。4月1日則又以「愉園建醮之收場」為題報導：「何棣生在愉園建醮七日八夜，超度馬場遇難亡魂一事，屢紀前報，聞連日到奠者，絡繹

〔註194〕《華僑日報》，1948 年 7 月 8 日。
〔註195〕《香港華字日報》，1918 年 3 月 26 日。
〔註196〕《香港華字日報》，1918 年 3 月 27 日。

不絕，每日夜統計約有一千餘人，攜紮作真衣服冥鏹等到焚者，自朝至晚，煙焰騰空，即以到奠每人所焚者數毫計，已值五六千元。尼姑到場報效誦經者，亦有十餘人，此次何棣生君約費去三千餘元，其各處報效雖不受酬，但何君仍贈以品物云」〔註197〕。

其次，團體組織舉辦的建醮超幽活動，一般都是公益性的社團組織發起，其舉辦的規模較大，場地一般設在公共場所內，並且要向港府報備申請。而舉辦建醮超幽的費用也是巨大的，須依例向港府申請進行勸募集資。舉辦這種大型的建醮超幽活動，甚是不易，無論是前期籌備、中期的開展、亦或是後期的收場等都要耗費巨大的人力、物力。我們可以從東華醫院倡建為馬棚火災遇難者舉行的建醮超幽一事的過程中可以看出。東華醫院首先召開全體值理及闔港社區街坊大會議，會議內容如下：

> 磋商馬棚火劫議建醮超幽事宜，但是日到會者連本報訪員，只得二十一人，至兩點三角鐘，方由當年總理唐君溢川宣布開會，理由略云本年香港馬棚浩劫人皆知之，不用弟贅述，今日所以請各街坊到本院會者，是為建醮超幽事，自馬棚火劫後，華人心理上多有以建醮為宜，有云私家建醮者，有云建盂蘭會更妙者，不一而足，所以特預先登告白，請闔港街坊到來磋商，請在座諸君先舉出臨時主席，以便籌商一切云云。鄧志昂起言曰：唐君溢川既係當年總理，且又知識過人，則今日之臨時主席捨比起誰與屬，弟倡議就舉，君謙遜再三，始就主席位，……唐主席曰：本院自接到夏君函後，已刊登告白，請各街坊到會研究，但今日首先研究者，以為建醮之事應照行否，如以為可行者，請以一位倡議。何棣生曰：余以為應照行以釋街坊之心，何萼樓贊成，眾均舉手，遂通過。唐主席曰：建醮一事手續繁多，俗語有云（打天醮咁多事），其事繁可知，窮恐本院財力薄弱，而力有未周，請各位舉出值理，分任其事，至於值理之多寡，或無限數，亦憑眾意裁奪云云。鄧志昂曰：弟以為值理多多益善，多一個即多一個幫手，以無限數為佳，既而唐主席舉劉鑄伯、何澤生兩位出而辦理，鄧志昂贊同，眾通過認可。何萼樓曰：弟舉今日到場者與東華現任值理為此會值理，何棣生和議，眾贊成通過。何棣生又曰：弟倡議請當年總理陸續行信去各位，如可幫助

〔註197〕《香港華字日報》，1918年4月1日。

者，即舉為值理，俾眾志成城，何蕚樓和議，眾認可通過。唐主席曰：今尚有地點與建醮日期待各值理敘會方能宣布。何蕚樓曰：地點一層最為緊要，請問總理曾向政府請示地點否？唐君曰：政府之意，亦以為附近跑馬地左右為合。何棣生曰：如此甚好，以快為佳。唐君曰：待寫信去後三日再招集值理敘會，再行商酌，今日所議之事已盡於此，有勞各位赴會云云。何棣生曰：弟尚有一言請教者，若建醮之事個人心理多以為鼎湖和尚道德清高，但五大叢林和尚亦好此舉，若成不愁經費不足，如往年八月風災時，已曾做過，不過費去兩千元，此次或者多些未定，惟弟意必以請鼎湖高僧為合。唐曰：待值理敘會時方提出也，遂宣布散會〔註198〕。

　　從東華醫院召開的全體值理及闔港街坊大會的內容來看，建醮一事手續之繁瑣，既要與政府密切溝通，向政府請示建醮的地點，又要選出負責建醮一事的值理，還要確定建醮時的高僧等。且上述諸事宜要經過多次會議討論才能決定的。1918 年 3 月 20 日，東華醫院再開第二次籌議馬棚火劫建醮超幽一事。會議內容為：

　　　　先由主席唐溢川君宣布開會理由畢，又由書記陳君宣讀前次會議時之情形畢，主席言：今日係值理敘會，先宜磋商，應舉出多少值理並應否分任而辦理，惟何棣生、黃廣田、何蕚樓三位均謂值理多多益善，總之，舊日凡熱心辦事者均可致函與之，請其助理，眾贊成通過。唐溢川曰：然則此事須沿門勸捐否，各位應提議。何棣生曰：余以為此小事不必沿門勸捐，若捐款不敷，本院有值理百數十人，各值理一人捐十元亦可成事。黃廣田君曰：未審現時對於馬棚簽款得銀若干，答曰：一萬九千餘金。黃君又曰：然則此款能由此捐款撥出否？況此等捐款係為馬棚事耳。唐主席曰：此等捐款專為建碑而設者，似難以移作別用，後卒議決刊登告白，凡為馬棚火劫建醮簽助者，可直交到東華醫院，不設沿門勸捐，眾均贊成通過，後又議今天（初九日）上午十點半，各值理協同搭棚匠到跑馬地附近一帶空地測量後，方定日期建醮，至於三點半鐘散會。〔註199〕

─────────────

〔註198〕《香港華字日報》，1918 年 3 月 18 日。
〔註199〕《香港華字日報》，1918 年 3 月 21 日。

　　東華東院再開第二次籌議馬棚火劫建醮超幽一事的值理會確定了辦理此會的值理人數，募捐的形式，以及協同搭棚匠到準備建醮附近的地點進行測量等事宜，至於建醮的地點與日期還尚未確定。於是，為最終確定建醮的地點，唐溢川等人到現場進行實地考察，當時的報紙報導曰：「昨日（3月21日）上午十點半鐘，唐溢川、何棣生、何蕚樓、李亦梅、黃廣田、蔡少垣等諸君，皆乘手車直下跑馬地，左右察驗地點，現聞各值理之意欲在水師波樓對開一百餘尺之外建搭大棚，一面如稟政府請求批准，然後方定日期，值理多數心理皆欲在清明前後啟壇，惟搭棚匠（泗合）所有之竹木葵蓬均經燒毀，須由省城重修夠辦，則往還需時，大約要三月中旬方能開始建醮云」〔註200〕。此後，1918年3月29日，東華醫院召開第三次會議繼續討論建醮超幽一事。會議內容為：

　　　昨日下午七打鐘，東華醫院第三次會議建醮超幽事，是日到會者二十餘人，主席唐溢川君起言建醮一事，前次經各位到馬場勘驗，僉以跑馬場水師波樓對開一百丈外建醮為宜，此地點經由華民政務司批准，但華民政務司曾問弟建醮所做功德大約做到每晚十一點可以完場否，弟答以須開會議過方可定，但此地點多有不主張者，有主張在愉園者，弟故今晚再開會議，俟各位定奪地點可也。

　　　何蕚樓君起問：此次搭棚須預備金幾何？唐溢川君曰：搭棚匠要價一千零五十元，尚未還價。何世光君起言曰：弟意見以為與其在跑馬搭棚，曷若在愉園為得也，因搭棚一節已費去千餘金，且棚中燈光電燈公司允否供足應用，如否則必用大光燈，但大光燈之險，各位諒必皆□，馬棚一役，各位尚心寒未已，倘不幸再蹈前轍，其有何預備，況連日裁判司審訊馬棚失慎，消防隊聲稱不負責任，不能供足水與下環之用，言猶在耳，豈能忘之，故弟對於建醮一事，尤宜在愉園為愈也。

　　　何蕚樓君反對此議，略云：愉園地方狹窄，不敷應用。黎晴軒君亦贊成何君之議，且謂若在愉園，則舉凡一概應用對象，不必另行重新購置，看更人之薪水亦廉，燈火又不愁無者，其費用之節儉、醮壇之安穩，較諸另蓋棚場千百倍，且愉園地點原非狹

〔註200〕《香港華字日報》，1918年3月22日。

窄，看其人之善用與否而已，諸君何樂而不為，即至是相與討論
良久不能決。唐主席曰：余昨日接到華商總會主席電話，言棚未
可定價，須禮拜二正式往見他一次，成者亦因此事，在座者亦多
數表決俟見後再議，遂再展緩至下禮拜三下午七點再開街坊會議，
徵集居民之真意見云〔註201〕。

　　此次會議的主要議程是討論建醮地點的選擇，各方的主要分歧點主要集
中在兩個地方，一是以何世君為代表的主張在比較成熟的愉園建醮，二是以
何萼樓等為代表主張在水師波樓對開一百尺以外的地點搭建大棚。雙方相與
討論良久而不能決，而與此同時，前日已上報至華民政務司的建醮地點已經
得到批准，「東華醫院擬在跑馬地水師波樓一百尺以外建搭大棚超幽一事，已
紀前報，茲續查得各紳士曾繪則圖，呈港府請示辦法，聞昨（3月29日）已
批准，月底可從事搭棚，三月中旬（指夏曆）即可建醮，而各界對於建醮捐
款，將達四五百金」〔註202〕。雖然華民政務司已經批准建醮之地，但是在東
華醫院內部就建醮之地點仍然未決，於是，1918 年 4 月 3 日下午七點，東華
醫院又召開第四次會議繼續討論。會議內容為：

　　　　昨日禮拜三下午七打鐘，東華醫院開第四次會議建醮為馬棚
　　火劫遇難之先友超幽一事，是日係開合港街坊會議，決定建醮之地
　　點，到會者約三十餘人，主席唐溢川君起言曰：建醮之地點，議論
　　紛紛，有議在馬棚原處蓋搭棚廠者，有議在愉園者，不一而足，故
　　今晚復請闔港街坊到來解決此問題云云。華商總會主席起言曰：從
　　前各位會議在跑馬地水師波樓對開一蓋搭棚廠，但其中屬害，各位
　　或有所不知，待弟約略言之，若在該處蓋搭棚廠，不特費用較多，
　　而且水力問題，與電燈問題，均須自備，政府不允負責，幸而平安
　　則可，倘有不測，又如何處之，況且搭蓋棚廠必須另置男女廁於波
　　地中，此舉恐賽馬會必決端反對，事又不成，而該棚之則圖須經警
　　察司、公務司互相批准，方能行事，諸多手續，猶其餘事故，不若
　　在愉園之為得也。何棟生君起言曰：此言誠然，弟曾在愉園建醮七
　　晝夜連宵，各事俱皆妥當，而園中人之招待盡善盡美，惟弟今日不
　　能定廠地點，無論在何處，均不反對，聽憑各位定奪，因馬場之地

────────────────

〔註201〕《香港華字日報》，1918 年 3 月 30 日。
〔註202〕《香港華字日報》，1918 年 3 月 30 日。

點，吾當日亦有份前往勘驗也，至是由陸蓬山君起而倡議在愉園地點為合。黃蘭生和議，眾贊成通過，陸蓬山起問值理每人簽款幾許為合。唐主席曰：現有值理一百四十名，陸雲：應每人簽二十元乃合，眾贊成，如有不足，由值理湊足其數，遂公定三月初五，在愉園開壇，又公舉葉蘭泉、葉履剛、黃蘭生、敬記、黎晴軒、胡著雲、李榮光為布置員，又公舉何棟生、蔡秀梧、何蕚樓、陸蓬山四位往聘高僧云云，至八點半鐘散會。〔註203〕

　　至此，東華醫院召開四次值理與社區街坊的會議，從 3 月 18 日召開第一次社區街坊會議商議建醮事以來，及至 4 月 3 日的第四次會議最終確定建醮地點為止，歷經半個月的討論，方才把建醮地點確定下來。此後又經近半月的準備，至 4 月 15 日，在愉園建醮超幽初次開壇致祭，「昨晚係初次開壇，其中輓聯極多，而到場男女之擁擠，備於前次，場中秩序井然，且備有通關散、如意油等類，各值理辦事異常活躍」〔註204〕。

　　由此可知，華人社區內組織建醮超幽的民間宗教活動，在華人社會圈內具有很高的聲望。華人社區在組織宗教活動時，尤其是大型的建醮超幽活動，無論是街坊居民、社區組織，亦或是社會團體的社團都是非常重視，積極參與、共同協作。可見，華人社區的建醮超幽已然超越各個族群的範疇，成為凝聚整個華人社會的宗教行為。

1.1.2. 盂蘭節會

　　一般來說，香港的盂蘭節會大致可以分為兩種：其一，宗教組織發起的盂蘭法會；其二，街坊居民發起組織的盂蘭勝會。

1.1.2.1　宗教組織發起的盂蘭法會

　　宗教組織發起的盂蘭法會一般由佛教與道教來組織，於農曆七月半開始，持續的時間長短不一，較短的為 3 日，較長也不會超過 7 日。法會舉辦的時間長短沒有統一的規定，各廟堂根據實際情況來定。如「九龍道德堂龍慶佛堂盂蘭盛會，現定於本月四日至七日一連四天，在會內祈禱升平，並聘得佛山祖堂道師主壇」〔註205〕。又如明倫堂建盂蘭法會持續 3 天，「灣仔新會道明論堂主持歐陽宙、余道誠等，以聯絡友誼關係，聯同該堂堂友，定於

〔註203〕《香港華字日報》，1918 年 4 月 4 日。
〔註204〕《香港華字日報》，1918 年 4 月 16 日。
〔註205〕《華僑日報》，1948 年 8 月 2 日。

農曆七月初一至初三，連日在雲泉仙館修建盂蘭法會」〔註206〕。通善壇建盂蘭法會原本有七晝連宵，今年（指1948年）特別減少為三天。「農曆七月半盂蘭節，全港佛教、道教均舉行修建法會，結志街通善壇，歷年例於七月間，修建法會七晝連宵，今天特別減為三天，已由昨八日起，直至初十晚法會圓滿，該壇壇友赴會超薦先親者，極為踴躍」〔註207〕，而九龍竹隱道堂建盂蘭會者持續7天。「九龍亞皆老街竹隱長春洞道堂，以盂蘭將屆，遵照向例追薦本堂弟子先宗，定於夏曆七月初五啟壇，虔修大悲寶懺、三元寶懺、純陽寶懺、千佛寶懺、散花、焰口、超幽。功德七晝連宵，除本堂弟子服務外，並有明倫堂、梵砲究社、大德居士十餘名，隨喜參加」〔註208〕，即使是同一佛堂在不同的年內，其建盂蘭法會的時間也會有所不同的。如前文論述，道德龍慶佛堂1948年時建盂蘭法會的時間為四天，而1949年舉辦的盂蘭法會時間則上升為七晝夜連宵。「查該堂每年於農曆七月皆舉行盂蘭盛會一次，今年亦爰照舊例舉辦，該堂定於本年農曆七月十一晚開壇，至十四晚完滿，大放三寶，七晝夜連宵，凡屬道侶，如欲附薦靈者，須要早日前往登記，以免額滿見遺」〔註209〕。

由此可見，佛教與道教組織舉辦的盂蘭會法會，持續的時間不同。各個廟堂舉辦法會的目的也有所不同，有的是附薦先靈，但也有一些為聯絡友誼關係而修建的。從內容來看，無論是道教組織的法會，亦或是佛教組織的法會，它們都充分融合了佛道儀式中的內容。這充分說明了香港的宗教活動與居民生活的高度融合。

1.1.2.2　居民街坊發起組織的盂蘭勝會

居民街坊發起組織的盂蘭勝會無疑是與社區居民生活聯繫更為緊密的宗教活動，本節以居港潮人舉辦的盂蘭勝會為例，來探討二者之間的關係。

首先，從舉辦的時間上來看，居港潮人舉辦的盂蘭勝會相較於其他族群較晚，其舉辦的時間大概是在農曆七月的中下旬。如九龍尖沙咀海防道潮僑街坊舉辦的1948年年間的盂蘭勝會是在農曆七月十五及十六兩日。「九龍尖沙咀海防道潮僑街坊鄭伯雄、巫寶德、連俊斌、馬木海、顧丁成等，發起於農

〔註206〕《華僑日報》，1948年8月2日。
〔註207〕《華僑日報》，1948年8月13日。
〔註208〕《香港工商日報》，1949年7月24日。
〔註209〕《華僑日報》，1949年7月28日。

曆本月十五及十六兩日舉行盂蘭勝會，……」〔註210〕在威林臣碼頭的潮人舉辦 1948 年盂蘭節的時間卻在農曆七月二十五，「盂蘭節雖為期已過，惟旅港潮籍人士，則方開始其超幽之準備，蓋潮籍人士之盂蘭節，多於農曆七月二十五舉行，而潮人……，其熱鬧情形，固不減於其他縣籍人士之盂蘭節也。據悉：本年度之潮人盂蘭節，已定於農曆七月二十五日、二十六日、二十七日三日連續舉行，……」〔註211〕在干諾道西頓的旅港潮籍人士所集團舉行的 1948 年的「三角碼頭街坊盂蘭勝會」的時間也是定在月末，「……已於昨（農曆二十五）下午五時起，至本月三十一日正午十二時止，一連三天，……」〔註212〕即使是同一聚居區的街坊，其每年舉辦盂蘭節的時間也是不同的，在干諾道西三角碼頭一帶的潮籍人士舉辦的 1949 年的盂蘭勝會，則定於「農曆七月二十四、二十五、二十六一連三天，……」〔註213〕

其次，從盂蘭節舉辦的規模及參與者來看，居港潮人很重視盂蘭勝會。據《華僑日報》報導：「……期間已迫，故主會者刻已加緊籌備工作，其建壇超幽地點，將仍在干諾道西威林臣碼頭附近舉行，聞因本年商情不景，潮籍人士之收入，均較去年為遜，故本年度之盂蘭節，其盛況或將稍遜於去年」〔註214〕。其時，當年的經濟不景氣並沒有減弱潮人對盂蘭節的熱情，據《香港工商日報》報導：「旅港潮籍人士所集團舉行之『三角碼頭街坊盂蘭勝會』，連日來由主會理事萬勝航業工商總會加緊籌備，並雇工匠，在和興西街干諾道西街口處兩旁蓋搭棚座，佛壇各一，……晝夜連宵在該處舉行建醮超幽，其熱鬧與隆重情形，均比往年為佳。蓋潮籍人士每年舉行盂蘭節，均異常重視。據悉本年祭壇道場中所列之祭品，將比往年為優，如五光十色之金銀衣紙、冥鏹、紮作、鮮果、鮮花、米、糕、餅、衣服，與往年所無之真衣之龍袍褂、龍帽等，形形色色，包羅萬有，將由明日分在會場中之棚座陳列，上述之祭品乃為潮人中之善男信女與主會所送出者。聞於本月三十一（即農曆二十七）日正午完壇時，則由主會者將所陳列之祭品分別派與區內個人」〔註215〕。1949 年的《香港工商日報》對聚居在干諾道三角碼頭一帶的潮籍人士舉辦的

〔註210〕《華僑日報》，1947 年 8 月 29 日。
〔註211〕《華僑日報》，1948 年 8 月 27 日。
〔註212〕《香港工商日報》，1948 年 8 月 30 日。
〔註213〕《香港工商日報》，1949 年 7 月 29 日。
〔註214〕《華僑日報》，1948 年 8 月 27 日。
〔註215〕《香港工商日報》，1948 年 8 月 30 日。

盂蘭勝會也有過報導：「干諾道西三角碼頭一帶，為潮籍華僑聚居區域，每年農曆七月間，該處潮僑，均隆重舉行盂蘭勝會，情形頗為熱鬧。並由潮僑街坊設有盂蘭勝會理事會籌備及主辦，現盂蘭節將屆，三角碼頭一帶潮僑街坊，特按照往年習例，由街坊人士聯同建醮以『普度眾生』，……設壇建醮，屆時將由從德念佛社暨潮州道壇全體法師主持」〔註216〕。

　　最後，從盂蘭會的內容來看，潮僑舉辦的盂蘭會充分融合潮汕文化的地方色彩，如在現場請聘潮州公仔戲到場演唱。據《華僑日報》報導的青山道潮僑盂蘭勝會：「九龍深水埗青山道長沙灣一帶潮僑，每年於夏曆七月二十七、二十八、二十九三天舉行盂蘭勝會，施設餞□超度水陸幽魂，今年此日依例舉行，經偕定青山道長髮街尾空地蓋搭蓬棚，延請從德念佛社經師部主持法事，並設附薦臺，歡迎各界附薦，免收費用。又請聘潮州公仔戲，到場演唱」〔註217〕。

　　社會活動主要是指其承載部分的社會公益功能，如贈醫施藥、普濟眾生、捐款賑災、濟助貧困等。文化活動主要指與其他佛教組織保持聯繫，進行佛學的研究與交流，宣揚佛教文化等。如位於跑馬地山光道15號的東蓮覺苑，以修學大乘漢地佛教為宗旨，為十方各女眾提供暮鼓晨鐘、清修佛法的場所。經年舉辦法會、佛學課程；承辦金剛法會、藥師寶懺法會、法華法會、地藏法會及念佛共修會等。東蓮覺苑內還設有崇恩、感恩、頌恩三個堂，其中頌恩堂供外界買位供奉先人之用。又如位於九龍彌敦道的松蔭園佛道社，供奉釋迦摩尼佛呂祖、觀音、阿彌陀佛、地藏王菩薩、濟聖活佛、藥師佛、張三豐及華佗等神明。堂內主要宗教活動包括慶燈盛會、誕期法會及九皇誕拜斗；在堂內祭祀祖先靈位；經常舉辦功備法事，超度亡靈。此外，每逢週一、二、四、五，松蔭園佛道社與黃大仙分堂濟盧佛社均有扶乩活動，免費為諸善人求取乩方，治療疾病。而在社會活動方面，該社全力參與社會公益活動。除全年贈醫施藥外，經常義派寒衣等。

1.2. 基督教活動

　　基督教是香港華人信奉的主要宗教之一。而不同華人族群所信奉的基督教稍有不同。基督教中的倫敦差會主要立教於廣府人；德國巴色差會主要立教於客家人；美國浸信差會主要立教於潮汕人〔註218〕。

〔註216〕《香港工商日報》，1949年7月29日。
〔註217〕《華僑日報》，1949年8月20日。
〔註218〕劉粵聲主編：《香港基督教會史》，香港浸會教會出版社，1996年11月，第9頁。

　　1851 年，韓牧賃得美國浸信會在港之舊屋二所，地名『掘斷龍』，即今大道中上環街市臨近；費八十五金，修葺完竣，於二月九日宣告開幕；是日到會者，有客族男性四十人、女性二十人。四月十三日，乃舉行第一次水禮；香港客族教會之歷史，乃始於此〔註 219〕。韓牧師為客族教會之開山祖，深通客語；客音字彙，即其手創，故教會史家稱之為客族傳教者之先鋒；此乃香港崇真會植基之概略也。日本商人平崗貞在《平崗貞自傳》中在其到港時與基督教的結緣中對潮汕人信奉的基督教有過描寫：「鄭先生〔註 220〕將我的行李寄存在中國的客棧內，然後帶我到天主教的大教堂去。這是我有生以來第一次到天主教的禮拜堂去，建築物的莊嚴宏偉叫我吃驚。鄭先生跪下來畫十字，向正面的瑪利亞像和基督像禮拜。我跟著他做，但沒有畫十字，因為不懂得畫法。後來，我給帶到神父處。鄭先生吻了神父的手。接著，我們走了好一段路，來到一座清楚看得見的天主教建築物，並走進旁邊的學校。那兒我也被介紹給神父認識。神父很慈祥，滿面笑容地歡迎我們。……跟著我們便乘船到對岸九龍的玫瑰堂去。在玫瑰堂我跟中國人的神父見過面。他用英語跟我詳談。禮拜堂雖不及香港總堂的宏偉，但佔地很廣……」〔註 221〕。

　　接著，平崗貞對潮汕人基督教的家庭生活描寫道：「陳先生（陳光理）用筆寫的方式教曉我很多中國式的禮儀和交際的方法，又將他孫兒在學校學習的國語讀本念給我聽。不過，課文很多都是文言，要由陳先生的媳婦改譯成口語。每天晚上都有家中崇拜。祖父是司會。讀經、祈禱後，大家同唱讚美詩。每晚都唱同一首讚美詩。孫兒們提出異議時，祖父堅持說：『平崗先生記得之後，我們便唱別的。』沒有意思改變。我拼命去記憶以回應孩子們的不滿。記得一首之後，又要再記另一首新的，一點兒也不輕鬆。星期日我例必穿著整齊到禮拜堂去，然後被逐一介紹給教會中人認識。教會的講道我完全不明白，但由於我聽人讀漢文的《聖經》，所以自然記下文字和語言。教會內用廣東話，因此對我很有裨益，也記得很多金句，可說是一舉兩得。為了不致困極入睡，我不時都用力擰大腿，被擰的地方有時呈紫黑色。我去的教堂是浸會理會和公理會會堂。中式飲食非常合我的胃口，絲毫不覺得難吃。我

〔註 219〕劉粵聲主編：《香港基督教會史》，第 10 頁。
〔註 220〕平崗貞在船上認識的中國人，天主教徒。鄭原籍福建，本來打算到日本營商，但帶去的資金被人偷去，結果空手而回。
〔註 221〕（日）平崗貞：《平崗貞自傳》，主婦之友出版服務中心，1975 年，第 25～26 頁。

隨著陳先生第一次去茶居飲茶。顧客、夥計都在大聲吵嚷，叫人吃驚。賣點心的叫賣各色各樣剛蒸好、熱騰騰的點心，他擱下茶客所要的便走開；又有夥計提著盛開水的壺給茶客沖水，種種做法都很好。離開時，夥計算帳後會高聲通知入口處的櫃檯收錢，非常合理，不過，由於大聲叫嚷的關係，很是喧嘩。……從陳先生的孫兒那兒，我除了學習中文課本以外，還學懂了『打天九』這種遊戲。他們首先教我規劃，我筆寫下記住後，很快就上手，而且經常都贏，教孫兒和兒媳婦驚訝不已。……陳先生家的隔壁有親戚陳質亭的一家。他們聽說陳先生的同鄉和友人『日本哥』來了，都走過來用手勢等各種方法交談，又帶來了罕見的中國糕點和水果，其中最多的是汕頭特產的甜柑，一味對我說：『吃吧、吃吧』，叫我大開眼界。我不管什麼都說多謝，因此得人喜愛。就這樣，我日漸習慣了中國人的家庭，不自覺地習染了它的人情、習慣和禮節」〔註222〕。文中的陳光理先生是廣東潮州人，其祖父是基督教傳教士，陳一家都是基督教徒。從平崗貞與陳光理一家普通交往過程中可以看到，不同種族雖具有不同文化習俗、不同生活習慣，但是仍能在基督教的統一感召下融洽地聚合在一起。

2. 外國人社區的宗教功能

2.1. 葡萄牙社區的宗教功能

1841 年之後，葡萄牙人在香港聚居，形成了不同於其他族群的社區，並在其社區內有著自己族群的宗教信仰，過著自己的宗教生活。居港葡人建立的社區主要信奉天主教。天主教傳入香港已有 150 多年的歷史，羅馬教廷於 1841 年就在港設立了監牧區，並於 1874 年把香港劃為宗座代牧區，1946 年又升為香港教區，1970 年起，香港教區由羅馬教廷直接領導。可見香港天主教教區在之地位。截至 1991 年，香港天主教徒約為 26 萬人，約占整個香港信教信眾人數的五分之一，信徒主要是葡萄牙人與華人。

19 世紀中期，在香港的葡萄牙人數量僅次於英國人，葡萄牙人成為香港西方人族群的一個重要組成部分。據港英政府人口統計：1848 年，居港葡萄牙人為 321 人，僅次於英國人；及至 1897 年時居港葡萄牙人數量增至 2263 人，數量上已然超過英國人，約占西方人口的 38%〔註223〕。聚居在香港的葡

〔註222〕 （日）平崗貞：《平崗貞自傳》，主婦之友出版服務中心，1975 年，第 28～31 頁。
〔註223〕 參見《英國議會文書》，1849 年第 34 卷第 512 頁和《1897 年香港殖民地人口調查報告》，載 C.O.131，1897 年第 26 號第 468 頁。

萄牙人，有著自己的宗教信仰——天主教信仰。由於葡萄牙是一個天主教國家，葡萄牙人在向香港移居的過程中，把其信奉的天主教帶到了香港。居港葡萄牙人希望他們的子孫後代的心靈態度與道德傳統能夠接受與保持天主教的教義與實踐。由於葡萄牙虔誠的天主教信仰，香港的天主教活動曾獲得了居港葡萄牙人社區的支持〔註 224〕。

2.1.1. 居港葡萄牙人宗教生活

早期移居香港的葡萄牙人成為香港天主教的基礎，他們積極參見香港天主教的傳播與拓展。在香港天主教傳教團最早建立的 50 年裏，天主教教會的會眾幾乎全部都是葡萄牙人。而天主教會學校的學生幾乎全部是葡萄牙人〔註 225〕。這種狀況，直到 20 世紀，隨著更多的中國、英國、法國和其他天主教徒皈依才有所轉變。居港的葡萄牙人由於十分注重自己族群與其他族群的界限，其族群在承擔香港的天主教教職時幾乎沒有葡萄牙人以外的朋友。他們注意保持自己的文化特色、生活方式、堅持自己的宗教信仰、通過慈善活動維繫社區成員、為自己的子女提供教育、推廣自身的語言文化等。

彌撒作為天主教一種主要的宗教儀式，其在港的第一次彌撒是在一八四二年二月二十六舉行。而「傳教士在香港舉行的第一次彌撒是在 1842 年 2 月 22 日，由羅瓦諾神父在一所簡陋的木棚內舉行的」〔註 226〕。

葡萄牙人熱衷參加天主教的節日活動，如四旬齋聖像巡遊。每年在四月齋的第一個星期六與星期日舉行的十字架巡遊是天主教最重要的宗教巡遊。在這個巡遊過程中，許多天主教信徒踴躍參加，救世主像被抬在街頭遊行。此外，香港天主教宗教活動還包括四旬齋撒、萬靈節、聖誕節與新年元旦等。

2.1.2. 居港葡萄牙人建立的宗教機構

香港開埠建城後的第一座天主教聖堂就是在葡萄牙人的積極參與下建成的。1842 年 2 月 26 日，香港天主教若瑟神父（Mgr. Joset）呼籲天主教徒募捐籌資捐建聖堂，在其總捐款的 6012 元中，其中葡萄牙人和英國人捐款約占八成，達到了 4466 元〔註 227〕。其中，有一位葡萄牙人費先生（Mr. Antony Freitas）

〔註 224〕葉農：《渡海重生：19 世紀澳門葡萄牙人移居香港研究》，社會科學文獻出版社，2014 年，第 215 頁。

〔註 225〕葉農：《渡海重生：19 世紀澳門葡萄牙人移居香港研究》，第 215 頁。

〔註 226〕郭永亮：《澳門香港之早期關係》，臺灣中央研究院，1990 年，第 123 頁。

〔註 227〕The Chinese Repository, June 1843, Vol.12, No.6, p.336.

捐款非常慷慨，包括：「直接用於聖堂建設的一千三百葡幣，用於聖堂內部裝飾的近千元物品」〔註228〕。翌年，被定名為聖母無原罪堂的香港第一座天主教堂建成。它位於靠近市區的海邊的威靈頓街。該街是當時葡萄牙人居住社區的中心。聖母無原罪堂一直使用到 1857 年。

　　因此，葡萄牙人與香港天主教之間便建立了密切聯繫。隨著香港天主教社區不斷增長的需要，1856 年，香港天主教徒在威靈頓街建立了一座更大的教堂。該教堂在 1859 年 10 月毀於火災，但是香港天主教社區的葡萄牙人迅速捐資重建。此後，由於該教堂規模太小，1884 年，又在己連拿利街選址建立新教堂，新教堂於 1888 年 12 月 7 日啟用。在該教堂修建的過程中，葡萄牙人不僅捐獻了排放於教堂內的神壇，且捐獻了由大理石鋪成的地板〔註229〕。

　　此後，葡萄牙人還捐助了許多其他教堂。如 1887 年在灣仔建立的聖方濟各小堂；在西環聚居時捐助建立的聖安多尼教堂；在九龍捐助建立的玫瑰堂、聖德肋撒堂；跑馬地賽場的聖瑪加利大堂等等。

2.2. 印度人社區的宗教功能

　　印度有著歷史悠久的宗教信仰傳統，多數印度人都有宗教信仰，並把他們的宗教帶到新的遷移地〔註230〕。再加上香港本身是多元文化匯聚之地，崇尚宗教自由，並以法律保障。故印度人遷移到港後，他們的宗教信仰並沒有改變，多信奉印度教與錫克教。

　　印度教是從印度最古老的宗教——吠陀教發展而來，其在印度有著悠久的歷史且深受印度人的歡迎，是印度信眾最多的宗教。據統計超過 80% 的印度人信仰該教〔註231〕。同樣，居港的印度人絕大多數信仰印度教〔註232〕。據香港特區政府的統計，1979 年底時，居港印度人中信奉印度教的人數有 8000 人〔註239〕。信奉印度教的教徒的宗教和社交活動主要集中在跑馬地的印度廟內。印度廟成立於 1952 年，由香港印度教協會管理，「教友可到該處冥想、參加靈修講座、練習瑜伽，以及參與其他社群活動。印度教的重要節日慶典，

〔註228〕田英傑編《香港天主教掌故》，游麗清譯，聖神研究中心，1983 年，第 26 頁。
〔註229〕葉農：《渡海重生：19 世紀澳門葡萄牙人移居香港研究》，第 217 頁。
〔註230〕張明亮：《香港的印度人及其兩地經貿的影響》，選自《河南師範大學（哲學社會科學版）》，第 33 卷第 2 期，2006 年 3 月，第 95 頁。
〔註231〕孫士海、葛維鈞：《印度》，北京：社會科學文獻出版社，2003 年，第 44～45 頁。
〔註232〕張明亮：《香港的印度人及其兩地經貿的影響》，第 95 頁。
〔註239〕《1979 年的回顧》，香港特區政府，1980 年，第 146 頁。

如亮光節、鎮邪節和潑水節，也在該廟舉行」〔註234〕。此外，印度教徒的命名、訂婚與結婚的典禮，以及對已故印度名人的追悼、祈禱與祭祀等也都在印度廟內進行。香港的報紙對此有過報導，據《香港工商晚報》報導：「印度社團總會今日中午在跑馬地黃泥湧印度廟舉行祈禱會，追悼已故總理甘地婦人。本港印度教徒在印度廟舉行大祭儀式，哀悼被刺身亡的總理甘地夫人。本港印度廟教長沙士刺表示，今早的大祭儀式歡迎在港的萬多名印度教徒自由參加，他們並無邀請紳商名流及印度駐港領事參加。他續稱，在此大祭祀儀式之後，不打算舉行任何特別儀式及行動。他主張以以和平行式追悼甘地夫人。儀式在今早十一時半開始，歷時一個小時，主要是進行祈禱及拜祭儀式。他強調，目前在港印度教徒並無跟四千多名錫克教徒作過衝突」〔註235〕。由此可以看出，居港印度教徒與錫克教徒之間如同水火之勢，雖然都深處異域他鄉，但仍不能摒棄前嫌，可見兩派成見之深，這在居港的其他族群中都是不多見的。

　　錫克教是居港印度人的第二大宗教。在印度，它主要流行於旁遮普邦地區。香港信奉錫克教的教徒是19世紀中葉從印度的旁遮普邦遷移來的，他們在港主要從事警察或政府公務員，有的也經商。據統計，1984年時，香港大約有4000餘名錫克教徒〔註236〕。及至1997年時，大約有5000餘名〔註237〕。與印度教徒一樣，錫克教徒在香港也建有用於宗教和社交活動的場所──錫克廟。香港錫克廟建於1901年，早於印度廟40餘年，其最大特色是無論任何信仰的海外旅客均可在該廟免費用膳並短暫居留。錫克廟每逢週日早上舉行宗教儀式，內容包括唱詩、誦經，及祭祀等。廟內的主祭由13人小組委任。主祭必須是旁遮普望族出身，充分理解錫克教義，熟悉音樂及懂得彈奏樂器，以主持祭禮。小組成員由600人投票選出〔註238〕。關於錫克教徒在錫克廟內的社會活動，《香港工商晚報》也有過報導：「約50名錫克教徒，昨五時（11月3日）在灣仔大道東錫克教廟舉行集會，慶祝印度總理甘地夫人被殺，主持集會的錫克教徒加林星強調：昨晚集會並非針對本地印度教徒，只是表達本地錫克教徒的心境。慶祝集會主持約15分鐘，除約50名教徒

〔註234〕張明亮：《香港的印度人及其兩地經貿的影響》，第95頁。
〔註235〕《香港工商晚報》，1984年11月4日，第2版。
〔註236〕《香港工商晚報》，1984年11月4日，第2版。
〔註237〕金光：《香港主要宗教組織簡介》，《中國宗教》1997年第3期，第52～54頁。
〔註238〕金光：《香港主要宗教組織簡介》，第52～54頁。

外，另有一批小童，教徒在廟周圍燃點蠟燭，並高呼口號，要求印度旁遮普邦獨立，主持人然後向教徒及小童派發一種黃色糖果及甜餅」〔註239〕。

2.3. 日本人社區的宗教功能

居港日人的宗教信仰，可謂多樣，既有西人的基督教信仰、又有東方的佛教信仰、還有日本傳統的神靈信仰。在雪廠街有日本人基督教會，灣仔有本願寺。墳場主要在跑馬地，今天還在，政府將它打掃得很乾淨。雖然像樣的墓碑依然很多，但也有無數只是在小石頭上標上記號的墓地。這恐怕是來自天草一帶的娘子軍吧，比起銀行、商行，他們是更早一批踏足香港的人士〔註240〕。居港日人除信仰本土宗教以外，還信奉佛教的觀音及西方的基督教。據奧田乙治郎對櫻井鐵次郎的訪談中講到：「由現在（1937）灣仔街市朝上山的方向走到監理會教堂一帶的話，也有流水。那兒供了座觀音，日本人常常前去參拜⋯⋯」〔註241〕日本作家武者小路篤實在《湖畔的畫商》記載：「在上海，先是崔君（崔萬秋），然後是內山君（內山完造）來做嚮導，在香港，是內山君介紹的平崗貞氏給我帶路。內山君誠懇而樂於助人，對中國的事情十分熟悉。香港的平崗貞氏也是基督徒，對中國的情況知之甚詳，自從有牧師對他說：『香港的獄中有日本人的囚犯，你去探望他們好嗎？』隨後八年，他每逢星期天便跑到監獄去慰問日本人的囚徒⋯⋯」〔註242〕。平崗貞在著作《平崗貞自傳》中對其信奉基督教的經過有著較為詳細的描述：「從九龍我們又再回到香港，去找汕頭公司的陳光理先生，橫濱萬福號關先生為我寫的介紹信上有他的地址。由於陳光理先生的住處稍微偏遠，所以公司的人便給我帶路。沿著微暗的樓梯，我走到四樓的住宅。陳先生是個溫文爾雅、年紀很大的老人家。他看過我拿出的信後，便指著掛在牆上的手抱嬰孩的基督像，對我說：『歡迎你來。我們在基督面前都是兄弟。你就住在我這兒，不用客氣，當是自己的家好了⋯⋯』這些話由鄭先生翻譯給我聽。我十分高興。耶穌基督從我離開日本後，不論在船上，從上岸到陳先生家中，都為我準備

〔註239〕《香港工商晚報》，1984年11月4日，第2版。

〔註240〕（日）藤田一郎：《香港往事談》，載香港日本人俱樂部廣報部編：《香港：香港日本人俱樂部創立二十五週年紀念特集號》，1981年，第78頁。

〔註241〕（日）奧田乙治郎：《明治初年在香港的日本人》（附錄），臺灣總督府熱帶產業調查會，1937年，第10頁。

〔註242〕（日）武者小路篤實：《湖畔的畫商》，載《武者小路篤實全集》第十二卷，小學館，1989年，第13頁。

了必需的東西，我不得不感謝神的恩典。我覺得接納陳先生的盛情，立刻從旅館將行李搬過來，跟鄭先生一起，借他一個房間暫住。晚飯時，陳先生祈了禱。他家中有兒媳和三個孫兒、長女（寡婦）和兩名女子、另外還有一對同住的夫婦。這天晚上，陳先生帶我到美華公理會堂參加特別傳道祈禱會。在煤氣燈下，穿中國衣裳、梳辮的牧師擔任司會。這位牧師就是日後我尊為師、尊為父的翁挺生牧師，他引領我、愛護我，以自己的一身體現基督的愛。到九十三歲蒙主寵召為止，翁牧師跟我相交五十多年，是我難以忘記的人。來港時，我語言不通、無半個熟人、孑然一身，面對重重困難是意料中事，然而，想不到在香港登岸的第一晚，居然獲得眷顧，能夠這樣平靜的度過」〔註243〕。

由以上可知，宗教功能在外國人社區中比較明顯。外國人社區中一般都建有教堂，以滿足人們的信仰宗教或使其獲得精神慰藉。而華人社區中建設的廟宇和祠堂也有這方面的功能。這對於社區控制以及增強社區居民凝聚力具有一定的作用。

（三）娛樂功能

社區娛樂功能是指人們通過各種組織和設施開展文體活動，達到娛樂和休閒目的。

1. 華人社區的娛樂功能

開埠以後，香港華人的休閒娛樂活動內容很豐富，有牌九、麻將、足球、游泳、網球、戲劇、電影等。但是如若選出一個具有廣泛代表性的，那無疑就是賽馬。喜歡看賽馬的，幾乎囊括香港社會的各個階層。我們可以從1918年2月26日發生『馬場浩劫』之後東華醫院為馬棚死難者舉行建醮儀式時，社會各界送的輓聯中看出到馬場看賽馬的人，應該包括上、中、下各階層人士。如署名『皇仁書院陳炳勳』的輓聯云：

> 這回想當日情形，與君馳騁場中，金埒馬嘶，蝴蝶夢尋芳草綠。
>
> 此去隔災區咫尺，藉佛超昇天上，玉樓人杳，鷓鴣聲咽木棉紅。

〔註244〕

〔註243〕（日）平崗貞：《平崗貞自傳》，主婦之友出版服務中心，1975年版，第25～28頁。

〔註244〕夏曆：《香港東區街道故事》，三聯書店（香港）有限公司，1995年5月，第153頁。

　　由此輓聯看出，其中有不少馬迷是教員，故才署名為皇仁書院陳炳勳。除此之外，當時在馬場看賽馬的，有很多是風塵女子。她們在這次火災中喪生，有名士為她們作輓聯以示悼念，輓聯云：

　　　　遨遊方共樂，可憐一炬，同赴九泉，薈里齊歌，曷禁臨風灑淚！

　　　　禍福每相因，能蹈火坑，始登梵宇，蓬山在望，遠期歷劫成仙。

〔註245〕

　　在馬場大火中遇難的也有不少嫖客，有妓女寫輓聯紀念嫖客的。其中一名『西施』的妓女寫了一副輓聯，上款寫：「葉麗泉、潘少川先生千古」，下款署名「妓女西施」，輓聯云：

　　　　憶往日之鍾情，洗盞花間，同消萬古，彼此知心，為願永無分

　　影。

　　　　歎今時已絕愛，捐軀火裏，飲恨千秋，君家喪禮，我今獨自含

　　悲。〔註246〕

　　此外，我們發現還有一副用廣府話寫成的輓聯，該輓聯署名陸灼文，其輓聯云：

　　　　唔好講前因，傷死者心，有幸有不幸焉。你想嚇紅男綠女，白

　　叟黃童，一時向付劫灰，賞必盡償冤孽債？

　　　　咪淨話禮懺，掩先人眼，莫之為而為也。君知否道侶齋婆，尼

　　姑施主，七日齊呼佛號，無非深達鬼神情。〔註247〕

　　在香港一般都有用廣府話寫對聯的文字風格，從這位陸灼文的對聯看出，香港華人在遇到這一公共性災難時，以悲痛的心情為死難者致哀。

　　以上對聯足以證明1918年到馬場看賽馬的人，包括社會的多個階層。可見賽馬運動在華人社會中的受歡迎程度。也正因如此，此次火災遇難人數才如此之眾。據《香港華字日報》報導：「馬棚浩劫損失人命殊難知其確數，近日東華醫院因在愉園建醮超幽，聞省港四鄉前後向東華醫院報告已死亡人數，共六百零四名，疑其中未報者亦有數百，因如傭婦婢子，與日本人西洋人及進天主教人未有到報云」〔註248〕。馬場火災之後對香港娛樂業影響頗大，當

〔註245〕夏曆：《香港東區街道故事》，第154頁。
〔註246〕夏曆：《香港東區街道故事》，第154頁。
〔註247〕夏曆：《香港東區街道故事》，第155頁。
〔註248〕《香港華字日報》，1918年4月24日。

時報紙報導：「馬棚失慎後，受最絕大之影響者厥為戲院及各影畫戲院，連日觀者均極寥寥，蓋遇害之家，痛定思痛，故無暇往此樂地，而多數人士鑒於前車，亦多斂足也，惟尼姑與喃巫等則應接不暇」〔註 249〕。賽馬運動之所以在華人社會，乃至整個香港社會都廣受歡迎，跟其賽期有很大關係。據夏曆的研究，「香港早期的賽馬，賽程不密，主要的賽期是在農曆新年後，約為公曆的二月，稱之為週年大賽馬，賽期分三或四日舉行，設有多項錦標。另外，大賽馬一定在假日中舉行，但要避開英人稱之為「主日」的星期日。於是香港的賽馬日期一般會定在假期的非星期日舉行，賽馬分為上、下午舉行，上午通常賽四場，跑完第四場後即休息，到外面去吃午飯，或在馬場內進午餐，到下午二時半再進場，下午三時開跑第五場」〔註 250〕。不僅如此，筆者認為也跟當時華人社會的放假休息制度有關。當時華人社會尚未形成星期日放假休息的習慣，對於公眾假期，也並非完全放假的，原因是當時的薪酬制度是年薪資及日薪制，一般來說，商行職員實行年薪制；一般出賣勞力的勞苦大眾實行日薪制和計件工資。每年年薪制的只有農曆新年期間放假幾天，一般商店都在正月初六或初七開市，有些遲至正月二十日才開市，是以在正月至二月初，是商場上的淡季〔註 251〕。除賽馬以外，香港華人的文化娛樂節目中較為代表性的還有聽廣播與看戲劇。從 20 世紀中期香港華人的廣播節目內容來看，既有播報潮語、粵語及國語的新聞欄目，又有綜藝欄目，內容十分豐富。我們可以從 1947 年的《華僑日報》報導中看出：

表 3-9　廣播節目秩序表〔註 252〕

時　　間	節　　目
十二時半	天氣預報
十二時三十一分	潮曲唱片：逆子賢媳（敬芳、番仔、清蕊）
十二時四十四分	粵曲唱片：①□果緣（呂礎良、呂文成）；②可憐女湊仔勸夫（白駒榮、林超群）
一時半	粵語新聞

〔註 249〕《香港華字日報》，1918 年 3 月 7 日。
〔註 250〕夏曆：《香港東區街道故事》，三聯書店（香港）有限公司，1995 年 5 月，第 147～148 頁。
〔註 251〕夏曆：《香港中區街道故事》，第 52 頁。
〔註 252〕《華僑日報》，1947 年 5 月 3 日，第 3 頁。

一時三刻	潮語新聞
二時休息	
六時半	國語新聞
六時三刻	粵語新聞
七時	潮語新聞
七時一刻	粵曲唱片：紅樓絕史（黎寶銘、譚笑眉）
七時半	兒童故事演義
八時	□□□□夏威夷雜曲；⑥當你夢見夏威夷的時候；⑦夏威夷土哥
八時半	轉播倫敦粵語新聞
八時三刻	特別廣播粵劇節目，由中英晚報粵劇部擔任，溫白莎導演《雷雨》第一幕
九時三刻	跳舞音樂唱片
十時	國語教授，徐宗科擔任
十時半	京曲唱片：①群英會（□峻峰、孟潤泉）、遇後龍袍（□峻峰）②寶蓮燈，長阪坡□五更（王少樓）；時代曲唱片：①盧溝問答（長虹歌詠團）、最蠢是漢奸（陳美□）②春泛街頭（谷□、姚敏）、歸女淚（姚莉）
十一時	完

由上表廣播節目秩序可知：

第一，20 世紀中期時，香港廣播的時段分為日間與晚間。其中，日間節目播放時間較短，主要從中午十二時半開始，至二時結束休閒，持續一個半小時。播放的節目包括天氣預報、歌曲唱片及新聞等。晚間節目播放時間較長，主要從六時半開始，至十一時結束，持續三個半小時。播放的節目包括新聞、歌曲、戲劇及插播倫敦粵語新聞等。總體來看，晚間播放節目相較於日間較為豐富多彩。這很大可能與香港居民的社會生活作息習慣有密切關係。

第二，從節目播放的內容來看，既有與居民日常生活密切相關的天氣預報，又有深受居民喜歡的娛樂綜藝節目，且綜藝節目的內容也是中西兼顧。香港廣播為了迎合不同的受眾群體，在節目編排上呈現出多樣性。這說明了香港社會文化的多元性。

第三，廣播節目模塊中有專門針對廣府人的粵語節目，也有針對潮汕人的潮語節目，卻沒有針對客家人的廣播節目，客家人作為香港人口中的重要組成部分，卻被邊緣化。這從側面說明了在香港社會中，廣府人與潮汕人擁有較高的身份地位。

　　一般說來，多數居港華人的社會生活比較普通的，日本學者野山彌生子在《歐美之旅》中有對香港普通市民的街區生活有過描寫：「我們逐漸走下市區，返回同盟的辦公室，途中又穿過了中國人的街巷。沿著山坡而傾斜的狹窄馬路上，兩旁緊密地並排著門前有廊柱的店鋪，小店擺滿了小店該有的商品，行人道上人山人海，恍如節會，有人用語尾提得很高的聲調急促地叫賣。肉店內弔起了赤裸的豬隻，雞店內長長的雞籠並排，所有的糖果店都掛起『中秋月餅』的紅色字條，我想起了昨天晚上忽然在船上見到的月亮。其間，我忽然嗅到某種煮東西的濃烈氣味撲鼻而來，這是一種奇怪的感觸，源於此間雜亂無章街巷中彌漫著的『中國氣息』，它比先前漁村中感受到的更濃稠黏糊」〔註253〕。他們為了能在香港這個社會生存下去，要付出比其他各地更大的辛苦與努力。在香港生活成本很高，據日本學者金子光晴記載：「香港島上缺乏食水，一早一晚都有市民提著盛石油的空罐子，來到僅冒出丁點兒水的井旁，為取水而排成長長的行列。水的價錢因此很貴。滿一罐的清水十錢，挑到二樓要二十錢，三樓的話就是三十錢。至於山頂，因為好幾十層高，所以一杯水自然所費不貲」〔註254〕。以此為準則，一切日常生活都很昂貴。香港深受西方資本主義文化影響，生活在其中的人們，無疑也面臨著殘酷的競爭。即使是大戶人家，稍有不慎，家道中落，甚至會淪為乞丐的下場。如大橋乙羽在《歐山美水》中記載：「臨近市街（指中環）的房子，簷下都懸放一個籃子。有中國婦女在縫補衣服，其中一人手攜幼兒，衣著破爛，纏足。我問旁人她是什麼人士，答謂大戶人家，由於家道中落，深閨家人亦不幸淪為乞丐，在街頭以襤褸示人，向船長等人乞取一、二仙的工錢，賴此而偷生於世」〔註255〕。

2. 外國人社區的娛樂功能

　　在香港，英國人以統治者自居，居港的英人社會高高在上，一般脫離於香港普通社會之外，除了跟其他歐人及華人社會的精英階層有所聯繫外，幾乎跟普通的華人社會是隔絕的。日本評論家尾崎秀實在《最近的香港和廣州》一文中對此有過描述：「就我而言，秘訣所在是英國人社會高高在上，游離於

〔註253〕（日）野山彌生子：《歐美之旅》，岩波文庫，2001年，第44～51頁。

〔註254〕陳湛頤譯：《日本人訪港見聞錄》，三聯書店有限公司，2005年7月，第239頁。選自（日）金子光晴著：《骷杯懷》，載《金子光晴全集》第七卷，1975年中央公論社，第139～144頁。

〔註255〕大橋乙羽：《歐山美水》，博文館，1900年，第20頁。

一般人之外。游離的英國人社會只跟極少數有錢的、屬於殖民地貴族階級的中國人來往，因此，英國人得以避免直接捲入中國人社會的紛亂中。對於這少數的聯絡人，英國人讓他們分享豐厚的利益。據消息靈通人士說，香港的中國人社會的主體是一種結社式的俱樂部。對於這些俱樂部，香港政府是有搭線的。二月時，怡和公司為獲受爵士勳位的中國人何東舉行了盛大的慶祝宴會，感謝他當了五十年又或六十年的買辦，長期為怡和香港分店服務。宴會舉行時，香港英國人社會的一流人物都雲集，以犒勞這位殖民地的貴族」〔註256〕，就連駐港的英軍士兵，無論是住宿條件，亦或是娛樂活動，都不是香港普通社會階層所能接觸到的。大宅莊一的《香港的戰時色》曾寫道：「……同樣是守軍，白人的蘇格蘭和愛爾蘭士兵住的是日本酒店那樣的兵營，訓練的餘暇，有欖球和其他的運動可供消遣，簡直就像來東方觀光一樣……」〔註257〕

居港葡人的娛樂活動主要有俱樂部、家庭聚會、婚喪禮及赴澳門活動等。據施利華的研究：「在令人滿意與簡單的中產階級的氛圍裏，每天的娛樂活動進行著。有紙牌與麻將的俱樂部生活，有家庭聚會、婚禮、喪禮、赴澳門旅遊、在夏季每週一次的海灘活動、食物與閒聊、看電影與體育活動。這些都構成了『澳門之子』（指居港葡人）生活的必須部分」〔註258〕。

而處於香港「白人」社會最底層的那些打工謀生的葡人，處境十分艱難，基本上沒有什麼娛樂活動。葡萄牙人歷史學家白樂嘉（羅沙家族第九代傳人）對生活底層的居港葡人的社會生活有過描述：「據香港之葡人，生活極為艱苦，日間工畢，無娛樂去處，夜裏又因城內歹徒橫行，不敢外出。他們皆為安分守己、努力工作的人。晚上唯與親朋團聚在家，湊在煤油燈前，共敘天倫，以消磨時間。對外界事，除非必要，則無理睬。與英國人社區，亦無聯繫。在族群中緊密地生活在一起——他們是工作努力，遵紀守法的一群人」〔註259〕。

〔註256〕尾崎秀實：《最近的香港和廣州》，載《尾崎秀實著作集》第五卷，勁草書房，1979 年，第 58～61 頁。

〔註257〕（日）大宅莊一：《香港戰時色》，載《改造》，1937 年 12 月，第 74～75 頁。

〔註258〕Braga, José Pedro, "Portuguese in HongKong and China: Their Beginning, Settlment and Progress During One Hundred Years," Renascimento, 1944, Macau: Fundacăo Macau and Mar-Oceano, 1998, p.162～163.

〔註259〕Braga, José Maria, Hong kong and Macao: A Tribute to Memory of Prince Henry "the Navigator" on the Occasion of the Festivities in His Honour, Hong Kong: Graphic Press, 1960, p.70; Braga, José Pedro, "Portuguese in Hong Kong and China: Their Beginning, Settlment and Progress During One Hundred Years," Renascimento, 1944, Macau: Fundacăo Macau and Mar-Oceano, 1998, p.159;

　　體育活動則是居港葡人社區一項重要的娛樂活動，也是他們維繫社區聯繫的重要手段。居港葡人真正意義上的體育活動是從其第二代開始的，據罷辣架研究：「在運動領域，早期的葡萄牙人並沒有實質性的參與。但從第二代開始，葡萄牙人在香港的運動生活中所扮演的角色越來越突出。在個人運動中，他們在射擊、桌球、游泳、划船、多項競技項目及賽馬比賽中表現出色；在集體項目上，諸如足球、曲棍球、草地滾球、水球、划船、板球等球類項目中也非常出色。由『葡人俱樂部』成員提供的『盧梭人』杯賽，是每年春季由香港賽馬會舉行的香港賽馬賽事中的大型年度賽事」〔註260〕。施利華也曾論述過，居港葡人似乎在體育運動方面甚有天賦，居港葡人把體育運動當作一種消遣的方式，而且一直在體育方面保持著優勢，「特別是在運動方面，它們是一個令人滿意的消遣方式。同樣，不計他們在香港人口中的比例，『澳門之子』的運動員控制著如此之多的領域。也許其原因是中國人直至現在為止均沒有運動的意識；或許是這些『澳門之子』的混血背景，使他們具有其他種族所缺乏的機靈與協調。他們擅長游泳、足球、划船、騎馬、壘球、曲棍球、網球、羽毛球、桌球和草地滾球，在許多領域，他們至今仍是這樣」〔註261〕。居港葡人在體育活動中之所以如此活躍，葡萄牙人成立的體育組織功不可沒。不僅如此，體育組織在推動社區體育運動的開展方面貢獻頗大，其中比較知名的是西洋波會〔註262〕。正如奧馬達・卡斯楚所說：「在運動領域」西洋波會在此領域的記錄，太為人所知了，以至於不再需要提及；那個俱樂部在足球、草地滾球、板球、曲棍球方面贏得了榮譽；而整個社區在運動方面，也富有成果；其中有它一個會員，哥沙洛家族（Gosano family），其家庭成員成長起來，不久將毫無疑問能夠在他們之中召集起兩支 11 人曲棍球隊。該俱樂部最熱心的支持者是葡萄牙人；許多當地的游泳記錄也是葡萄牙人保

李長森：《明清時期澳門土生族群的形成發展與變遷》，中華書局，2007 年，第 194 頁。

〔註260〕 Braga, José Pedro, "Portuguese in HongKong and China: Their Beginning, Settlment and Progress During One Hundred Years," Renascimento, 1944, Macau: Fundacǎo Macau and Mar-Oceano, 1998, p.162.

〔註261〕 F.A.（Jim）Silva, sons of Macao, Their History and Heritage, California: UMA, 1979, P.19.

〔註262〕 西洋波會是香港九龍的一個草地滾球組織，由僑居香港的葡萄牙人所組成，會所位於九龍京士柏加士居道 20 號，近衛理道交界。該組織是年輕人在九龍的運動中心，其擁有草地滾球、羽毛球、曲棍球和網球的場地與設施。

持。熱衷於草地運動的葡萄牙人也為數不少，最為成功者之一是蘇亞雷斯（F.P.de Vasconcellos Soares），他在彩色、綠色、金色的草地上追逐，其中最為吸引人的是賽馬場」〔註263〕。

此外，西洋戲劇演出也是居港葡人的一項重要的娛樂活動。葡人演出西洋戲劇的傳統是從澳門帶來的。關於居港葡人的西洋戲劇演出活動，我們可以從當時的報紙報導中窺見一二。據1852年10月6日《華友西報》報導：「我們在星期一晚上，從在威靈頓街一家整潔的葡萄牙劇院（Theatrino Particular）的管理層那裡獲得了一些票，見證了來自沒有經驗的業餘演員們能夠期待的、可尊重的表演。獲選來演出的劇碼，首先是一個有三幕喜劇，題目為『Saloja Cidadão』（The Rustic in Town）和一個鬧劇，名叫『Dr Sovina』。……我們相信，這是同類的冬季系列娛樂活動的第一部分。這些活動是我們的葡萄牙居民打算提供給社區的，對此，他們獲得了最好的感謝。由於需要葡萄牙語知識，故英國觀眾們對表演所要表達的東西一無所知，我們請求，在節目單上，提供一點有關主題的說明」〔註264〕。

1853年4月30日也有報導：「索扎（Ma os Souza）決定在下個星期六，30日，再次讓他的學生在劇院演出，以至於上次他們在維多利亞劇院演出時沒有看到演出的女士獲得機會見證一下毫無疑問將為他們提供許多歡樂的演出」〔註265〕。

居港日人的娛樂生活主要是集中在上層階級，包括桌球、高爾夫、網球等。如戰前的娛樂設備，日本人俱樂部中有四張桌球，還舉行過桌球大會。奧田乙治郎著《明治初年在香港的日本人》文中記載：「日本人俱樂部的由來是1898年大谷光瑞來港時，捐出了五百塊錢作為成立資金，但一直用不著，到了1903年才組成日本網球俱樂部，名為『大和會』，這就是日本俱樂部的濫觴。大和會初時只有軟式棒球，1904年6月購置了一臺桌球，在花墟租下一所房子，除戶外運動外，還備有圍棋、將棋、雜誌等……」〔註266〕。據末永三彥編《父親的記錄》所載：「到了星期日，父親（淺井義啣，1914年抵港

〔註263〕 Castro, Leo de Alma e K.C., "Some Note on the Portuguese in Hong Kong," in Boletim do Instituto Portugués de HongKong, No.2, Setembro, 1949, pp.273～274.

〔註264〕《華友西報》，1852年10月6日。

〔註265〕《華友西報》，1853年4月30日。

〔註266〕（日）奧田乙治郎：《明治初年在香港的日本人》（附錄），臺灣總督府熱帶產業調查會，1937年，第21～22頁。

工作，是大阪商船會社香港支店店長）經常去俱樂部打桌球，有時也帶我們去」〔註 267〕。九龍京士柏有兩個網球場，總領事館或者六大公司——正金（橫濱正金銀行）、臺銀（臺灣銀行）、三井、三菱、日本郵船、大阪商船，這六大公司的支店長一個接一個的捐出獎盃，用作舉行的網球大會。新界的沙田有九個洞的高爾夫球場，每個月舉行比賽〔註 268〕。20 世紀 30 年代以後，電影在世界各地興起，居港的日本人也把看電影作為其娛樂生活的一部分。卓別林系列電影在日人中廣受歡迎。武者小路篤實在 1936 年 5 月訪港時談起：「……到處遊覽香港以後，跟平崗貞愛好文學的五、六個朋友一道吃午飯，及後往看卓別靈的《摩登時代》。影片很有趣。在卓別林的作品中，可說是既有趣又成熟的。他的腦袋實在很靈敏我也很喜歡勞埃德，但卓別林卻有勞埃德沒有的內容、諷刺，而且處理得恰到好處，心理也捕捉得很好。與此同時，卻徹底地胡鬧，加上演技出色，可謂盡善盡美」〔註 269〕。

　　戰前，更多的中下階級基本上沒有什麼娛樂生活，最多居家打打麻將與紙牌。1882 年時，居港日人服裝方面男的是穿西服，女的則是清一色的日本服裝。日常生活由於沒有什麼娛樂，所以唯有在室內下「將棋」和「八八」（日本人玩的一種紙牌遊戲），與日本人朋輩過著無聊的生活〔註 270〕。相對戰前，戰後娛樂相對多一些。「以上各種設施（指前文所說的網球、高爾夫等）可算十分齊備，不過，為婦女而提供的娛樂，就沒有了，頂多是麻將吧。相比起來戰後婦女積極參與形形色色的對外活動，像插花和各種手工藝等，真不可同日而語」〔註 271〕。

小　結

　　在殖民地早期，港英政府在香港的統治政策是培植一些當地的領袖及組

〔註 267〕（日）末永三彥編《父親的記錄》，載《香港——香港日本人俱樂部創立二十五週年紀念特集號》，香港日本人俱樂部，1981 年，第 110 頁。

〔註 268〕（日）藤田一郎：《香港往事談》，載香港日本人俱樂部廣報部編：《香港：香港日本人俱樂部創立二十五週年紀念特集號》，1981 年，第 77～78 頁。

〔註 269〕（日）武者小路篤實：《湖畔的畫商》，載《武者小路篤實全集》第十二卷，小學館，1989 年，第 14 頁。

〔註 270〕（日）奧田乙治郎：《明治初年在香港的日本人》（附錄），臺灣總督府熱帶產業調查會，1937 年，第 8 頁。

〔註 271〕（日）藤田一郎：《香港往事談》，第 77～78 頁。

織，吸納他們進入行政架構，以增強政府與普通市民的溝通，從而實現對社會的有效治理。如早期華人社會成立的文武廟、東華三院、保良局等。

進入 20 世紀，殖民地政府亦開始探索建立民政工作的架構，逐漸擺脫以往過度依賴傳統華人福利組織的方法。1913 年華民政務司署的成立，其主要任務為管理及監督本地華人事務，華民政務司署作為政府與民間溝通的橋樑，但由於一般接觸面較窄，只是為了配合殖民地政府對華人事務管理的不干預政策。除了一些基本服務外，政府並不重視基層居民工作。

1949 年之後，由於香港社區的社會服務缺口很大，為了鼓勵民間力量為社區居民提供社會服務，以減輕政府的負擔，華民政務司署屬下的社會福利部成立了社區發展組，推動各區成立街坊福利會。但是由於政府害怕街坊福利會發展成為威脅其統治的政治勢力，因此街坊福利會的發展受到很大限制。

20 世紀 60 年代，政府為增強新安置居民的歸屬感，於 1960 年建成了第一所社區中心。社區中心的工作則由社會福利署下屬的青年福利部管轄，而在 1967 年改名為社區及小組工作部。社會福利署脫離華民政務司署成為一個獨立的部門，街坊福利會的仍由華民政務司署負責。

六七暴動以後，港府吸取六七暴動的教訓，重視建設民政工作，完善民政工作的組織架構，先後設立民政署，多層大廈業主立案法團，分區委員會，推行互助委員會計劃，民政委員會等。

80 年代以後，香港城市社區組織相繼湧現出各種組織。既有官辦的行政性社區組織，又有官民合辦即政府資助、民間主辦的半行政性社區組織，同時還有完全民辦的非行政性社區組織。

香港由於特殊的經濟社會因素的長期作用，形成了特有的城市社區模式，城市社區可相應分為四個層次，即以幾戶業主為主體，對應的互助會為社區服務的社區；對應分區委員會管轄範圍的城市社區；對應區管理委員會管轄範圍的社區；對應民政事務署管轄範圍的城市社區。由於香港城市化的快速推進，即使在最低一級的城市社區也基本包含了居民多數日常所需，如上班、購物、上學、養老、醫療、休閒娛樂等。此外，隨著香港城市現代化的發展，原有城市社區空間的分化整合日趨活躍，正確引導其城市社區空間結構的調整與重組成為關注的重點。

　　總之，社區地理環境的不同、社區人口數量和構成的不一樣、社區空間分布的不同、社區結構和社區文化氛圍以及歸屬感的差別，都會對社區類型的劃分產生影響。總體來說，香港的西人族群的內部認同感比較強，他們各自成社區，除了商業上的往來，社會生活中其他交往和溝通比較少。各族群的社會地位也不盡相同。但是外籍族群從事的工作基本上是政府部門和商業相關的工作。與在香港的華人相比，他們中的大多數人的生活境況要優越些。

　　香港開埠之初，由於港府特殊的管治政策，使其在社會福利方面存在諸多的功能缺失。社區則承擔起諸多管治與服務功能，彌補政府由於缺失社會管理和服務功能的不足，以維持社會的正常運轉。本章根據香港社區組織開展的各種活動，將其功能概括為教育功能、宗教功能、娛樂功能。

　　在香港百餘年的歷史變遷中，各類基層社區組織與港府的關係也隨著時代的發展變化而不斷調整，社區在不斷調整角色定位以適應社會環境的需要，在這一過程中，其功能不斷增多和完善。尤其是六七暴動後，港英政府察覺到有必要調整管治策略，在教育、醫療、行政、住房等各方面的推行了改革。對於港府推動的改革，香港各個基層社區積極響應，通過承接政府的活動，來彰顯社區的功能。

　　20 世紀 70 年代以後，相較於早期，基層社區組織與港英政府的互動更為頻繁與密切，其社區功能更加明顯地顯現。香港社區發展和社區組織建設的主要內容亦超越前期只關注慈善、社會福利及就業培訓的範疇，更加注重提高居民社區意識，培養社區情感；促進市民有組織地為內容的社區行動；增加居民的自豪感和歸屬感等方面。此時，香港社區發展更多以「服務取向」和「問題解決取向」為目標，在這一過程中，其社區的功能隨著社會問題的增多而不斷增多和不斷完善。

第四章　香港城市社區文化景觀的
時空演變及互動研究

　　本章重點選取香港城市社區文化景觀中的宗教文化景觀、教育文化景觀、商業文化景觀，詮釋不同社區文化景觀的時空演變與互動及其所折射的社會文化空間特徵。

第一節　社區景觀的概念及內涵

　　本節探討了基於社區景觀為對象的歷史地理研究的基本理論問題。首先論述了國內外不同地理學者對景觀概念的論述，引申出歷史景觀這一基本概念。接著分析了歷史景觀的特徵及類型，並以此為基礎，對本文所研究的對象香港城市社區景觀特徵作了簡要理論說明。

　　近代地理學奠基人亞歷山大・馮・洪堡（Alexander Von Humboldt）最早把「景觀」一詞引入到地理學中。他把市鎮、村落、田地和作物描繪為景觀的要素；把景觀想像成為一個整體，並多次把世界各地多處具有相似景觀的地區進行對比，不僅辨認出各個獨特的景觀，而且瞭解它們和地球上別處類型地區之間有著普通的聯繫和共同的生成原因。因此，他認為景觀分析是一切地理工作的核心〔註1〕。

　　人文地理學者弗里德里希・拉采爾（Friedrich Ratzel）第一次系統地闡

〔註1〕（英）羅伯特・迪金森著，葛以德、林爾蔚等譯：《近代地理學奠基人》，北京：商務印書館出版，1980 年 11 月，第 33～34 頁。

釋了文化景觀的概念及內涵，他更多地把文化景觀稱之為歷史景觀，因為文化景觀是人類佔有的歷史面貌的寫本。他力主對田地、農莊、村落、市鎮及道路進行分類，以便瞭解其分布，現有的相互聯繫和歷史起源。他在從事種族、語言和宗教方面的研究時，認為種族集團是相互聯繫的現象的地理集結，並試圖找出各種分布形式的特徵〔註2〕。此後，奧托·施呂特爾把景觀概念進一步深化。他把地理學的中心放在可視景觀的研究上，借助對人類生活、思想和組織的研究來解釋能反映人類集團的文化和經濟景觀，並解釋了文化景觀與自然景觀的區別。1906年，施呂特爾在慕尼黑發表《人類的地理學目標》一文中說明了他將景觀的解釋作為人類地理學中心的原因：「我們需要的是⋯⋯主題的有限性和觀察的客觀性。」他在文中提出人文地理學應該以「辨認地球上可以感受到的那些現象的形態和排列」為目標。接著他又談到，所有非物質的人文事實——如社會、經濟、種族、心理和政治狀況的分布，都不能作為研究的本體，它們只有在有助於理解景觀的發展和特性的情況下，才能受到關注。根據施呂特爾對景觀的解釋，文化景觀包括可動和不可動兩種形態。可動的形態包括人及其勞動成果，他的運動和他單獨的及整體的分布；不可動的形態應該通過「每一個時期和每一種文化根據其力量大小而作用於景觀的全部效果」來進行解釋〔註3〕。因此，如果以街道文化景觀為例的話，其文化景觀不僅包括道路及其型式，而且還包括人及隨人移動的貨物等。

　　施呂特爾的文化地理概念，以及引申出的景觀概念對後世地理學的研究意義深遠，其對景觀的概念及提倡的做法經受住了時間的考驗。對此，萊奧·魏貝爾曾清晰地寫道：「施呂特爾是第一個把人的創造景觀活動，提到方法論原理上來的人。他通過運用景觀外貌結構的概念，賦予人的地理學以全部的、可用與自然地理學同樣方法那些可見的現像那樣，它可以從它的形態學、生理學和發展史的方面來研究。自然地理學和人的地理學之間不再存有隔閡，他們通過對象和方法而密切接觸。因此，在我看來，外貌研究法是地理學的一大進步，雖然它的研究領域因此而大大縮小了」〔註4〕。

〔註2〕（英）羅伯特·迪金森著，葛以德、林爾蔚等譯：《近代地理學奠基人》，第83頁。

〔註3〕（英）羅伯特·迪金森著，葛以德、林爾蔚等譯：《近代地理學奠基人》，北京：商務印書館出版，1980年11月，第148～150頁。

〔註4〕萊奧·魏貝爾：《我們所理解的景觀學》，《地理學公報》，1933年，第34頁。

20 世紀上半期，西歐許多地理學者開始投入到景觀的研究中，研究的內容涉及到景觀的類型、分布、起源、擴展以及正在起作用的空間組織實體的空間結合等。1913 年，帕薩格（Siegfried Passarge）創造性提出了「景觀地理學」。他將景觀看作是一種類型，又將景觀類型看作是一種空間體系，即一種相關要素的集合體，但他對景觀的意義及地區概念尚未闡釋清楚。而美國學者卡爾‧蘇爾認為「景觀」不僅應成為地理科學研究的核心，而且應該重視「文化景觀」的概念，其將文化景觀看作是人類文化與自然景觀相互作用的結果。普雷斯頓‧詹姆斯更是明確指明了景觀與地域在本質上是相同的〔註5〕。

以上學者雖從不同角度對景觀作了闡述，但尚未對景觀的概念有清晰、明確的定義。此後，德國學者韋貝爾對景觀這一概念作了充分和嚴格的討論，並將景觀定義為：「從特定地點眺望時位於我們視域以內的那部分地球表面和天空」。而黑爾帕爾則將其定義為「地球表面上某一片段及其相應的天空部分給我們喚起的總印象」〔註6〕。以上兩位學者對景觀的概念大多數想像觀察者是從縱向來俯視景色的，以消除透視。他們二位將景觀定義實質是描述一個地區某種獨特而真實的外貌。

歷史地理學是復原過去的地理並對其進行解釋，敘述的科學。區域歷史地理學的知識範疇涵蓋諸如不同地區之間及城市與鄉村之間這樣一些以往的地區特徵，即歷史區域性。區域性由區內各項空間要素的相互關係（縱的關係）和與其他區域的關係（橫的關係）所構成，這兩種關係叫作空間關係。區域歷史地理學就是研究區域居民改造其空間關係，重建區域結構的過程。因而，區域歷史地理學與景觀史等學科較為接近〔註7〕。本文對香港社區景觀進行的歷史地理研究，屬於區域歷史地理研究的範疇。歷史地理學中所研究的景觀被稱之為歷史景觀，具體是指在某一歷史時期內存在、並被以直觀的形式記錄與再現的、一定地理空間上可視性的現象與事物的總稱。

由此可見，景觀在歷史地理學中的概念較為複雜，但又有很強的可塑性。不同學者根據不同的研究需要，來對其有不同的定義。結合歷史時期內香港

〔註5〕於風軍：《符號、景觀與空間結構——基於陝西方志輿圖（明至民國）的景觀歷史地理研究》，陝西師範大學博士學位論文，2005 年 10 月，第 6 頁。

〔註6〕（美）理查德‧哈特向（Richhard‧Hartshorne）著，葉光庭譯：《地理學的性質——當前地理學思想述評》，北京：商務印書館，1996 年，第 171 頁。

〔註7〕（日）菊地利夫著；辛德勇譯：《歷史地理學的理論與方法》，西安：陝西師範大學出版社，2014 年，第 6 頁。

城市社區進行歷史地理研究的實際，本文將社區景觀概念表述為：社區景觀是指在社區空間上能夠為人的視覺直覺感受到的地表現實。對社區景觀的理解，可以從以下兩點來把握。

其一，社區景觀是指人們可在社區內能夠觀察和感覺到的物質現象總和，包括物質的景觀，如社區內各種類型的建築、街道、河流等；也包括非物質的景觀，如社區組織、宗教文化景觀、教育文化景觀及商業文化景觀等。

其二，社區景觀是具有主客觀性的統一體。客觀性是社區景觀的本質屬性，是不以人的意志為轉移的客觀屬性，其主要表現為在社區內能被人看到的景觀；而主觀性表現為能被人感覺到的景觀。

國內學者對文化景觀的界定有三種方法：一，描述區域的景觀，將其解讀為歷史、文化和自然相互作用的產物；二，對不同區域類型和景觀系統進行分類；三，將文化景觀作為研究地方文化的線索，且是人類價值和實踐的表現，由景觀中掌握了人的信仰和態度的真實解讀，從而擺脫僅限於描述或狹隘的解釋〔註8〕。因此，文化景觀既是文化和人類價值以及實踐的表現，又是城市地方精神的體現。香港開埠以來，有許多文化景觀，如以教堂、寺廟等為代表的宗教文化景觀；以學校及其他教育機構等為代表的教育文化景觀；以及以商鋪、工廠、商店等為代表的商業文化景觀等，系統地梳理和研究這些文化景觀，解讀香港城市歷史文化特徵，有助於對香港城市社區文化景觀的深刻認識。

第二節　城市社區文化景觀的時空演變

香港自開埠以來，已有 150 多年歷史，在不同時期保留下來眾多社區文化景觀，如宗教文化景觀、教育文化景觀及商業文化景觀等等，這些社區文化景觀散佈在香港各地。本節分別對不同類型的社區文化景觀在香港地域上的時空演變進行考察，這對於釐清香港城市社區發展脈絡具有重要的指導意義。

一、宗教文化景觀的時空演變

宗教是人類社會文明的一項重要內容，宗教文化景觀也蘊含著豐富複雜的特質。從歷史地理學視角解讀宗教現象，運用時空理論，對宗教歷史演變、

〔註8〕楊湛萍：《從景觀分析與社會結構變遷探討板橋的空間性轉變》，臺北：臺灣師範大學，2011 年，第 4～5 頁。

空間結構等現象進行研究，從而加深我們對區域宗教的獨特性及其在區域內與其他現象之間關係的認識。「存在空間」是人文地理學最基本的概念，其空間概念不是抽象的幾何空間，而是按照人的意向性和目標而界定的空間〔註9〕。宗教空間亦被稱為「神聖空間」，利用空間理論來詮釋「神聖空間」的景觀格局和內在含義，能夠反映出宗教文化景觀的內涵與當地環境相互作用所彰顯的社會文化空間的意義〔註10〕。

　　在各地文化景觀形成的過程中，宗教力量發揮了特殊的作用。由宗教信仰中的教堂所組成的物質文化景觀是社區文化在地域上的直接投影；而宗教信徒等以人為主體的非物質文化景觀則是通過群體的行為影響著社區文化在地域上的演變，從而塑造了社區文化在地域上的分異。

　　香港乃是中西文化彙集之地，其多元文化的特點，對居民的宗教信仰影響頗深。「在這樣一個多元化的社會裏。號稱香港社會支柱的宗教也呈現出多元化的特點」〔註11〕。香港的宗教主要有佛教、道教、孔教、天主教、基督教，以及眾多的民間信仰等。不同宗教的教義、教規、禮儀、組織各不相同，不同的人們信仰宗教的表現形式亦是多種多樣的，尤其是華人社區的宗教與外國人社區的宗教有很大的差異，故本節從中式宗教與西式宗教兩個角度來探討宗教文化景觀的歷史演變。香港中式宗教文化景觀包括寺廟、道觀等；西式宗教文化景觀包括教堂、清真寺等。

（一）中式宗教文化景觀時空演變及差異

1. 中式宗教廟宇〔註12〕的歷史演變

　　關於中式寺廟在遷入地的發展變遷，學者對此也多有研究。其中，臺灣

〔註9〕 李凡：《明清以來佛山城市文化景觀演變研究》，廣州：中山大學出版社，2014年第1版，第60頁。

〔註10〕 劉懿謹：《客家聚落之空間性及其生活世界的建構——以苗栗公館石圍牆莊為例》，桃園：中原大學，2003年，第96頁。

〔註11〕 趙紅宇：《香港宗教的傳播與發展》，《世界宗教研究》，1997年第2期，第133頁。

〔註12〕 根據香港「華人廟宇委員會」對華人廟宇的定義：華人廟宇包括所有：（a）廟、寺、觀、道院；（b）有下列活動進行的所有地方：（i）依照廟、寺、觀、道院或庵所信奉的宗教原則供奉神明、與靈界溝通或占卜，或擬進行該等活動；（ii）為供奉神明、與靈界溝通、占卜或類似目的，或作為提供香燭的回報，或因其他理由，而向任何公眾人士收取費用、付款或任何種類的報酬或接受任何公眾人士所付的費用、付款或任何種類報酬。引自：香港華人廟宇委員會 http://www.ctc.org.hk/b5/aboutus.asp

學者劉枝萬在《臺灣的民間信仰》一文中把臺灣寺廟的發展歸納為七個階段，即無廟階段、草僚階段、小祠階段、公厝階段、小廟階段、中廟階段及大廟階段〔註 13〕。劉枝萬的劃分是以大陸移民在臺灣所形成的社會形態發育程度為標準，對於研究同為移民城市的香港宗教寺廟發展變遷無疑具有重要的借鑒意義。每一座寺廟因其緣起的不同與發展環境的差異，導致其成長和發展過程也有所差異。如果以香港城市社會的發展為背景，並以此為條件來綜合分析，總結得知，香港廟宇的發展大致經歷三個階段。

第一、最初階段。在古代，香港與內地的文化淵源至為久遠，可謂一脈相承。早在南朝時便有僧人到此傳道，建立廟宇——杯渡庵（即青山禪院）。據清康熙《新安縣志》卷十三人物志記載，南北朝時劉宋文帝元嘉五年（公元 428 年），師常以杯渡海，並休憩於屯門山，後人因名曰杯渡山〔註 14〕。後人為紀念杯渡禪師住錫此地而建杯渡寺。隋朝時該杯渡庵為普渡道場，至唐時又改稱雲林寺。宋徽宗時又改稱為斗母宮，令寺中僧人改易為道服居住。及至元代，斗母宮又易名為青雲觀，至明清兩代一直沿用不衰〔註 15〕。

第二、開埠以後至新中國成立時快速發展階段。香港開埠以後至新中國成立時的 100 多年的時間內，相較於內地政治環境較為穩定，吸引了大批內地居民移居香港，當中不乏一些宗教人士。他們把內地的不同流派的宗教信仰帶到香港，成立宗教團體，建立廟宇，以滿足他們對宗教信奉的精神需要。我們可以從表 4-1 中看出。

表 4-1　港九註冊廟宇統計表〔註 16〕

廟　名	成立時間	建　廟　緣　起
大坑蓮花宮	1863 年左右	據考證指當時太平天國之亂，致使廣東一帶大量難民南逃至香港及聚居大坑附近，長老為安定民心便建廟奉祀觀音。
亞公岩玉皇殿	二十世紀初	

〔註13〕詳情參見劉枝萬著，余萬居譯：《臺灣的民間信仰》，選自《臺灣風物》第 39 卷第 1 期，第 93～97 頁。

〔註14〕（清）靳文謨、鄧文蔚纂修：《新安縣志》卷 13 之《雜志・仙釋》。

〔註15〕劉智鵬等編：《屯門風物志》，屯門區議會出版，2007 年，第 68 頁。

〔註16〕本表是根據曾財安、羅玉顏所撰寫的學期論文：《香港中式廟宇調查報告（2010）》及香港華人廟宇管理委員會網站中的數據所製。

香港仔天后廟	1851 年	香港仔最初是以漁業為中心，因此，當地漁民集資興建本廟，希望得到天后的蔭庇。
黃泥湧譚公天后廟	1901 年	據說舊廟拆卸之後，有一客籍小童坐於現址地上，自稱譚公化身，命眾人於該處建廟奉祀他。自此，坊眾認同須建新廟以繼續廟統。
筲箕灣天后廟	1873 年	筲箕灣原本是一個漁村，因此，當地漁民集資興建本廟，希望得到天后的蔭庇。
筲箕灣城隍廟	1877 年	
筲箕灣譚公廟	1905 年	開埠前，筲箕灣居民依靠捕漁和採礦為生，當中以祖籍惠州人士為主，他們把惠州的「譚公」信仰帶來香港，並立廟供奉。
灣仔北帝廟	1863 年	
土瓜灣天后廟	1885 年	本區客籍漁民篤信天后，故於光緒十一年（一八八五年）集資興建本廟。
紅磡觀音廟	1873 年	善信以紅磡坊眾居多，大部分為主婦，間中亦有商人及漁民來參拜。
深水埗三太子及北帝廟	1898 年	據說在一八九四年，香港發生瘟疫，瘟疫迅速蔓延，有人歸咎於妖魔鬼怪作祟，區內客籍居民遂建議前赴廣東惠陽迎接三太子神像來深水埗區驅邪鎮妖。供奉神像出巡後，該區的瘟疫便告停止；因此，當地居民於一八九八年籌建三太子廟以作紀念。
深水埗天后廟	1901 年	深水埗昔日為漁舟聚集之地，漁民認為藉神力可保風調雨順，因而信奉天后。
深水埗關帝廟	1891 年	廟內銅鐘所銘，本廟建於光緒十七年（1891 年）前，於光緒二十年（1894）重修時，不獨香港各處水陸居民及工商各界，更有大鵬協鎮官員，甚至遠至金山各埠的居民捐銀修廟，可見當時海內外對協天宮及關帝信仰的支持。
聯合道侯王廟	1730 年	
鶴園角北帝古廟	1876 年	一九二九年卑利船廠管工胡某倡議建造新廟，使香火得傳；於是坊眾集資興建此廟。

　　第三、廟宇的本土化階段。1949 年後，受大陸政治環境因素影響，香港又迎來了一次大的移民潮。來自成千上萬的大陸移民，在香港定居以後，為尋求精神上的寄託，以共同信仰的宗教神祇作為聚集起來應付新環境及開拓新生活的精神動力，故他們將在原居地的神祇恭請到港，在此建立廟宇崇拜。具體廟宇名錄詳見表 4-2 所示。

表 4-2　戰後香港廟宇選址市區的名錄統計 [註17]

廟　　名	成立時間	備　　註
天童精舍	1992 年	堅明法師、監院道平法師創辦以來
慧玄精舍	1985 年	歐陽信清、歐陽恒清、吳玉堅、黃玉美等創辦
智玄精舍	1976 年	梁永昭、錢真清及李悟情創辦，是一間慈善團體
佛香講堂	1991 年	原為 1983 年建於何文田的「佛香精舍」，為非牟利之佛教慈善團體
坤道堂		以「靜修積善」為宗旨的齊堂。原址位於旺角鉢蘭街，1991 年遷往現址。
積善堂	20 世紀 70 年代	以「自修」為辦道宗旨，屬於先天道派。
濟原堂		原址在香港灣仔，20 世紀 90 年代遷往現址。
天惠堂	20 世紀 50 年代	楊巧珍創辦，以「自修」為辦道宗旨，屬於先天道派。
抱道堂		原址於西環太白臺，1959 年遷往現址。
龍慶堂		源自南海紫洞，為一間慈善團體
普善佛堂	1949 年	弘揚儒釋道三教及廣行慈善為目的，1956 年遷入現址。
心慶佛堂		初創時位於九龍宋皇臺譚公道，90 年代遷往現址。
普濟佛道堂	1973 年	初址在觀塘月華街，1977 年由月華街遷入牛頭角道現址。
省善真堂	1952 年	非牟利慈善宗教團體，自置物業。
道教九龍別院	1980 年	註冊慈善團體及有限公司
崇珠閣	1955 年	註冊廟宇
飛雁洞佛道社	1980 年	註冊非牟利慈善團體
松蔭園佛道社	1955 年	初設九龍福華街，曾遷亞皆老街，至 1964 年遷入現址。
萬德至善社	1951 年	初創設於旺角煙廠街，1970 年遷至現址，為一間註冊廟宇慈善團體。
道慈佛社	1954 年	居士楊日霖創辦
香港正覺蓮社	1945 年	現為一間興辦安老、教育、救助服務之慈善機構。
翠柏仙洞	1955 年	初覓得廟街 30 號 2 樓為壇址，後至 1979 年才遷入洗衣街現址。

〔註17〕 本表是根據曾財安、羅玉顏所撰寫的學期論文：《香港中式廟宇調查報告（2010）》及香港華人廟宇管理委員會網站中的數據所製。

玉壺仙洞		初設於中環善慶街，後於 1968 年遷現址
竹隱長春洞		自創辦至今，曾三遷洞址，1958 年遷入現址。
純陽仙洞	1978 年	為註冊廟宇、慈善團體及有限公司
妙觀園		以承傳呂祖師道為主
玉清別館	1965 年	曾數度搬遷，1994 年遷入現址
華松仙館		尊奉儒釋道三教
聖明壇	1984 年	1991 年購入現址
通善壇		原址在中環結志街，1968 年遷入現址。
道教青氣一善壇	1978 年	1999 年由銅鑼灣遷入現址
信善壇	1966 年	1966 年遷入現址。

由上表可知，該時期建立的廟宇有一個特點，廟宇數量很多，但規模不大，而且是分布在全港各地，尤其是在一些港九的市區。此外，新成立的宗教機構除宗教事務以外，亦開始兼顧本社區內的慈善活動。這是宗教文化信仰真正的開始融入當地社會，亦是寺廟本土化的肇始。

2. 中式宗教文化景觀的分布及差異分析

由於前文在論述外國人社區的空間分布時，已經從教堂的角度論述了其與社區分布關係，故本節從中式宗教視角來探討宗教文化景觀的時空演變。香港中式宗教文化景觀包括寺廟、道觀等。

如前所述，中式寺廟在港的歷史演變可以分為三個時期：開埠以前的最初階段；1841 年至 1949 年的快速發展階段；1949 年後的本土化階段。因此，本節在論述中式宗教文化景觀的空間分布時，以上述三個時間段為劃分依據，對中式寺廟在港島各區的空間分布區域進行研究。

2.1. 開埠以前中式寺廟在香港的分布

表 4-3　開埠以前中式寺廟分布統計

廟　　名	成立時間	地　　　址	備　　註
青山禪院	東晉末年	屯門區西青山山腰	道光年間重建，1913 年建成青山禪院
聯合道侯王廟	1730 年	九龍聯合道侯王廟	
赤柱天后廟	1767 年	赤柱大街尾 1133 號地段	赤柱區街坊會管轄
赤柱水仙廟	約乾隆年間	赤柱大街	赤柱區街坊會管轄
赤柱北帝廟	1805 年	赤柱西約 2 號地段	赤柱區街坊會管轄

| 赤柱土地廟 | 約 19 世紀初 | 赤柱大街 | 赤柱區街坊會管轄 |
| 赤柱大王廟 | 約 19 世紀初 | 赤柱大街 | 赤柱區街坊會管轄 |

　　由上表可知，總體來看，開埠以前香港廟宇數量較少，只有青山禪院、北帝廟等寥寥幾個。而從寺廟的選址來看，一般是在山清水秀的郊外，如港島赤柱及新界的屯門等；從空間分布來看，該時期港島寺廟集中分布在赤柱大街周圍，這與當時赤柱密集的人口聚居相關。

2.2. 1841～1949 年中式寺廟在香港的分布

　　總的來說，1841 年香港開埠以後，及至 1949 年時這一百多年的時間內，乃是香港中式寺廟快速發展時期。從數量上來看，已經遠遠超出了前一階段，達到了 29 個〔註 18〕，如下表所示。

表 4-4　　1841 年～1949 年中式寺廟統計〔註 19〕

廟　　名	成立時間	地　　　址	備　　註
灣仔洪聖廟	1847 年前	灣仔皇后大道東 129 號	東華三院管轄
文武廟	1848 年	荷里活道與樓梯街交叉口	
香港仔天后廟	1851 年	香港仔大道 182 號	
慈雲山觀音廟	1853 年	九龍慈雲山 2 約 1970 號	
大坑蓮花宮	1863 年	銅鑼灣蓮花街	
灣仔北帝廟	1863 年	灣仔隆安街	
油麻地天后廟	1865 年	九龍油麻地廟街	東華三院管轄
油麻地城隍廟	1865 年	九龍油麻地廟街	
黃龍坑天后廟	1870 年	大嶼山東湧沙咀頭 1 約 125 號	1960 年重建
筲箕灣天后廟	1873 年	香港筲箕灣東大街	
紅磡觀音廟	1873 年	九龍紅磡差館裏	
鶴園角北帝古廟	1876 年	九龍馬頭圍道 146 號	
福全街洪聖廟	1881 年	九龍大角咀福全街 58 號	
山東街水月宮	1884 年	九龍旺角山東街	
土瓜灣天后廟	1885 年	九龍土瓜灣下鄉道 49 號	

〔註 18〕 實際上，該時期內香港中式寺廟數量遠不止 28 個。條件所限，本文只是列舉了華人廟宇委員會登記在冊的寺廟及較為知名的廟宇，不免有所遺漏。
〔註 19〕 資料來源：本表根據華人廟宇委員會登記在冊的廟宇及陸鴻基等編：《香港碑銘錄編》所製。

深水埗關帝廟	1891 年	深水埗海壇街 158 號	
石澳天后廟	1891 年	石澳 94 號地段	
深水埗三太子廟	1898 年	九龍深水埗汝州街 196〜198 號	
油麻地社壇	19 世紀末	九龍油麻地廟街	
油麻地福德祠	19 世紀末	九龍油麻地廟街	
油麻地書院	19 世紀末	九龍油麻地廟街	
深水埗天后廟	1901 年	九龍深水埗醫局街 180〜184 號	
黃泥湧譚公天后廟	1901 年	香港跑馬地藍塘道 9 號	
筲箕灣譚公廟	1905 年	筲箕灣譚公廟道	
亞公岩玉皇殿	20 世紀初	筲箕灣亞公岩	
華松仙館	20 世紀上半葉	九龍缽蘭街 340〜342 號 8 樓	
龍慶堂	1931 年	九龍深水埗基隆街 92〜94 號二樓至六樓	
黃大仙祠	1945 年	九龍黃大仙 5282 號地段	
香港正覺蓮社	1945 年	香港跑馬地黃泥湧道 31 號 3 字樓	

　　由上表可知，該時段香港中式寺廟的分布呈現以下特點：其一，寺廟分布不均衡，相對集中在港島與九龍地區，而新界及離島地區則幾乎沒有。其二，即使是同一分區內的分布差異也很明顯。港島集中在中區的灣仔、跑馬地及筲箕灣附近；九龍半島則集中在油麻地、深水埗一帶。其三，從寺廟廟宇在港島與九龍的選址來看，一般是集中在人口較為稠密的地區，且交通便利。如圖 4-1 所示。因為該時間段內建立的廟宇大多位於人口聚居之地，廟宇供奉的神祇，與香港人口的分布構成有著對應的關係。居港的客家人主要信奉譚公、三太子等神靈，分布在黃泥湧、筲箕灣、深水埗等地；潮州人士主要信奉天后，分布在深水埗、紅磡等地；廣府人主要信奉觀音、北帝等神，分布在銅鑼灣大坑、灣仔、九龍馬頭圍等地。

　　一般來說，寺廟主要集中在社區的中心地點，交通較為便利，方便信眾拜祭。如文武廟的選址亦是如此。文武廟位於荷里活道的中段，其西是上市場所在的太平山、西營盤地區，其下是瀕臨海濱的下市場——蘇杭街一帶，其東是中市場——中環街市山邊；恰好位於新移民聚居點的核心地帶。查港府有鑒於原來中市場所在地區妓院、賭館極多，況且該處與洋人聚居地毗鄰，為拓展西人的發展空間，港府於 1843 年 12 月，下令該區華人遷走，移徙到

太平山街去。由是，太平山街地區乃成為全港華人最密集、商鋪最集中的地方〔註20〕。據 The hongkong almanack and directory for 1846 所列的商號，大部分在太平山——蘇杭街一帶。可見，文武廟位於商店雲集的中心區，對於祈福的商人來說，極其方便。文武廟的地理位置地處華人社區中心，亦是它能香火鼎盛的重要因素。該時間段內建立的廟宇與香港人口的分布構成有著對應的聯繫。

圖 4-1　1841～1949 年中式寺廟在港分布圖〔註21〕

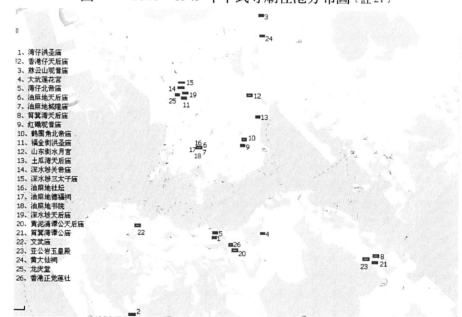

2.3. 1949 年後寺廟在香港的分布

表 4-5　1949 年後建立的中式寺廟統計表

廟　　名	成立時間	地　　　　址	備　　　註
普善佛堂	1949 年	九龍深水埗海壇街 222 號 5 樓	弘揚儒釋道三教及廣行慈善為目的，1956 年遷入現址。
天惠堂	1950 年代	九龍新蒲崗彩虹道麗景樓 8 樓 D 座 50 號	

〔註20〕丁新豹：《香港早期之華人社會》，香港大學博士學位論文，1989 年，第 114～115 頁。
〔註21〕筆者根據表 4-2 中數據繪製。

萬德至善社	1951 年	九龍登打士街 28 號寶亨大廈 A 座 25 樓	初創設於旺角煙廣街，1970 年遷至現址。
省善真堂	1952 年	香港九龍塘律倫街 7～8 號	
道慈佛社	1954 年	香港西環堅尼地城域多利道地段 8444	
松蔭園佛道社	1955 年	九龍彌敦道 578～580 號登打士街 44～46 號恒隆大廈 13～15 樓	初設九龍福華街，曾遷亞皆老街，至 1964 年遷入現址。
崇珠閣	1955 年	香港北角繼園街 1 號 B	
翠柏仙洞	1955 年	九龍旺角洗街 137 號國際大樓 17 樓 AB 座	初覓得廟街 30 號 2 樓為壇址，後至 1979 年才遷入洗衣街現址。
竹隱長春洞	1958 年	九龍旺角花園街 186～190 號 8 樓	自創辦至今，曾三遷洞址，1958 年遷入現址。
抱道堂	1959 年	香港北角英皇道書局 23 號美輪大廈 18 樓 C、D 及 E 座	原址於西環太白臺，1959 年遷往現址。
玉清別館	1965 年	九龍亞皆老街 118 至 120 號利寶大廈 12 樓 B 座	曾數度搬遷，1994 年遷入現址
信善壇	1966 年	九龍深水埗大南街 319 號 9 樓	1966 年遷入現址。
玉壺仙洞	1968 年	香港中環結志街 5～9 號 5 樓	初設於中環善慶街，後於 1968 年遷現址
通善壇	1968 年	香港中環威靈頓街 75～77 號 2～3 樓	原址在中環結志街，1968 年遷入現址。
普濟佛道堂	1973 年	九龍牛頭角道 22 號宏光樓 30 樓 B4 室	初址在觀塘月華街，1977 年由月華街遷入牛頭角道現址。
智玄精舍	1976 年	香港灣仔駱克道 395 號 2 樓 C、D 座	
純陽仙洞	1978 年	香港西環新海傍 1 號華寶大廈五字樓 ABC 座	
道教青氣一善壇	1978 年	香港灣仔天樂里 6～16 號恒安大廈一字樓 B 座	1999 年由銅鑼灣遷入現址
積善堂	1970 年代	九龍城啟德道 61 號德豐樓 8 樓前座	
道教九龍別院	1980 年	九龍北河街 11～13 號三樓	
飛雁洞佛道社	1980 年	九龍觀塘輔仁街 85 號益美樓 4 樓 L 座	

聖明壇	1984 年	北角繼園街 54 號美景大廈地下 B	1991 年購入現址
天童精舍	1992 年	荃灣青山道 135～143 號遠東銀行大廈 4／F 全會	
慧玄精舍	1985 年	九龍西洋菜街北 161 號 A 恒安大廈二樓	
佛香講堂	1991 年	香港窩打老道冠華園二樓	
坤道堂	1991 年	大埔懷仁街 14 號 A2 樓	
濟原堂	1993 年	九龍城福佬村道 5～9 號 4 樓 AB 座	原址在香港灣仔，20 世紀 90 年代遷往現址。
心慶佛堂	1995 年	沙田恒榮里九號安樂苑 D 座 1 樓	初創時位於九龍宋皇臺譚公道，90 年代遷往現址。
妙觀園		香港筲箕灣南安街永華大廈 2 樓 E 室	

　　由上表可知，1949 年之後寺廟的分布呈現如下特點：其一，寺廟主要集中在九龍地區，與前期相比，港島分布較少，即使是九龍地區內部分布亦不均衡，集中分布在深水埗、旺角、油麻地等區。此外，寺廟的分布呈現由港島向九龍及新界轉移的趨勢。如圖 4-2 所示。其二，從廟宇選址來看，主要分散於一些高樓大廈內，成為空中廟宇。這些廟宇規模一般較小，這些小型廟宇租借在寫字樓內為社區居民提供服務。

圖 4-2　1949 年後建立的中式寺廟分布圖

　　該時期寺廟的分布與選址深受當時香港社會經濟發展的影響。20世紀50年代以後，香港城市化中的新市鎮建設與舊城重建的相繼推出，亦帶動了其城市社區的發展，然而在社區建設與發展上，政府又在社會服務上有所缺失。因此，此時新一代的宗教人士，進而在各市區的樓宇中建立許多小型廟宇為社區居民提供社會服務。這些建立在市區的廟宇，因香港昂貴的租金，分散於一些高樓大廈內，成為鬧事中的空中廟宇。這些廟宇除為社區居民提供奉祀神靈以外，亦積極參與本區的慈善事業及社會服務，如興建敬老院、中小學、專業訓練學校等等。這種緊貼社區居民日常文化生活的廟宇廣布於香港島及九龍人口稠密的地區，至今亦大行其道，數量亦是與日劇增。

　　概而言之，不同時期中式寺廟在港的分布有著顯著差異。最初階段，寺廟一般分布在山清水秀的郊外；1841年至1949年時間階段，是中式寺廟在港快速發展時期，其廟宇選址大多位於人口稠密的新移民聚居點的核心地帶，寺廟的分布與人口的分布構成有著對應的關係；1949年之後，因香港昂貴的租金，新設立的廟宇分散於一些市區內的高樓大廈內，成為鬧事中的空中廟宇。這些廟宇除為社區居民提供奉祀神靈場所，亦積極參與本區的慈善事業及社會服務。這種緊貼社區居民日常文化生活的廟宇廣布於香港島及九龍人口稠密的地區。

3. 中式廟宇神聖空間構建及差異

　　廟宇的神聖空間是指在宗教信徒的體驗中存在的一個非均質空間，是世界的中心所在，也指在宗教研究與宗教經驗中具有超越性精神屬性的空間與物體〔註22〕。臺灣學者林素玲在研究基督教教堂的神聖空間時認為：「教堂作為基督徒專屬敬拜、聚會的場所，乃是基督徒立足在教會空間點上，根據其共同的信仰與價值體系，不斷對該空間展開具『神聖性』的人文創造和建構，使該空間具有價值以及可視的文化地理景觀」〔註23〕。基督教的信徒把教堂作為傳達上帝對世人的指引及通天空間的一個載體。而中式廟宇作為信徒敬拜、聚會的場所，是地域上的一個空間載體，傳達神靈對世人的指引，開闢人神之間聯繫的通道，使人神對話得以實現。以此觀之，中式廟宇與西方宗

〔註22〕（羅馬尼亞）米爾恰·伊利亞德著、王建光譯：《神聖與世俗》，北京：華夏出版社，2002年，第1～52頁。
〔註23〕林素玲：《基督教衛理公會在臺灣的擴展及其空間性闡釋》，臺北：國立臺灣師範大學碩士學位論文，2002年，第87頁。

教的教堂所承載的神聖空間功能基本相同。華人社區廟宇神聖空間構建有賴於兩個基本要素：一是有廟宇這一物質實體，包括廟宇建築的風格、廟宇內部空間的構造與格局等；二是必須依託於宗教活動，包括廟宇內舉辦的各種宗教活動的類型、信徒等。

3.1. 不同族群宗教建築外觀所呈現的神聖空間

香港中式廟宇的建築深受大陸廟宇建築風格的影響。如屯門青山寺的護法殿，其建築是一棟兩層閣樓式建築，閣樓琉璃瓦屋頂上有石灣陶瓷花脊和瓦脊裝飾。頂上四角另有陶瓷孔雀昂首展視，據說乃仿江浙佛寺風格而建，在香港佛殿中別具一格〔註24〕。而護法殿下的和合山門則更是中國傳統和合文化的具體體現，其概念最早見於春秋時代。《國語·鄭語》謂「商契能和合五教，以保於百姓者也」〔註25〕。孔子以「和」為人文精神的核心，提出「禮之用，和為貴」的主張。事實上中國古代思想普遍認同和合的精神。儒家從差別社會中求和合；道家從人與自然之別中求和合；佛學從因緣中求和合；墨家從兼愛交利中求和合；陰陽學家從對立中求和合；名家從「離堅白」與「合異同」中求和合〔註26〕。總之，各家都以達到和合為其最高境界。

黃大仙祠位於黃大仙區，是昔日市郊之地，高樹濃蔭，清雅幽深，現時為公共屋邨所環繞，與香港下層平民百姓非常接近。黃大仙祠歷經百年嬗變，是香港最著名的廟宇，建築布局是按照1937年黃大仙扶乩指示設計而成，具人權神受之意。主要建築群以「五行」齊備著稱，即金（飛鸞臺）、木（經堂）、水（玉液池）、火（盂香亭）、土（照壁），足見其建築特色〔註27〕。

地處銅鑼灣大坑區的蓮花宮，主祀觀音菩薩，建築風格獨特，全港獨一無二。本廟的前半部建於平臺之上及以石柱支撐，廟的後半部則座落於巨石上，惟現時該巨石為外牆所擋，僅可於廟內見到部分。此廟可歸類為兩進式建築，但兩進之間不設天井，前殿建築呈半八角形寶塔狀，及設重簷攢尖屋頂，正面的小陽臺設有西洋風格的欄杆。廟門設於左右兩側，與其他廟宇在

〔註24〕劉智鵬、劉蜀永編：《香港地區史研究之四：屯門》，三聯書店（香港）有限公司，2012年，第51頁。

〔註25〕李迪南，侯少博譯注：《國語·鄭語》，長春：長春出版社，2015年，第203頁。

〔註26〕張立文主編：《和合與東亞意識——21世紀東亞和合哲學的價值共用》，上海：華東師範大學出版社，2001年，第221、213頁。

〔註27〕遊子安主編：《香江顯跡：嗇色園歷史與黃大仙信仰》，香港：嗇色園，2006年，第246～255頁。

中央設置廟門不同。主殿後部的建築為長方形，蓮花石亦位於此處，廟殿依蓮花石建，分成上下兩層，下層設石製神壇供奉觀音，上層設有太歲殿及木製觀音神樓，兩個樓層之間的平臺則有韋馱殿。廟殿有立於道光與同治年間，雕工細緻的花崗石供枱（1864）、古鐘（1865）與石神壇（1885），及宣統年間的彩門（1909）。天花為六邊形，上有金龍與祥雲，前者神態活靈活現，似是呼應每年中秋期間舉辦的大坑舞火龍。而廟頂瓦脊則飾有象徵吉祥的寶珠、鰲魚及獅子等〔註28〕。如圖 4-3 所示。

圖 4-3　蓮花宮建築示意圖〔註29〕

由於跟西式宗教有所不同，中式宗教在香港較為容易被人接受，廟宇所呈現的神聖空間與世俗空間邊界較為模糊，在這種情況下，廟宇的建築成為消弭神聖空間與世俗空間隔閡的重要舉措。如前文闡述的護法殿、蓮花宮廟宇多有琉璃瓦屋頂、門樓、飛簷、斗拱等中式元素，其穩重、方正的整體外觀形象以東方廟宇的外觀形制來營造儒佛道的神聖空間之義，巧妙的達到了文化同構的目的。

另外，香港中式廟宇在神聖空間的建構上出現了多種傾向。一些廟宇受到多種建築設計思潮的影響，其建築極具觀賞性。如筲箕灣譚公廟，該廟背山面海，風水殊佳。清代成廟時其環境極為優美，廟內光緒年間的碑刻記載：「則見廟枕山涯，門臨江溪，右達鯉魚門之水，前朝龍洞之峰」。堪輿家認為筲箕灣有龍脈直沖九龍，此廟正枕於其上。至於內部間格則為常見的「二進

〔註28〕香港華人廟宇管理委員會網站：http://www.ctc.org.hk/gb/deities.asp
〔註29〕筆者田野考察所得。

式」，即由兩幢獨立相連或並排的建築物組成。如圖4-4所示。廟內文物包括清代的神樓、對聯、銅香爐、八寶、銅鐘及匾額等，極具觀賞價值。

圖 4-4　譚公廟建築物示意圖〔註30〕

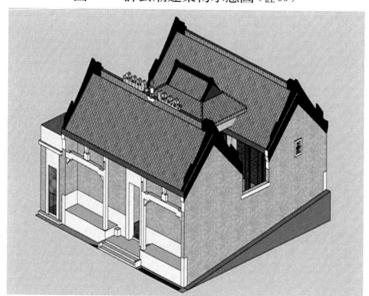

由以上可知，蓮花宮與譚公廟建築風格符合客家族群的建築中所提倡的樸實無華、莊重肅穆的特點。蓮花宮地處銅鑼灣之大坑，該地乃是一個客家人聚居的社區，蓮花宮即是客家人集資而建；而譚公廟亦是來自惠州的客家石匠而建。「民居是透視客家民系的重要物象，因為它不僅是洞察客家民系意識的窗口，而且也是考察客家生活方式、經濟景觀、社會結構、風情世俗的具體途徑」〔註31〕。依此而論，蓮花宮與譚公廟作為客家人的宗教建築，我們可以在其建築設計中瞭解客家族群性格、經濟景觀、社會結構及風情世俗等特徵。

另一些廟宇在空間布局上採用四合院形式，多種功能合為一體，兼具藝術性與實用性的特點。如灣仔北帝廟建築宏偉，面積是港島廟宇之冠，內有三個殿堂，廟內主殿供奉身高三米的主神北帝；而兩側設有三寶殿、龍母殿及財神殿。北帝像前有四大元帥立像，造型威武，身上不同部位的雕刻細緻生動，甚具藝術欣賞價值。此廟的基本設計屬四合院形式，在主殿左右兩側

〔註30〕筆者田野考察所得。
〔註31〕房學嘉、肖文評、鍾晉蘭等著：《客家梅州》，廣州：華南理工大學出版社，2009年，第71頁。

設置了面積既不同，形狀也各異的偏殿。如圖6-3所示。廟的正脊飾有雙龍，龍為「四靈」之首，象徵和平、吉祥及富貴，故以龍身附加於廟宇屋脊，是有受其庇護的意義。

圖4-5　灣仔北帝廟建築物示意圖〔註32〕

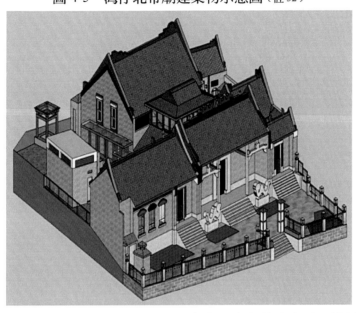

　　從灣仔北帝廟崇祀的神衹來看，北帝廟內崇祀的南海神、龍母及財神等神靈與廣府人崇祀的神靈大致一致。南海神崇祀在珠江三角洲甚盛。廣府各地建有多處南海神祠及洪聖王廟〔註33〕。咸豐《順德縣志》所載即有南海神廟14座之多〔註34〕。「廣府民間信仰中的女神崇拜甚盛，大體有兩類背景：一是母系社會的遺風，一是巫神文化的遺風。前者如龍母，後者有金花夫人與何仙姑」〔註35〕。「在商品經濟發達的廣府地區，財神是民間頗受歡迎的神仙，而且不止一位，舉凡與發財致富有關的神靈都可以稱為財神」〔註36〕。由此可知，我們可以推測出北帝廟乃是廣府人興建而成。另外從其建築風格來看，北帝廟建築宏偉、內部雕塑精美絕倫，這與廣府建築中的豐富多彩、活潑輕鬆的特點也相符合。

〔註32〕筆者田野考察所得。
〔註33〕陳澤宏：《廣府文化》，廣州：廣東人民出版社，2007年，第377頁。
〔註34〕咸豐《順德縣志》卷十六《勝蹟略‧祠廟》。
〔註35〕陳澤宏：《廣府文化》，第379頁。
〔註36〕陳澤宏：《廣府文化》，第388頁。

3.2. 不同族群宗教活動所呈現的神聖空間

學者潘朝陽認為「空間」通過人的主體投射、抉擇、造型之下而創造出者方具實存意義，即人的信仰、觀念、習俗、儀式、禁忌、情感，往往是構造其「存在空間」的「參考情境」〔註37〕。而廟宇只是為信徒奉祀和聚會提供了一個場所，「在教堂空間中，有一群人的共同主體意識，藉著聚集與儀式的進行，共同期盼神聖的降臨，因而使得這個空間成為一個神聖空間」〔註38〕。因此，可以這麼說，宗教活動本身才是賦予教堂（廟宇）空間以神聖性的核心內容；也即是說，缺少了宗教活動的教堂（廟宇），其神聖性被架空了〔註39〕。而宗教學者伊利亞德亦認為，宗教儀式既是信徒生活神聖化的需要，也通過對神聖範式的不斷再現，維持了世界的神聖性〔註40〕。因此，正是由於固定的宗教場所、固定的神靈誕辰日和宗教節日，以及不斷重複的宗教活動，才使得神聖空間得以永恆建構。

廟宇舉辦的宗教活動眾多，無論是慶祝神靈誕辰日還是其他宗教節日活動，都較多體現了宗教儀式的神聖性。在眾多宗教活動中，又以與社區內居民的日常生活有著密切關係的齋醮活動為最知名。

在神誕慶祝活動中，打醮是一項非常重要的祭祀活動，具有祭祀神靈、安撫幽魂、酬謝神恩和許願祈福等多重意義，因此，打醮也被稱為「祈安醮」，有「保境祁陽、許願酬還」的作用〔註41〕。打醮亦具有社會功能，是聯繫社區居民之間感情的重要媒介，每一次打醮時的聚會，具有組織、凝聚地區族群的作用。氏族通過打醮的儀式來宣誓勢力範圍，反映祭祀成員的經濟能力，具有權力的象徵〔註42〕。香港宗教神靈誕辰的醮期繼承先祖古訓遺風，各鄉按習俗之不同，不是規定每年一次建醮，有些是五年一屆、八年一屆或十年一屆，設

〔註37〕 潘朝陽：《現象地理學——存在空間的一個詮釋》，（臺灣）中國地理學會會刊，1991 年，第 71～90 頁。

〔註38〕 林素玲：《基督教衛理公會在臺灣的擴展及其空間性闡釋》，臺北：國立臺灣師範大學碩士學位論文，2002 年，第 108 頁。

〔註39〕 薛熙明：《基督教文化在廣東的歷史擴散及其與本土文化的衝突與融合》，中山大學博士學位論文，2008 年，第 128 頁。

〔註40〕 （羅馬尼亞）米爾恰·伊利亞德著、王建光譯，《神聖與世俗》，北京：華夏出版社，2002 年，第 1～52 頁。

〔註41〕 梁德華等著：《道·醮：漫天舞動的道教崇拜》，香港：香港道教聯合會，2007 年，第 17～18 頁。

〔註42〕 蔡志祥：《打醮：香港的節日和地域社會》，香港：三聯書店（香港）有限公司，2010 年，第 10～23 頁。

壇祭祀，以求達到驅邪超幽，神人共享，福澤萬家〔註43〕。

　　長洲太平清醮是香港較為知名的打醮活動。「太平」是祈求平安之意，「清醮」則意謂祈求太平的醮。太平清醮歷史悠久，反映了本土傳統宗教文化的特色。長洲太平清醮每年一屆，由香港長洲太平清醮值理會於每年農曆四月初舉行，以潔淨社區、酬謝神恩、為長洲居民祈求合境平安，從而建立社區認同。醮期為三天，聘請海陸豐喃嘸先生主持儀式。正醮後會安排上演神功戲。前一天豎幡、接神及為神只開光；首日起醮；翌日進行走午朝、醒獅麒麟點晴、祭水幽、迎聖等；第三日謝幡、會景巡遊、祭大幽、酬神、搶包山等；後一日分發幽包及送神。「豎幡」——第一枝幡杆於北帝廟前豎起，共九枝幡杆。「接神」——接神隊伍請出北社天后廟天后行身及玉虛宮玄天上帝行身。之後迎請島上其他神靈：大石口天后、關帝、水月宮觀音、南氹天后等。「會景巡遊」——神棚內玄天上帝、北社天后以及其他神明、長洲街坊組織及地方社團組成巡遊隊伍，以庇護長洲居民。1920 至 30 年代加入飄色〔註44〕。

　　打醮的會場設有三個醮棚，分別是神棚（見圖 6-4）、戲棚和大士鵬，這些醮棚規模宏大，是儀式和活動的主要場地。醮棚的大小與裝飾花牌的多寡在一定程度上代表著該主辦社區的經濟能力。神棚是安放神祇的地方；戲棚是上演神功戲賀醮的場地，以達人神共賞和共享升平之意；大士棚又稱鬼棚，用作擺放靈位的附薦臺。打醮中的紙紮用品是節慶中的主要裝飾品和祭祀用品，作為神人溝通的主要媒介。太平清醮透過「結幡」張燈結綵，引度冤魂野鬼來臨醮會，因此也稱為「招魂幡」。打醮活動中的巨型紙紮神祇，包括由觀音化身的巨大兇惡，青面獠牙的大士王，威靈顯赫，用來震懾孤魂野鬼，在大士王的身旁社有判官和獄卒，協助維持秩序〔註45〕。在祭幽儀式中首先把紮紙的神靈和山神活化，代表神靈到來參與醮會〔註46〕。太平清醮有不少獨特的儀式和活動，包括齋戒、走菩薩、祭幽、燒鬼王、神功戲表演、舞獅、飄色巡遊和搶包山等，用以酬謝神恩、虔誠膜拜、以正妖邪。其中最具特色的

〔註43〕王國華主編：《中國地域文化通覽（香港卷）》，中華書局，2013 年，第 346 頁。
〔註44〕香港非物質遺產辦事處：《社會實踐、儀式、節慶活動——太平清醮（清醮）》，香港：香港非物質文化遺產辦事處，館藏編目號碼：PHICH0118R0018。
〔註45〕王國華主編：《中國地域文化通覽（香港卷）》，中華書局，2013 年，第 347 頁。
〔註46〕香港歷史博物館民俗組：《從紙紮用品看香港民俗文化》，香港：香港歷史博物館，2010 年。

活動是飄色巡遊和搶包山，無論男女老幼都會參與到其中，「把上下老幼都帶
進本土的宗教信仰之中，有團結小區的作用，成為長洲居民生活的一個重要
組成部分」〔註47〕。《華僑日報》以「長洲的北帝誕和打醮」為題進行報導：
「長洲居民經過四日五夜的慶鬧渡過了北帝誕之□，到農曆的四月初六日又
來了一個打醮，是一連舉行三日四夜的，也有演戲，所聘的戲班卻是二流的
戲班了，因此費用在支銷上也沒有儀籌設北帝神誕的龐大。這個打醮的日子，
是由惠潮人主持，當地的惠潮籍居民也特別重視這日子的來臨，認為這個日
子可以仗著他們信仰的神來驅除厲鬼和免除痛苦。如果聽他們講述打醮最後
一晚的故事，可以使無知之輩聽了不寒而慄，毛骨悚然，因為那晚是幽祭，
幽靈都擠到來受祭，他們還說得很確鑿，在祭壇的周圍可以看到鬼影重重，
是否如此，也只有他們自己曉得了！打醮第一晚的九時左右，由七八名的巫
師和喃無佬穿著紅袍，手持法器，還有以碗盛水，沿街把水向四處灑滴，口
中喃喃念咒，這些水灑滴到的地方，厲鬼疫疾都給驅除去。跟著巫師和喃巫
佬而行，是幾個敲著大鑼的人，後便還有三個高約一丈半的紙紮神像，這些
神像都是事前在北帝廟裏紮作的，為首的一個叫作大士王，有猙獰可布的面
目，從前是一個很厲害的魔鬼，後來給觀音大士把它降服了，而且變為一個
專驅除魔鬼的神，所以這個大士王的頭頂上便有一座小小的觀音大士像，是
還在鎮壓著它的意思，第二個叫作土地，是一個老公公，身穿長袍，右手持
拐杖，左手捧著金色的錦囊。是一個和善的土地神，第三個叫作山神，腰掛
長劍，背插四隻紙旗，威風凜凜，鬼邪僻易。隨著一二個紙紮神像之後，還有
幾十人抬著二個高約三丈的包山，這些包山的包是普通用麵粉製造的飽，不
過分為白紅色兩種。遊行了長洲所有的街道，便停放在東灣，這是祭壇的地
方。到了最後一晚的深夜二時了，巫師和喃巫佬都再到東灣的祭壇來，祭起
法器精神和祭幽，那晚長洲的人，因為這樣的祭幽的心理影響，空氣特別緊
張，心情也分外沉重，婦孺都躲在家裏，很少外出，只有男人才到祭壇的東
灣去搶包和三個紙紮神像的東西。聽說搶得包山的包，收集起來，可以治黏
疫和疾病。至於要搶得三個紙紮神像的東西，便是大士王頂上的觀音大士像，
土地的拐杖和金帛錠和山神的長劍，背插著的四隻旗。這些東西可以鎮壓鬼
邪，雖然每座包山都高達三丈，可是一聲要搶，瞬即搶完。據居民說：這些包

〔註47〕 蔡志祥：《打醮：香港的節日和地域社會》，香港：三聯書店（香港）有限公
　　　 司，2010 年，第 34～35、103 頁。

山因為高的緣故，要用麻繩牽繫，不然倒下來的時候，是會壓死人的。所以從前曾試過飽山倒下來壓死搶包人的事實，到後來每次打醮時的包山，都派人嚴密看守，不使再鬧出人命的事了。我們看過北帝誕和打醮的慶鬧差不多可以明白，多些關於這個新界漁民搖籃的長洲的社會，是一個怎樣的社會，它將來的發展，會到達一個怎樣的程度，卻要看漁民們和居民們是否還停留在這樣的環境之下」〔註48〕。

圖 4-6　太平醮搭建的神棚〔註49〕

很明顯，太平清醮搭建的神棚具有廣府人建築的特色。這與潮人的孟蘭節所搭建的戲棚在建築風格上有很大的不同。關於潮人舉辦的孟蘭節會，詳見論文第五章之潮人的社會生活一節，在此不作過多贅述。本節主要論述二者的差別，以及以此所反映出的不同族群的性格特點。

廣府人搭建的神棚是用來酬神的，一般設在廟宇前面，正對廟宇搭建一神棚，讓神可以直接看到戲棚，所謂酬神之用。而潮州人在孟蘭節上搭建的戲棚卻不是酬神，而是謝鬼的。（見圖 4-7 與圖 4-8）潮州人希望死後骨灰能回到家鄉，如果回不了就會變成孤魂野鬼。所以，他們會在孟蘭節的時候酬鬼，紮一個紙的鬼王，做一臺戲來滿足祂。潮州人的建築凡是這一類的都是用來酬鬼的，一定要搭棚，因為如果給鬼王建一個永久性建築，祂就會永遠

〔註48〕《華僑日報》，1950 年 5 月 26 日。
〔註49〕香港非物質遺產辦事處：《社會實踐、儀式、節慶活動——太平清醮（清醮）》，香港：香港非物質文化遺產辦事處，館藏編目號碼：PHICH0118R0018。

住在那裡不走了，但如果是一個竹棚，那麼過後可以把它拆了燒掉，鬼王就必須離開〔註50〕。

圖 4-7　荃灣潮僑街坊盂蘭勝會搭建的神棚〔註51〕

圖 4-8　東頭村潮僑盂蘭勝會之附薦臺〔註52〕

　　總的來說，在香港不同族群的文化會在他們的宗教建築與宗教活動中表現出來。無論什麼形態的宗教建築，其實建築的實物本身已經顯得不再重要，

〔註50〕香港建築中西編著：《十築香港──我最愛的香港百年建築》，三聯書店（香港）有限公司，2015年，第153頁。
〔註51〕香港非物質文化遺產辦事處特藏。
〔註52〕香港非物質文化遺產辦事處特藏。

但是通過建築的特色，從空間設計、裝飾和空間布局等方面，卻可以表達到每一個族群的信念和習慣。不同族群所進行的宗教活動有較大的差異，這種差異性也是香港形成多元文化社區的重要原因之一。無論是廣府人、客家人，亦或是潮州人，他們都是同樣在香港生活，通過瞭解他們不同的宗教建築與宗教活動，以及呈現出來的不同族群的文化和信念，從而為探討宗教信仰對社區營造的影響奠定基礎。

（二）西式宗教文化景觀歷史演變

1. 西式教堂文化景觀歷史演變

「宗教不只是靠虔誠的講道和演說，她也常常依賴於動作、姿態和表演；不光要有理論豐富的知識儲備，還要通過身體語言、藝術、舞蹈、音樂等方式來協助傳播」〔註53〕。在西方傳統文化社會裏，教堂作為信徒表達對主的讚美和屬靈的美麗的重要方式，一直以來就承載著太多的精神寄託。而進入20世紀之後，宗教世俗化傾向反映在教堂建築之上，其建築風格更為多樣化，既有現代主義，又有功能主義。當然，教堂始終是一種宗教建築，它欲傳達上帝之音的目標互古不變〔註54〕。西方宗教傳入香港之後，教堂建築隨著時代進程而不斷演化。教堂建築形式的演變反映了西方宗教在香港社會中的地位和信徒在生活中的價值觀念的變化。

香港成為英國殖民地後，西洋建築風格被廣泛的應用於城市建設中。「英國人安頓後才漸興建有規模的西洋建築物，除了個別例子外，都緊隨當時英國的模式稍作更改而建成，可以看到各種風格的混合結果，即所謂『折衷學派』（eclecticism），除哥德式（gothic）外，還有古典主義（classical），文藝復興式（renaissance）等，香港實際上是全盤接受了其宗主國的各種風格，照搬過來，督憲府、三軍司令官邸、拱北廊和泄蘭街的雍仁會館（1860年已拆除）都是典型的例子」〔註55〕。宗教建築亦是如此，帶有強烈的殖民地色彩。而作為西式宗教建築的教堂更是完全繼承西方建築的風格。如1849年完成的聖約翰大教堂。其設計之初的建築風格哥德式的，但限於技術之困與材料之缺

〔註53〕秦家懿、孔漢思著，吳華譯：《中國宗教與基督教》，北京：三聯書店，1994年，第54頁。

〔註54〕薛熙明：《基督教文化在廣東的歷史擴散及其與本土文化的衝突與融合》，中山大學博士學位論文，2008年，第116頁。

〔註55〕王賡武主編：《香港史新編（上冊）》，香港：三聯書店（香港）有限公司，1997年，第256頁。

而改成簡單的諾曼式（Norman style）。與哥德式的玲瓏通透相比，諾曼式則顯得渾厚重拙。至1853年鐘樓及1873年聖壇部分擴建加長的完成，整座教堂平面布局呈十字型，中央為中殿，兩邊設為側廊，正門入口處建有鐘樓，「但十字型中央沒有傳統的高樓，最大特色是其屋頂的鋸齒圍牆、修長纖窄的尖頂窗和支撐瓦屋頂的大架構，哥德復興式設計在十八、十九世紀的英國及歐洲其他國家是很流行的建築風格，因為時人鼓吹恢復中世紀的宗教情操及生活方式，以致無論天主教或基督教的教堂都以此風格表示虔誠」〔註56〕。從鐘樓的建築元素上看，體現的宗教因素不多，宗教因素較多體現在大教堂主堂的十字型布局及東翼、南翼和北翼頂上的十字架、尖頂門、尖頂窗與彩繪玻璃窗等建築裝飾上。這種建築風格一般多用於早期香港基督教與天主教的教堂建築設計上，位於般含道基督教的合一堂亦是如此。如圖4-9所示。

圖4-9　合一堂今貌〔註57〕

此外，在西人社會中，不同的宗教信仰在宗教建築上也會呈現不同的特點。如猶太人信仰的猶太教與天主教或基督教的信仰有很大差異，其猶太廟的建築設計則與天主教或基督教教堂存在較大差異。1902年奠基的位於羅便臣道的猶太廟廟高兩層，一字型平面布局，左右中軸對稱，外形設計混雜了六世紀早期基督教在土耳其及中東一帶的聖殿式樣，以及中世紀後期伊比利

〔註56〕王賡武主編：《香港史新編（上冊）》，香港：三聯書店（香港）有限公司，1997年，第260頁。
〔註57〕筆者田野考察所得。

亞半島上流行的廟宇呈東西走向、入口朝東、大門前有個雙八角式的門廊、左右有八角形的塔、塔頂還有精巧細緻的塔樓的款式，這種款式有古希臘的圓柱裝飾，在結構上採用哥德式的飛扶壁。整座建築物看起來無論是平面或立面呈 1：1.6 的黃金比率分布，而立面的大小則是平面大小的兩倍，故整座建築物充滿了古希臘和文藝復興時期的建築智慧〔註58〕。

　　西式教堂一般位於社區的中心地帶，成為記錄不同社區族群特色文化的重要遺產。如位於九龍太子道的聖德肋撒堂。20 世紀 30 年代，比利時籍建築師尹威力（VAN WYLICK）開發太子道西為歐式洋房小區，而其中於 1932 年建築的聖德肋撒堂位於該社區的重心，受花地瑪聖母及聖女小德蘭守護，主要服務於戰前北九龍的葡籍天主教徒及其他歐籍社群。該教堂是拉丁十字布局，結構採用東方羅馬式立柱及圓拱，立面及鐘樓坡上北方文藝復興風格，屋頂以拜占庭式八角尖頂構造。這建築風格與常見的英式或法式教堂有很大差異，是記錄香港戰前歐裔社群特色文化的重要遺產〔註59〕。又如 1901 年在摩利臣山旁建立的錫克族廟宇，該廟宇於 20 世紀 30 年代重建。廟宇外觀呈現錫克族人傳統的藍白兩色，尖拱及崇拜堂布局對稱，以便男女平等分座。門前備有洗手盆和脫鞋、包頭巾的設施，顯示洗滌身心的空間。飯堂歡迎任何種族或階級的訪客分享簡單齋飯，圖書館則把教義傳揚給族內少年〔註60〕。該棟廟宇建築與布局充分展現了錫克族勤勞而和平的社群特色。

　　20 世紀中期，香港新建的一些教堂則完全按照哥德式風格建造。如 1951 年建成的中華循道會禮拜堂。如圖 4-10 所示。據報紙記載：「本港循道會於今日下午二時半在九龍漆咸道京士柏山上，建立新教堂之奠基典禮。該未來之教堂與九龍巡理司比鄰。該教堂之式樣，全係中古世紀之『哥德』式。過去全篤會在港府軒尼詩道與莊士敦道間建立一教堂，但以會務發達，不敷應用，久有此意，在九龍設一分堂，迄今財政上方許實現。據全篤會負責人稱，未來之九龍分堂，將著重該區之兒童教育，至少可容五百人。教堂大廈可容一千人。此外尚有十一個教室，每室容四十二人。復配以圖書室等。其程度以幼稚園至高小止。聞全部工程於本年九月完工。」

〔註58〕王賡武主編：《香港史新編（上冊）》，第 260 頁。
〔註59〕香港建築中西編著：《十築香港——我最愛的香港百年建築》，三聯書店（香港）有限公司，2015 年，第 62 頁。
〔註60〕香港建築中西編著：《十築香港——我最愛的香港百年建築》，第 59 頁。

圖 4-10　中華循道會禮拜堂之外觀〔註61〕

九中華循道會禮拜堂之麗吳外觀

　　「每一種文化形式和每一種社會行為都或明或暗的包含著交流」〔註62〕。西式宗教傳入香港以後，教堂建築作為一種外來文化形式，與香港本土文化建築形成了鮮明對照，中西建築文化的交流由此展開。20 世紀 20 年代及 30 年代，香港經濟頗為繁榮，在城市建設方面，出現了許多中國式的西洋建築。一般是在鋼筋混凝土結構上加上中式外觀。王賡武在分析這種現象出現的原因時認為：「中國第一批念建築的英美留學生如梁思成和它的夫人林徽因、楊廷寶、朱彬、呂彥直、范文照等人在二三十年代學成返國，他們的腦子帶著西方建築的教育，但如何創造出有中國特色的現代化建築，則是他們思想上的當務之急，又剛巧遇上國內『本色神學』的推動，帶來融合中西文化的教堂建築設計」〔註63〕。這種典型的中西合璧式的教堂主要有銅鑼灣聖瑪利亞堂、九龍城聖合一堂香港仔天主教修院及鑽石山的信義會等。這些教堂建築以西洋鋼筋混凝土所建，採用西方普遍使用的紅磚作外牆，並加入斗拱、雕梁和紅牆綠瓦等中國宮殿的古典建築元素，並帶有中國式的飛簷、斜頂及裝飾圖案等設計特色〔註64〕。

　　概言之，西方宗教教堂建築與香港本土建築兩大不同風格元素的糅合，既傳達了西方宗教建築的功能性和文化內涵，也流露出教會對中國傳統文化的尊重及對中國建築藝術的欣賞與讚美。在教會看來，教堂建築不但是外顯

〔註61〕《香港工商日報》，1951 年 8 月 23 日。

〔註62〕Sapir, E, G. M. David, ed. Selected Writings in Language Culture and Personality. Berkeley: University of California Press, 1949. 104.

〔註63〕王賡武主編：《香港史新編（上冊）》，香港：三聯書店（香港）有限公司，1997 年，第 263 頁。

〔註64〕王賡武主編：《香港史新編（上冊）》，第 263 頁。

的「福音」，也是西方宗教贏得香港華人好感的有效方式；教堂建築的莊重、結實以及教會的友愛、平等、組織完善會給人一種安全感，對近代以來一直生活在動盪之中的由大陸移民到香港的民眾頗具吸引力。由此，有不少華人選擇信仰天主教及基督教，這種文化信仰的融合為促進香港華人社區與西人社區的融合奠定堅實的基礎。

2. 西式宗教教堂神聖空間構建

教堂在宗教信仰中主要起到兩個方面神聖作用：其一，相對於天，教堂是一個地空間，藉由它傳達上帝對世人的指引；相對於地，教堂又是一個通天空間，信徒可由此展開對天堂的想像〔註65〕。作為神聖空間，教堂實際上起到了天人之間的一個媒介，使得神人對話得以實現。而林素玲在研究基督教衛理公會在臺灣的擴展時把教堂的神聖作用詮釋為「神聖也促成了空間層次上的突破，也即是說，它在宇宙的各個層次（塵世和天國）之間開拓了聯繫的通道」〔註66〕。教堂神聖空間的構建主要包括教堂建築所呈現的空間與宗教活動所呈現的神聖空間。

從香港西式教堂的類型來看，無論是哥特式還是巴洛克式教堂，在其建築的外觀上都展現了不可褻瀆的神聖性。在哥特式教堂中，「這些建築的結構被精神化——墩柱高且又細小柔順，高聳入雲的拱頂與塔頂彷彿融化於雲天之間」〔註67〕，它使人「意識到那看不見的和無限的，以至神變得無處不在」〔註68〕。哥特式教堂的尖塔幾乎成為每一座西式教堂所必備的建築元素。這種高聳入雲的尖塔將信徒的目光聚焦在天空的深處，象徵著上帝在信徒心目中的具有尊貴與崇高的形象；而尖塔形的建築形如一雙禱告的手，暗含了上帝的神示進入信徒內心世界的寓意。不僅如此，教堂的廊柱、拱頂也同樣含有通達天人之際的意思。而鐘樓響起的聲音更是上帝通過鐘聲召喚世人來到教堂，開始重回屬靈的生活〔註69〕。

〔註65〕 薛熙明：《基督教文化在廣東的歷史擴散及其與本土文化的衝突與融合》，中山大學博士學位論文，2008 年，第 123 頁。

〔註66〕 林素玲：《基督教衛理公會在臺灣的擴展及其空間性詮釋》，國立臺灣師範大學碩士學位論文，2002 年，第 30 頁。

〔註67〕 Emerson, H.S.Roman Souraces of Christian Art. New York: Columbia University Press, 1951. p215.

〔註68〕 Albert, E.E.Purpose of Art. New York: Holt, Rinehart and Winston, 1967. p74.

〔註69〕 薛熙明：《基督教文化在廣東的歷史擴散及其與本土文化的衝突與融合》，第 124 頁。

　　戰後，香港新建的西式教堂，在神聖空間的建構上則出現了多種功能傾向。如一些教堂將辦公、禮拜、教育、社區服務、教會人員住宿等多種功能合為一體，形成了多功能的混合大樓。位於九龍循理府右鄰的中華循道會禮拜堂，乃是一座新型教堂，集多種功能於一身。據《香港工商晚報》報導：「位於九龍循理府右鄰的中華循道會禮拜堂，將於十一月間落成。此一新型宏大之建築物，使九龍景物，將益增壯麗。該禮拜堂之設計，為港中所罕見者，共分五部，正中部為禮拜堂，北翼為長形三層校舍，南翼為辦公廳及宿舍等。教堂可容納一千人，聲光及空氣調節，均經特殊設計。教堂之下層為學校禮堂，可容五百人。更衣室、飲食室、洗手間、儲物間等則設於地窖內。北翼三層校舍，可容學生五百人，三樓有現代化之課室十間，另有一特別班房及幼稚園生課室，後者且附有特別裝置之洗手間。除辦公室、教員休息室、食堂等外，地下且開身體格檢驗室及手工室。所有課室，均空氣流通，而有充分陽光。南翼共四層。禮拜堂尖塔上之十字架，離地面一百二十尺，晚上以探燈反照，極莊嚴美麗」〔註70〕。

　　總之，隨著社會的發展，教堂建築雖然被社區內周圍其他建築包圍著，但它並不會被埋沒，反而成為該社區內社群的心臟地帶，凝聚社區信徒的力量和信念，記錄不同歐籍社群特色文化的重要遺產。這是宗教物質文化景觀所呈現的社區文化形態之一，對於社區內族群文化的塑造有著重要作用。而信徒從事的宗教活動及其他社會活動作為宗教非物質文化景觀的形態，對於社區營造的影響則更加顯著。

二、教育文化景觀的時空演變

　　香港被英國割占以後，由於中英兩國在政治制度和文化教育政策的差異，以及不同外來移民所帶來的多元文化對文化教育需求的異同等因素共同造就了香港文化教育在不同的時期具有迥異的發展層次。對此，港英政府根據不同時期的情況嘗試著實施自己的文化教育政策。

　　香港是一個移民社會，其中華人人口始終在 95%以上，而其他外籍移民只占少數。在香港早期移民史中，無論是華人，亦或是西人都沒有把香港作為永久居住地的心態，對香港幾乎沒有歸屬感。他們只是把香港當作一個暫時謀生地，更沒有想到要在香港開展文化教育。正如一名學者對英國

〔註70〕《香港工商晚報》，1951 年 8 月 23 日。

佔領香港的描述一樣：「在香港成為英國殖民地的第一年裏，沒有任何關於辦學的記載。香港政府和歐洲人的團體只是忙於把資產和人員從澳門遷往香港，然後再香港選地皮，建民房、辦公室和倉庫等。百廢待興，根本還想不到改善居民的受教育條件。在 1841 年早期以及隨後的幾年裏聚居在香港維多利亞城一帶的中國人大都是社會最底層的難民，主要有疍民、勞工、石匠、鐵匠以及供貨商。這些人來香港都是違反中國禁令的，他們只是打短工，並不像在這裡定居，因而大都把家人留在大陸家鄉，根本不會考慮年輕人在香港的受教育問題」〔註71〕。不僅如此，港英政府在香港推行非文化主義的殖民政策，具體在教育政策上表現為把教育事業完全交給教會或私人辦理。可以說，香港早期的歐美人文化教育主要以傳教士興辦教會學校為主。如 1842 年，叔未士牧師（John Lewis Shuck）開辦的宏藝書塾；1844 年理雅各牧師（Rev. James Legge）創辦的英華書院〔註72〕，以及史丹頓牧師（Rev. V. Stanton）創辦的聖保羅書院等。這些傳教士開辦的學校，全是培養華籍傳教士的神學院及神學院的預備學校，實際上是「傳播基督教義的講堂」〔註73〕。1848 年之後，基督教及羅馬天主教會則於灣仔『春園』以西的地段設立墳場，埋葬大批因感染熱帶傳染病去世的歐籍人士，並設置棄嬰所及醫院等機構，為香港這片新興殖民地提供社會服務。此外，在灣仔另一端的摩利臣山上，馬禮遜教育會亦早在 1843 年開辦學校，然而由於經費不繼，學校被迫於六年後停辦〔註74〕。

19 世紀 50 年代以後，香港的傳教士實行基督教教育進入黃金時代。1858 年香港島上華人開辦的私立學塾只有 9 所〔註75〕，而教會控制的官校近 20 所，加上傳教士自行辦理的私立學校，可以說教會已經壟斷了香港的教育〔註76〕。

〔註71〕E. J. Eitel: Materials for a History of Education in HongKong, The China Review XIX（5），1891, page310.

〔註72〕關於英華書院的成立時間學者 E.J.Eitel 在其著作「Materials for a History of Education in HongKong」認為是 1843 年 11 月。而 Sweeting（1990：144）據 Hongkong Blue Book 1844，1846 考證英華書院成立 1844 年。

〔註73〕鄧成峰：《香港學制演變：文化角度的分析》，上海：華東師範大學博士論文，2001 年，第 23 頁。

〔註74〕資料來源：香港政府檔案處網站 http://www.grs.gov.hk/ws/sc/ps_online_exh.htm#。

〔註75〕E.J.Eitel: Materials for a History of Education in HongKong, The China Review XIX（5），1891, page338.

〔註76〕鄧成峰：《香港學制演變：文化角度的分析》，第 24 頁。

然而教會這種以傳教為目的的辦學理念卻遭到了歐籍商人的不滿，雖然歐籍商人不反對信教，卻認為學校應該以教授知識為宗旨。於是，1855 年，香港的歐籍人士因不滿傳教士辦理的學校（包括官校），成立了英文教學的聖安德烈學校（St.Andrew's School），供歐籍兒童入讀〔註77〕。聖安德烈學校使香港第一所英文學校，學校規模不小，成立後招收了 100 名學童，分別來自 10 個國家〔註78〕。不僅如此，教會的辦學理念也遭受港府的質疑，認為其教育出了問題，完全不能培養出政府所需要的人才。為此，港督保陵（John Bowring）向殖民地部大臣抱怨：「讓我說出事情的真相，在這件重要的工作上（指教育事業），我完全看不出彼此有任何有效的合作〔註79〕（是指由政府出資與教會管理，二者合作辦學）。看看下面這件事，你就能更清楚地估計到苦難有多大：過去 6 年國會批准每年給予聖保羅書院 250 英鎊經費，以訓練 6 個公務人員；可是到現在，連一個勝任小部門的翻譯人員也沒訓練出來」〔註80〕。由此可知，教會辦學既遭到商人反對，又不能然政府滿意。這種矛盾隨著此後香港城市社會經濟的發展，於 1860 達到了臨界點，終於迫使港府採取斷然的行動，奪回教會的教育控制權，為香港教育史翻開了新的篇章〔註81〕。

及至 19 世紀末，香港文化教育形式仍不容樂觀。據前駐英大使鄭天錫曾談到：「那個時代的香港只是一個做貿易的地方而不是學習的地方。比如，英文學校里數學學到最高級也就還是歐幾里德的第五冊；第一本英語書是這樣開頭的：『湯姆一天吃了兩個雞蛋，你看他有多肥』」〔註82〕。然而與此相對的是，當時中文學校的辦學水平就相對高得多。「中文學校的水平當然要高的多，而且依傳統辦學；但是當地的需求卻是不同的……」〔註83〕。

19 世紀末、20 世紀初，清政府推行洋務運動，國內掀起向西方學習的浪

〔註77〕 E.J.Eitel: Materials for a History of Education in HongKong, The China Review XIX（5），1890, page323.

〔註78〕 鄧成峰：《香港學制演變：文化角度的分析》，第 24 頁。

〔註79〕 19 世紀 50 年代初英國國會接受史密夫主教的建議，批准實行「政府出資、教會管理」的辦學政策。

〔註80〕 Sweeting, A.（1990）.Education in Hong Kong pre-1841 to 1941: Fact and Opinion. Hong Kong: Hong Kong University Press. p141.

〔註81〕 鄧成峰：《香港學制演變：文化角度的分析》，第 26 頁。

〔註82〕 鄭天錫：East and West: Episodes in a Sixty Year' Journey, London: Hutchinson, 1951, page42.

〔註83〕 鄭天錫：East and West: Episodes in a Sixty Year' Journey, London：Hutchinson, 1951, page42.

潮，該時期普遍認為西方文化優於中國傳統文化。於是英國政府基於政治考慮，順勢加強香港的英文教育，以期向香港輸入英國文化。其中，在教育方面最典型的措施是於 1902 年批准成立專供歐籍兒童就讀的九龍英童學校（Kowloon British School），這種在教育上實行的「種族隔離政策」與 1904 年實行的山頂（專用區）居住條例一樣，造成華洋溝通不足，加深了中國人與西人之間的矛盾隔閡，不利於香港文化教育事業的健康發展。

進入 20 世紀以來，華人亦愈發重視教育。當時香港報紙對於華人重視子女的教育問題多有報導。如 1926 年《香港工商日報》就以「為子女籌教育基金之必要」為題目論述過：「人孰無子女，孰不欲子女之成立。故為家長者，必令子女得受教育，俾品性及學識技能，均為社會歡迎。而他日自可得一相當之職業，惟職業界以受外界影響之故。其趨勢所及，必至舊職業日形退化，新職業逐漸發生，自今已往，非已受適應社會需要之教育者，絕無立足之地。然則教育費用之有無，關係子女一生幸福匪淺，即子女之得受教育興否，全由家長負責，於是引起以下之三大問題。（一）家道時有變遷，設或中落，子女教育費用將何以籌集；（二）方今學校欠薪，已成習慣，將來欠薪愈多，學校必以增加學費，為補救萬一之方法，子女教育費感困難；（三）世界潮流，工商業日新又新，需才愈眾，科學愈繁，校中設備愈周，學費必愈重，子女教育費愈不易籌措。此特就其犖犖大者言之耳，今職業教育社有鑒。於是，特創百年基金之辦法。家庭日新會亦有儲蓄子女教育基金提議，以此等儲蓄之性質，可使人人為子女謀幸福。今日多輸出一分基金，即他日造就一個子女，利孰大焉。我願今之身為父母者，各節省其消費一部分資財，而移作培養子女之教育費，豈不多多益善」〔註84〕。

20 世紀 20 年代後，港府已開始改變對教育的「自由放任」政策，逐步加大對教育的投入，一舉奠定香港教育發展基礎，包括初等教育得到改善，如分布於東區灣仔館、西區西營盤書館、九龍油麻地書館等英文書館的建立；中等教育日益完善，如 1922 年建立的英皇中學，1926 年建立漢文中學，特別是 1933 年開辦的香港初級學校，更是標誌著香港技術教育體制的初步完善〔註85〕。

下面以居港潮人興辦教育為例來說明華人社會的文化教育活動的開展及

〔註84〕《香港工商日報》，1926 年 4 月 10 日。

〔註85〕方駿、熊賢君：《香港教育史》，湖南人民出版社，2010 年第 1 版，第 181～189 頁。

教育文化景觀的分布情況。

　　「潮人不論家境貧富、不論學歷高低，一般都重視子孫後輩的教育；香港潮商商會孜孜以辦學為念，實亦與此有關」〔註86〕。潮人在港創辦的學校較為著名的，當屬曹善允等人於1926年創辦的民生書院，該校聘任著名潮人教育學家黃映然為校長，大力治校，「校務蒸蒸日上，不但潮籍學生就讀該校者眾，四方學子聞風而至，校舍一再擴展，該校嘉林邊道的校舍，不少為潮人所捐建」〔註87〕。20世紀30年代，內地逃難來港的潮人日眾，隨著人口增加，潮人教育亦見發達。該時期設立不少有特色的學校，如洪高煌在利園山設立的嶺英中學；王永載任校長的南華附中，以及鄧緝熙的南僑小學等，一時頗有蓬勃之勢〔註88〕。戰後教育迅速恢復發展，如「王澤森先後創辦香港新法英文專修學校、新法英文書院及中文中學等，並擔任香港英文私立學校協會會長，在學界和政界都很活躍」〔註89〕。

　　戰後初期，一些社團組織舉辦的義學成為構成華人社會教育的重要組成部分。當時的報紙對此多有報導：如1947年《華僑日報》以「東莞工商總會東義堂今日開課」為題報導：「……自新主席劉灼光氏主持後，對邑僑子弟教育，積極推進。日前該堂籌備開設之三義學，據悉：深水埗方面，經擇定在南昌街力群小學，準今（五）日開課，歡迎莞邑貧苦兒童，報名就讀。聞西營盤與灣仔兩區義學亦積極籌備中，約短期內可以開課」〔註90〕。而潮人主辦的潮僑教育也蓬勃發展，如潮商中學、附屬小學及分校；潮州公學及分校；尖沙咀、九龍城、深水埗的義校及香港德教會的義校等。此外，還有一些時人創辦的教育，如培僑中學、南僑中學等。由此可知，潮人舉辦的義務教育體系較為完備，但是比較遺憾的是缺乏職業教育，且在實施義務教育中，由於經濟問題和人事變遷，開展義務教育的學校的學額仍然不足，學生亦因家境或工作關係而出現輟學現象，義務教育收效不大〔註91〕。鑒於此，馬璧魂在

〔註86〕周佳榮：《香港潮州商會九十週年發展史》，中華書局（香港）有限公司，2012年，第54頁。

〔註87〕林子豐：《潮人與教育》，《香港潮州商會成立四十週年暨潮商學校新校舍落成紀念特刊》，香港：香港潮州商會，1961年。

〔註88〕周佳榮：《香港潮州商會九十週年發展史》，第55頁。

〔註89〕陳煥溪：《潮人在香港》，潮商歷史文化研究中心，2006年，第136頁。

〔註90〕《華僑日報》，1947年5月5日。

〔註91〕周佳榮：《香港潮州商會九十週年發展史》，中華書局（香港）有限公司，2012年，第55頁。

《潮僑教育感言》中提出一些中肯建議:「第一,擴大義務學校的組織;第二,潮僑公私各校附設義務夜學及識字班,使日間為生活不能入校者多一求學機會;第三,舉辦職業學校,使潮僑子弟獲得謀生技能,如設初級土木工程、汽車駕駛、機械、無線電作業等科;第四,潮僑公私各中學附辦職業班,如會計、簿記、打字、方言、外國語等等」〔註92〕。

　　及至20世紀60年代,潮僑興辦的學校,基礎設施完備,學費低廉,招收學生不分籍貫,對於普及教育和救濟失學,以及繁榮香港文化教育事業具有重大意義。潮僑學校連同潮籍人士興辦的學校,已接近四十餘所。詳見表4-6所示。

表4-6　1960年代香港潮僑學校一覽表〔註93〕

校　名	創辦年份	校長（監督）	校　址	備　註
潮商中學	1924	洪祥佩（董事長）、陳志鴻（代校長）	香港薄扶林道79號	中學、小學、夜校;2800餘人
民生書院	1926	林樹基（監督）	九龍嘉林邊道	中學、小學;學生2000餘人
香港培正中學	1933	林子豐、李孟標	九龍窩打老道80號	中學、小學、幼稚園;5000餘人
培道女子中學	1937	巫德坤	九龍延文禮士道2～8號	中學、小學;2300餘人
嶺英中學	1938	洪高煌（校長兼監督）	香港銅鑼灣恩平道28號	中學、小學、幼稚園;1200餘人
新法英文書院	1948〔註94〕	王澤森（監督）	香港加路連山、九龍太子道	中學、小學、幼稚園;5000餘人
德教會學校	1948	林萬任	香港德輔道西294號	中學、小學
樂道學校	1950	陸占春	資料欠缺	3100餘人

〔註92〕馬璧魂:《潮僑教育感言》,《旅港潮州商會三十週年紀念特刊》,1951年,第10頁。

〔註93〕《香港潮僑之教育事業》,選自《潮僑通鑑》第二回,香港:潮州通鑑出版社,1966年,第10～13頁。

〔註94〕新法英文書院中英文書院成立於1948年;而中文中學的成立時間為1957年,另一說法為1950年。

松鶴學校	1954	劉常光	資料欠缺	亦為松鶴中學（佛教）
培光學校	1954	孫曹伯	荃灣	中學、小學、日夜校；500 餘人
創興書院	1955	廖烈文（監督）	香港德輔道西 404 號	中學、小學、幼稚園；2000 餘人
香港浸會學院	1956	林子豐	初借培正中學校址，後遷九龍窩打老道 224 號	大專；1200 餘人
靈盤學校	1956	曾紀立	九龍大坑東	小學；800 人
聖立德學校	1956	陳克華（監督）	東頭新區六座	
又一村學校	1957	鄭守仁	資料	1600 餘人
香港知用中學	1959	陸德成	香港必列啫士街37號	中學、小學；500 餘人
以馬內利英文中學	1960	張彼得	九龍觀塘	中學、小學
美信學校	1960	徐春風	九龍城老虎岩	小學；600 人
荃灣海壩街官校	1961	丁紹生		官立小學
觀塘學校	1962	李春澤	九龍觀塘新區	小學、幼稚園；500 餘人
柴灣信愛學校	1962	李文松、李景行	香港柴灣新區	中學、小學；600 餘人
希爾頓英文書院	1962	林壽波	九龍觀塘物華街	中學、小學；學生 500 人
萊頓英文書院	1963	鄭或	香港麥當奴道	中學、小學；學生 1000 餘人
聖基多福英文書院	1964	王澤沾	香港北角	中學、小學；學生 1000 餘人
港九潮州公學	1965	黃志強	九龍洗衣街 150 號	中學、小學；學生 3000 餘人
荃灣潮州公學	1965	孫筱默	荃灣海壩街	小學；1080 人
恩澤英文書院	1965	王滌新	九龍界限街 175 號	中學、小學、幼稚園；800 人
樂道英文中學	1962	洪慧清	九龍何文田樂道臺；1989 年遷往沙田現址	中學、小學；學生 1000 餘人
模範英文中學		彭瀚天	九龍牛津道	中學、小學；學生 3000 餘人

漢華中學	1945	黃建立	香港西環山道 12 號	中學、小學
呂明才紀念學校	1960	呂明才捐建	香港西環堅尼地城加惠民道 31 號	津貼小學
西區嘉道理學校		丁紹生	香港西區	津貼小學
樹德學校		林作遜	九龍城岩光明街	中學、小學
聖路加學校		曾敬蓉	香港大道西 316 號	小學、幼稚園
香港音樂學院	1984	鄭或	香港麥當奴道	
華僑聾啞學校		陳卓祥	九龍美善同里 6 號	小學
潮商英文中學		余淑芬	香港大道西 546～570 號	中學、小學
旅港潮州公學		林子實	香港德輔道西 29 號	小學
聖伯多祿學校		方乃斌	彌敦道 524 號三樓 A 座	

　　由上表可知，從時間上來看，居港潮人在港辦理學校的時間是在 20 世紀 20 年代，至戰前潮人辦理的學校數目不多，僅有 5 所學校，且主要集中在潮人較為集中的港島西區薄扶林及銅鑼灣一帶；九龍半島的窩打老道、嘉林邊道及延文禮士道一帶。及至 20 世紀 60 年代，潮人在港興辦教育達到高峰，潮人興辦 13 所學校；主要集中分布在九龍觀塘、老虎岩、洗衣街、牛津道、何文田樂道臺及界限街；港島北角、柴灣新區、西環、麥當奴道及新界荃灣等區，這與同時期潮人社區在港分布區域基本一致。由此可知，20 世紀 60 年代，居港潮人愈發重視教育。在 1960 年代初，居港潮人約有六十餘萬，占香港人口五分之一，是香港社會發展的原動力之一〔註 95〕。為保持潮人在港優勢的地位，必須提高其知識和文化水準，「要保持我們在香港商業的優秀地位，必須趨時適勢，提高智識和文化水準……」〔註 96〕，居港潮人興辦教育，培育人才，有明確宗旨和方向，即是要培育瞭解東西方文化的通才，並成為溝通東西文化的橋樑與紐帶。正如林子豐在《潮人與教育》中所說：「無論目前與將來香港社會所需，絕不是只需要能懂英文，能說英語的人，因為香港是中西文化接觸交流的地區，亦是中、英兩民族傳統文化交流與接觸匯點。香港的教育應是文化教育，

〔註 95〕周佳榮：《香港潮州商會九十週年發展史》，中華書局（香港）有限公司，2012 年 7 月，第 59 頁。
〔註 96〕林子豐：《潮人與教育》，《香港潮州商會成立四十週年暨潮商學校新校舍落成紀念特刊》，香港：香港潮州商會，1961 年。

不是語言教育；而是人材教育，不是職業教育。在香港的中國人應先認識本國文化，才能領略英國文化，中西並舉，方能成為通才」〔註97〕。

三、商業文化景觀的時空演變

1841 年英軍在港島登陸，一些棚屋零星散佈於水坑口附近的海旁路，這些看似簡陋的棚屋成為開埠初期華人經商的大本營。當時華人在該地做起了很多小買賣，如麵包師傅、竹棚工、木匠、雕刻工、雜貨商等。此後，隨著華人人口的增多，在靠近蘇杭街的下市場及結志街的中市場相繼發展成為街市。至 1845 年時，聚居在上環街市的商鋪達到 581 家。據《The HongKong Almanac and Directory for 1846》的記載：至 1845 年時，上環街市的華人商店主要包括：竹製品店（3 家）、麵包店（4 家）、理髮店（7 家）、鳥雀店（1）、鐵匠（3 家）、書籍訂裝商（4 家）、鞋帽店（1 家）、櫥櫃店（11家）、木匠（19 家）、雕刻匠（1 家）、船舶用品（40 家）、雪茄製造商（1 家）、裁縫師（4 家）、買辦（2 家）、銅匠（1 家）、古玩店（2 家）、牛欄（6 家）、酒鋪（18 家）、印染店（1 家）、陶瓷店（7 家）、食肆（5 家）、鑽刻匠（1家）、洋食辦館（12 家）、炮竹店（1 家）、水果店（3 家）、洋雜店（8 家）、玻璃店（3 家）、食品雜貨（2 家）、鬢屋匠（1 家）、五金店（5 家）、象牙雕刻（2 家）、漆器店（2 家）、燈籠店（1 家）、旅店（30 家）、搭棚匠（3 家）、兌換店（3 家）、故衣店（1 家）、鴉片煙館（5 家）、當鋪（5 家）、錫匠（1家）、印刷店（1 家）、米鋪（3 家）、雞鴨欄（2 家）、外銷畫師（2 家）、茶葉店（1 家）、製帆店（1 家）、製秤匠（2 家）、鞋匠（皮鞋）（10）、鞋匠（布鞋）（4 家）、銀匠（13 家）、絲織莊（11 家）、呢絨莊（1 家）、裁縫（洋服）（20 家）、裁縫（唐裝）（2 家）、木廠（1 家）、玩具店（1 家）、傘店（2 家）、洗衣店（16 家）、製表匠（2 家）等，合計 388 間。

由此可知，這 500 多家店鋪可以說囊括了居民日常所需的衣、食、住、行。「從商店經營的種類來看，既有供應華人日常食用所需的米鋪、故衣店、茶葉莊……更有顯然是以外國人為服務對象的麵包店、洋服裁縫師、洋雜店及外銷畫店等」〔註98〕。其中外銷畫店是中國人為滿足外國遊客的要求

〔註97〕林子豐：《潮人與教育》，《香港潮州商會成立四十週年暨潮商學校新校舍落成紀念特刊》，1961 年。
〔註98〕丁新豹：《香港早期之華人社會》，香港大學博士學位論文，1989 年，第 177頁。

而以西畫素材繪畫的有關中國風光或風土人情的繪畫，發源於 18 世紀中葉的廣州商館區〔註 99〕，而該外銷畫店「原來在廣州十三行同文路開有畫店，1845 年在香港開設分店；而在外銷畫界首屈一指的油畫師關作霖，也於同年從澳門遷移至香港開店」〔註 100〕。故丁新豹認為：「最早在香港開業的商店有不少可能來自廣州十三行，他們原來已以外國人為服務對象，香港開埠後，便在香港開設分店，或把總店遷到香港來」〔註 101〕。這些來自廣州十三行商鋪的湧現亦帶來了一大批的店主與店員，市場已經成為港島廣府人商鋪與店員最密集的地區。當時，香港所有絲綢莊共十一家，皆坐落在海旁路上；市集之內，聚集全港僅有三家食米商及一些藥店〔註 102〕。至 1845 年時，一些行業如經營瓷器或棉織品的商人、銀器匠、進出口商等都已經積累了較為豐厚的資金。

及至 1860 年代後期，中環一帶土地缺乏且租金飛漲，一些各大外商把用作埠頭、私人碼頭及貨倉的業務搬遷至西營盤新址，把辦公室遷往中環湧現的新辦公樓宇。不僅如此，在中環擁有地皮的外商遂將原址改建為鋪居，再出租或售予華商。一般發展的模式都是在地段中央興建一條窄巷，兩旁修建商住樓宇，如機利文新街、機利文街、永吉街、永安街、同文街、鐵行裏等〔註 103〕。

1890 年初，隨著遮打填海計劃的實施，西營盤的貨倉不再臨海，這些舊式綜合建築很快又被拆掉，華人商業區繼續西移，幅度較 1841 年至 1868 年間的為大，該區變成南北行及金山貿易的中心。

1904 年，遮打填海計劃完成，填海所得新地皮悉數售出，多充當貨倉。而位於皇后大道與德輔道之間的舊貨倉便被改造為住宅，大部分作商業用途。此等商業樓宇，雖已不再臨海，但與海較近，交通便利，匯聚了多種中

〔註 99〕丁新豹：《晚清中國外銷畫》，香港：香港市政局，1982 年，第 12～17 頁。
〔註 100〕關作霖於 1845 年在皇后大道中開設畫店，並在英文報章刊登廣告以招徠顧客。詳見 Hong Kong Report 1st September 1845.
〔註 101〕丁新豹：《香港早期之華人社會》，第 177 頁。
〔註 102〕冼玉儀：《重新認識香港經濟支柱：華人商業區與砵甸乍街以西經濟發展》，選自石翠華、高添強主編：《街角‧人情——香港砵甸乍街以西》，三聯書店（香港）有限公司，2010 年香港第 1 版，第 191 頁。
〔註 103〕夏思義：《細說從頭：砵甸乍街以西的成長》，選自石翠華、高添強主編：《街角‧人情——香港砵甸乍街以西》，三聯書店（香港）有限公司，2010 年香港第 1 版，第 169 頁。

國傳統行業。如靠近德輔道和皇后街交界的聯結區段的乾貨海味批發商店；高升街的中藥批發商。「早在二十世紀初，填海計劃完成後，這些行業便雄霸該區，情況持續至今。其中許多以往曾在文咸街一帶經營」〔註104〕。

　　至1941年時，香港島形成了以皇后大道、文咸東街與蘇杭街、皇后街及干諾道中心的華人商業中心區。區內各業雲集，包括銀號錢莊、進出口商行、金融保險公司，以及經營鴉片、糧食、布匹、絲綢等等業務的商號。言而總之，港島中西區成為港府商業經濟的重要支柱。在這片緊湊小區成為香港金融中心，環球商業薈萃、人脈網絡核心。

　　下面以九龍油麻地為例論述香港城市社區商業文化景觀的時空演變。

　　在1876年，油麻地已發展成為九龍地區的一個新市鎮，其市鎮內部街道已經規劃完畢。由北至南，分別是第一街至第八街〔註105〕；由海旁至東邊，分別是海邊、差館街、天后廟街、堅尼地街、寶靈街、園囿街、羅便臣街。油麻地北面岸邊工商業布局主要以造船及與航運有關的商貿；南面是一個濕塢，很多破舊的船隻停泊在內，形成了住宅區，該住宅區內衛生條件堪憂。油麻地商業活動及基礎生活設施基本集中在差館街。早年油麻地是九龍區人口最多的地方，截至1897年，油麻地人口已達8051人。

　　差餉徵收冊中詳列物業的用途、價值、業主的資料等，在很大程度上反映當時的商業活動。從1873年油麻地差餉徵收冊中記載可知：1870年代的油麻地以造船或其有關的商貿為主，如維修船隻、麻纜、漿櫓、鐵匠、木材批發等。此外，也有經營雜貨、理髮、米店、妓院、鴉片、長生店等。油麻地經濟活動歸納起來主要有七大類，包括工廠、造船、鴉片、金融、事物及雜貨、風俗儀式。如圖4-11所示。至1880年年代，油麻地已有多類型的製造業或商業，以及有一些小型工業在該區建立，其製成品多作外銷。

〔註104〕 夏思義：《細說從頭：砵甸乍街以西的成長》，第169頁。

〔註105〕 19世紀時，差館街是油麻地區最長的街道，其命名與當時該街道上的建築物有關，因油麻地的第一所警署（俗稱差館）即建於差館街與眾坊街交界。由於當時許多地名重複，如港島區及九龍區均有第一街、第二街及第三街，為避免引起混亂，港府於1909年委任；額一個專責委員會，將九龍及香港地區的街道重新命名。即把第一街改為甘肅街，第二街改為北海街，第三街改為西貢街，第四街改為寧波街，第五街改為南京街，第六街改為佐敦道，第七街改為雲南里，第八街改為寶靈街，堅尼地街改為吳松街，差館街改為上海街，fuk shing lane改為蘇州里。因此，許多19世紀的油麻地區街道名稱如今已不復見。

圖 4-11　1870 年代油麻地主要經濟活動類型〔註 106〕

差餉徵收冊與商業年鑒是追溯地區商業活動的重要資料。現選取位於地段 29、30 和 31 的一段上海街（差館街），從街市街到西貢街（前第三街）為例，透過比較該地段在 1881 年與 1903 年的商業用途，分析上海街在這 50 年間商業活動的歷史與變遷。如下圖 4-12 及表 4-7、4-8、4-9 所示。

圖 4-12　海旁地段 29、30 及 31 號街道分布圖〔註 107〕

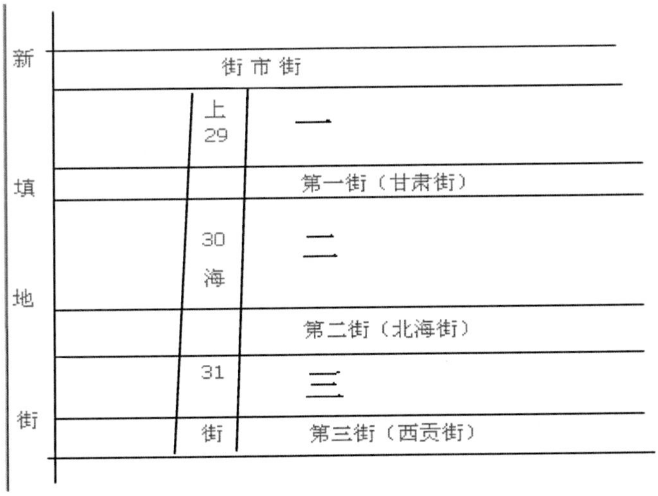

新		街 市 街
	上 29	一
填		第一街（甘肅街）
	30 海	二
地		第二街（北海街）
	31	三
街	街	第三街（西貢街）

〔註 106〕圖片來源：香港政府檔案處 http://www.grs.gov.hk/ws/sc/home.htm。
〔註 107〕圖 4-12 及表 4-8、4-9、4-10 中數據來源於：香港政府檔案處 http://www.grs.gov.hk/ws/sc/home.htm；《1877 年香港人口調查報告》；《差餉徵收冊》；經濟導報社編：《香港商業手冊》，1960 年 8 月。

表 4-7　海旁地段 29 號一區 1881 年與 1930 年商業分布

	1881 年	1930 年
一區	海旁地段 29 號 上海街 45～81 號	海旁地段 29 號 上海街 261～225 號
	雜貨	
	麻布商	當押店
	藥物	故衣
	紙紮用品	綢緞
	食品店	海味雜貨
	中醫師	首飾店
	棉被	紙紮用品
		中藥店
		銀錢兌換

表 4-8　海旁地段 30 號二區 1881 年與 1930 年商業分布

	1881 年	1930 年
二區	海旁地段 30 號 上海街 83～109 號	海旁地段 30 號 上海街 223～193 號
	食品店	當押店
	麻布商	首飾店
	藥物	蘇杭洋貨
	妓院	銀錢兌換
	銀匠	
	製桶匠	
	紙紮用品	
	雜貨	

表 4-9　海旁地段 31 號三區 1881 年與 1930 年商業分布

	1881 年	1930 年
三區	海旁地段 31 號 上海街 111～135 號	海旁地段 31 號 上海街 195～175 號
	鐵匠	米鋪
	理髮	綢緞

造模匠	車衣成衣
製桶匠	鞋店
小販	故衣
妓院	鐵器
雜貨	鐘錶

　　由以上可知，從 1881 年至 1930 年這 50 年間，在油麻地上海街與海旁地段商業景觀的分布變化很大，僅有紙紮用品店與鐵器店仍舊存在，而新興商業的誕生則達到了 12 家，如當押店、故衣店、綢緞莊、海味雜貨、首飾店、中藥店、銀錢兌換、蘇杭洋貨、米鋪、車衣成衣、鞋店及鐘錶店。上海街在這 50 年間商業活動的歷史與變遷亦與油麻地社會經濟的發展有著密切的關係。在街市街與甘肅街之間的一段廟街，19 世紀中後期分布著經營風俗禮儀生意及相關的服務行業，其中包括經營儀仗的花轎，該行業至 20 世紀 30 年代時已然消失。此外，19 世紀在油麻地廣泛存在的處理糞便業務的承辦商，他們專門負責清掃街道，清理隔沙井與溝渠及管理不收費的公廁等，業務非常繁忙，收益頗高。凡是不收費的公廁、糞船及貯存所內搜集的糞料歸承辦商所有。但是，及至 1930 年代，該行業也沒落了。

圖 4-13　1930 年代上海街 262 號～305 號商業分布圖〔註 108〕

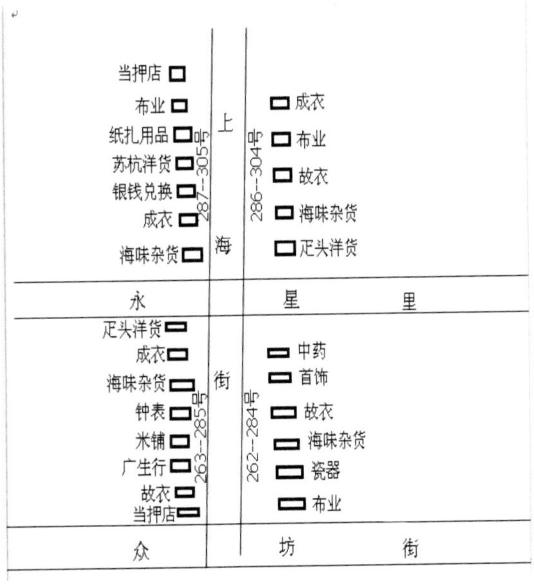

〔註 108〕圖中資料來源：香港政府檔案處 http://www.grs.gov.hk/ws/sc/home.htm；經濟導報社編：《香港商業手冊》，1960 年 8 月。

由上圖可知，上海街街道兩旁商業的分布呈現出同種商業類型集聚的特點，圖中顯示在上海街262號至305號形成了一段經營故衣及布業的商業群。這段不大區間集聚了11間故衣店及9間與布業有關的商店。此外，在附近有很多相似類型的零售商店，例如本地著名的化妝品店——廣生行等。實際上，在香港其他街道也出現了此種集聚特點，如乍畏街道上的絲綢莊；文咸街上經營進出口業務的南北行、金山莊、租船商、商船買辦等；永樂街上的米商；文咸東街上的銀號、錢莊和兌換店等〔註109〕；德輔道及干諾道上的銀行等〔註110〕。

第三節 城市社區文化景觀的互動

一、宗教文化景觀的融合

在香港多元宗教文化信仰長期共存的局面下，中國宗教文化景觀與西方宗教文化景觀通過互相接觸、互相影響之後，出現了一種相互滲透，乃至融合的趨勢。這種融合的現象主要表現在西方宗教文化景觀在香港的本土化過程與中國宗教文化景觀受到的影響兩個方面。

（一）西方宗教文化景觀的本土化過程

基督教傳入香港以後，為適應香港地方社會的發展，尤其是一些華人自立教會組織，在其禮拜儀制上進行了許多本土化改良。他們除了認可原有傳教士採用的中心合璧甚至是廟宇式教堂建築，以及穿漢服、本地話佈道、尊重華人地方文化風俗等改良方式以外，還進一步實行了信徒按照本地習俗守禮拜等符合本地實際的舉措。據《華人婦女與香港基督教口述歷史》記載：「我二十歲那年結婚，老公跟我同齡。那時邀請了教會的會友、村中父老和同姓兄弟筵開幾十席。我們借了教會的地方來擺酒、由村中的弟兄姊妹幫忙做酒席，是自己煮的呀，不是『到會』（指餐飲到會，即是指請廚師在會場即席準備食物，或是在外先準備好食物再送到會場），還殺了很多豬，十分熱鬧。我們在教會

〔註109〕 冼玉儀：《重新認識香港經濟支柱：華人商業區與砵甸乍街以西經濟發展》，選自石翠華、高添強主編：《街角・人情——香港砵甸乍街以西》，三聯書店（香港）有限公司，2010年香港第1版，第194頁。

〔註110〕 位於德輔道中的銀行包括八號的荷國安達銀行與金城銀行、一號太子行的正金銀行、二百三十八號的鹽業銀行、四號的香港美國運通銀行、四百零九號的東亞銀行等。資料來源：《香港工商日報》，1929年12月31日；《大公報》。1939年12月31日。

行婚禮，由張志道（1955 年荃灣全完堂按立張志道為牧師，是全完堂首位自按的牧師）牧師主持，這是我在楊家最開心的日子」〔註111〕。「沒工做，就去教會啦。以前要做工，一年去教會兩次，新年一次、聖誕節一次。沒有空嘛……。就算喜歡教會都沒有時間去，平時在家也不會有什麼儀式，沒有崇拜、祈禱啊之類。一味做工、密密做、密密做。現在啊，教會裏的人問我『得唔得閒來呀』，我就來囉。返教會上查經班、探訪、做這做那……，幫得到的就幫，我不識字就差一點。最喜歡跟一班教友一起逛街、飲茶，又學寫字」〔註112〕。

　　西方宗教傳道佈道方式的本土化是指根據香港社會的特點進行佈道。西方宗教中如基督教，在香港傳播過程中，採取較為有效的佈道方式，既有西差會所倡導的文字、醫藥、教育、社會四大事工，也包括了許多與其時社會特徵相適應的佈道方式。

　　基督教在傳入香港的早期，傳教士為了融入當地社會，學習當地語言、穿著華服，舉止動作都竭力模仿。據《香港基督教會史》記載：「1843 年，郭牧（郭士立）函告在德同道友人曰：『余又認識一部分華人曰客族者，此種民族，勤儉耐勞，吾既習其語言，與之過從，且招之會集而祈禱讀聖經焉』……四牧者〔註113〕抵港後，乃謀早日內進，以圖擴展，遂努力習華語，衣華服，舉止動作，竭力模仿，期泯種族之界限；韓牧習客語，黎牧習潮語……」〔註114〕基督教從西歐傳到香港，在其傳播的過程中一直致力於融合本土文化。香港是一個典型的移民社會，從香港人口的組成來看，既有來自大陸的廣府人、客家人、福佬人，又有歐美人、印度人及日本人。而基督教在香港的傳播，也反映了這種多元族群的性格。除廣府話教會外，並出現了各種不同地方方言的族群教會，如客家教會、潮語教會、漁民教會、閩南教會、上海教會、福州教會、海南教會及國語教會。各族群教會反映出在離散處境中的移民，如何在本地廣府話語社群中，藉著宗教信仰與族群身份的結合，凝聚力量、互相守望及確立身份〔註115〕。同時，香港作為中西文化交融之地，英語、菲律賓語、日語、

〔註111〕 黃慧貞、蔡寶瓊：《華人婦女與香港基督教口述歷史》，劍橋大學出版社，1980
　　　　　年，第 43 頁。
〔註112〕 黃慧貞、蔡寶瓊：《華人婦女與香港基督教口述歷史》，第 48 頁。
〔註113〕 四牧師是指：巴色會韓山明、黎力基牧師；巴冕會葉苔二牧師。
〔註114〕 劉粵聲主編：《香港基督教會史》，香港浸會教會出版社，1996 年，第 9 頁。
〔註115〕 Nicole Constable, *Christian Souls and Chinese Spirits: A Hakka Community in
　　　　　Hong Kong*（Berkeley: Univ. of California Press, 1994）；另 Nicole Constable,

韓語等教會的出現，亦豐富了香港基督教的國際化圖譜〔註116〕。

此外，基督教教堂建築深受中國傳統建築文化的影響，呈現中西合璧式建築風格。如道風山基督教叢林建築亦是如此。道風山位於沙田，建於1930年，由旅華挪威籍艾香德牧師（DR. KARL LUDVIG REICHELT）創立，丹麥建築師艾叔華設計。風格上直接借用中國傳統的建築語言，亭臺樓閣、拱門瓦頂、牌樓風景，旨在吸引道、佛信徒來到基督門前。道風山由一所教堂、圖書館、辦公室、藝術館及室外庭園等組成，整個叢林建築從設計到符號圖像都糅合了中西文化元素〔註117〕。這種設計特色被譽為中國文藝復興式建築，在20世紀30年代頗為流行。又如香港聖公會聖瑪利亞堂，該教堂位於港島銅鑼灣道與東院道交界處，是一座糅合了中國與西方建築特色的基督教教堂。1937年，建築師周耀年與李禮之利用盛行於三十年代的中國文藝復興式建築風格設計而成。該堂外形獨特，坐落於臺基之上，以大樓梯連接中國古典式欄杆；正門以紅柱及綠色玻璃瓦作為設計，紅磚外牆的頂部同樣用綠色玻璃瓦，以梯級形從兩旁向中間收窄，正中有大型白色十字架作為焦點；教堂的室內設計，也以充滿中國傳統裝飾圖案作為主要的元素〔註118〕。

（二）中式宗教文化景觀受到的影響

西方宗教文化在自身本土化過程中，也對香港本土的宗教文化，乃至整個本土文化產生了巨大的影響。首先，西方文化對香港中式寺廟的建築風格產生較大的影響。媽祖信仰在香港華人中具有重要地位，而媽祖信仰深受西方文化的影響。據李天錫的研究，「離島南丫島天后廟門口的石獅子與香港滙豐銀行門前石獅子的形狀、神態都很相似。因為20世紀60年代該廟重修時，中國大陸正在進行『文化大革命』，沒有石獅子出口，他們只好在當地請匠人雕塑了這樣一對外國風格的石獅子。然而香港民眾卻對其非常虔信」〔註119〕。

"Christianity and Hakka Identity", in Christianity in China: From the Eighteenth Century to the Present, 158～173.

〔註116〕 王國華主編：《中國地域文化通覽（香港卷）》，中華書局，2013年，第320～321頁。

〔註117〕 香港建築中西編著：《十築香港——我最愛的香港百年建築》，三聯書店（香港）有限公司，2015年，第63頁。

〔註118〕 香港建築中西編著：《十築香港——我最愛的香港百年建築》，三聯書店（香港）有限公司，2015年，第64頁。

〔註119〕 李天錫：《香港與澳門媽祖信仰比較研究》，《莆田學院學報》，2009年2月，第1期，第77頁。

魯金在其著作《香港廟趣》亦認為：「自從這間古廟用老番獅子守門之後，榕樹灣的漁民網網千斤，很多漁民都在銀行開了戶口，足證這對石獅子旺財」〔註120〕。雖然這多少有些牽強附會，但是可見在香港普通民眾的意識中已經受到西方宗教文化的影響。如離島塔門墟市內的天后古廟加建了一座天后寶樓，作為其門樓。該門樓就是由 20 世紀 70 年代外出到荷蘭、西德等地謀生的鄉人捐資興建的，帶有中西合璧的特點〔註121〕。

　　20 世紀 60 年代以後，香港天主教通過內部改革與更新，真正開啟在香港的本地化過程。學者趙紅宇在《香港宗教的傳播與發展》中對香港天主教的歷史發展進行分期時認為，「1967 年～1975 年為香港天主教內部更新與本土化時期，1968 年徐誠斌神父被委任為署理主教。次年 10 月就任香港教區第三任主教，至此教區開始由國籍主教和神職人員接管。受梵蒂岡第二次大公會議的影響，香港天主教開始注重內部革新和本地化運動，使教會更接近當地的文化氛圍，注重於基督教其他教會的聯繫，並積極開展國際交往」〔註122〕。

　　中西宗教文化在香港交匯、融合的結果之一，即是使香港宗教具有開放的國際性特點。可以說，在香港各大宗教的影響已經超出了其本身的範疇，具有開放性與國際性的特點。如最初傳入香港的天主教會，1841 年羅馬教廷在香港設立監牧區，1874 年將香港劃為宗座代牧區，1946 年由代牧區升為香港教區。天主教在傳入香港以來，香港教區與羅馬教廷的聯繫非常緊密。1970 年之後，香港教區上升為直接為羅馬教廷直接領導〔註123〕。不僅如此，由中國本土傳入香港的佛教，其下屬的 200 多個佛教團體組織組成的香港佛教聯合會和香港佛教僧伽聯合會，也都跨港界雙雙加入世界性的佛教組織，成為香港佛教友誼會香港地區分會，且與東南亞等地佛教組織聯繫頻繁。而日本國的真言宗和日蓮正宗則到香港開山立派，招收眾多信徒〔註124〕。此外，還有眾多信徒的印度教、錫克教、伊斯蘭教、猶太教等教，紛紛在香港開展自己的儀式和崇拜場所。這些更使香港這座經濟開放、文化開化的城市，顯示出宗教開放的國際化特點。

〔註120〕魯金：《香港廟趣》，香港：次文化有限公司，1992，第 163 頁。

〔註121〕李天錫：《香港與澳門媽祖信仰比較研究》，第 77 頁。

〔註122〕趙紅宇：《香港宗教的傳播與發展》，《世界宗教研究》，1997 年第 2 期，第 135 頁。

〔註123〕張瑜：《中西合璧——香港居民的社會生活》，中國文聯出版公司，1996 年，第 305 頁。

〔註124〕張瑜：《中西合璧——香港居民的社會生活》，第 306 頁。

　　概而言之，中西宗教文化的融合可以概括為四點：其一，中國傳統節日與西方基督教節期並存於香港社會的公共假期之中，如復活節與聖誕節作為香港本地主要的公眾假期，而華人的農曆新年、中秋節、端午節及重陽節亦一同被列為公眾假期。其二，香港基督教在本地化的實踐過程中比較重視與中式宗教的對話，包括吸收中式宗教建築的風格，強調與中式宗教及中國文化的交流與對話等。如 20 世紀 30 年代在沙田道風山興建的道風山基督教叢林，便特別關注基督徒與佛教徒的對話。其以佛寺建築風格建成的景尊寶殿，更堪稱基督教本地化建築的典範。此後，基督教成立的中國宗教文化研究社成為探討基督教與中國文化及宗教關係的重要機構，多年來一直致力於推動中西宗教的交流與對話〔註 125〕。而在香港舉辦的耶儒對話國際學術會議，更是學界一大盛事〔註 126〕。其三，香港是一個典型的中西文化交匯中心，為中西宗教的融合提供的重要平臺。如佛教、道教、儒教、基督教、伊斯蘭教及天主教人士發起成立六大宗教領袖的座談會，從各自立場表達對香港社會面臨問題的見解，在宗教理念與社會實踐方面，求同存異〔註 127〕，共同為香港的發展獻計獻策。六大宗教領袖的對話，在華人社會中，不僅開創了重要的先河，也體現出各宗教彼此尊重及包容的精神〔註 128〕。其四，本港高等學校成立的宗教研究中心有力促進中西宗教文化的學術交流。如香港中文大學的基督教研究中心、天主教研究中心、道教文化研究中心、人間佛教研究中心；香港大學的佛學研究中心；浸會大學的中華基督教研究中心等。這些宗教研究中心不僅從學術方面探討中西宗教的理念、發展及現狀，而且對促進學術界與宗教界的溝通，扮演著重要的角色。

二、文化景觀互動對中式建築風格的影響

　　西方建築文化對香港中式民居的建築風格也有較大影響，出現較多經典的中西合璧式的建築。下面以虎豹別墅與景賢里為例探討西方建築文化對中式民居的建築風格的影響。

〔註 125〕 王國華主編：《中國地域文化通覽（香港卷）》，中華書局，2013 年，第 332 頁。
〔註 126〕 Peter K. H. Lee ed., Confucian-Christian Encounters in Historical and Contemporary Perspective（Lewiston, NY: E. Mellen Press, 1991）
〔註 127〕 《香港六宗教領袖座談會 25 週年紀念特刊（1978～2003）》，香港：香港六宗教領袖座談會，2003 年。
〔註 128〕 王國華主編：《中國地域文化通覽（香港卷）》，第 332 頁。

　　虎豹別墅至 1937 年全部竣工，並舉行落成典禮。當時的報紙對其建築風格的特點有詳細報導，如《香港工商日報》以「虎豹別墅落成，明日下午進夥」為題進行報導：「南洋巨商胡文虎昆仲，前斥鉅資在本港大坑建築一私人住宅，定名為虎豹別墅，全部工程現已告竣，定明日下午五時半舉行（入夥）典禮，並歡宴各界名流。該墅全部設計均採用我國古式面臨海灣、背倚大山、風景清幽、位置適當。正門有二兵士荷槍直立，防衛森嚴；樓下有餐室，禮堂各一；客廳有二座，其中陳設中西具備；二樓為胡氏之辦公室及臥室四間，布置整齊，一塵不染，儼然安樂之宮。四周曠地中闢有草場，小池及噴水池各一；兩端各建涼亭，距亭不遠，有石級一列，兩旁有石刻之虎，下為汽車停駐處，轉向左方，有一百磚砌就之華美游泳池，其中滿儲清水，乃由室後溪潤源源流到者，再上復有草場一片，可作網球場之用。別墅後部有一石山，怪石巍峨，作種種姿態，栩栩如生，小川流動石間，尤為雅趣；其右側有巨鷹棲止怪石之上，無處不呈現美麗之像，但附近山麓，滿布鄉村木屋，頹垣破壁，不蔽風雨，鳩形鵠面，往來道上，自成另一世界」〔註 129〕。

　　又如《香港華字日報》以「虎豹別墅昨進夥，各界到場觀禮者逾千人」為題報導：「查虎豹別墅位於大坑路山麓之間，外有巨大石壘園牆，別墅則建於其中，其內有花園，草地，游泳池，網球場。全部地方布置完善，足見其建築設計之精巧。從大坑路沿一小徑斜上，即達虎豹別墅，門前左右，有石像拱衛，上有中國式涼亭，亭前左右有銅虎各一，入閘之後，兩旁為石壘園牆，中有小徑，沿此小徑直上，即達別墅前廊，廊柱俱塗紅色，有階，階為雲石切成，拾階而登，即為大客廳，客廳陳設華麗絕倫，其面積占下層樓之中間全部。別墅前後左右，俱為圓月形大門，有銅門以啟閉，門高約一十二尺，闊六尺，鑲美麗玻璃，光彩奪目，前通花園，後達天井。別墅窗戶既多，其向西者，恐夕陽之斜熱也，皆配以特種玻璃，以減陽光熱度；其中樓梯欄杆，均採用暹羅藝術雕刻。樓下二樓，具有華人來賓之客廳、餐室、書房，建築乃為中國式，至於款待外賓者，則一切陳設乃為西式，表現極度摩登化。各間睡房，具有浴室，陳設壯麗異常；主人之睡房，器具皆為白金色，光彩燦爛，令人目不暇接，至其浴室之建設，各式不同，建法不一，顏色美麗異常。別墅天台，亦闢為花園，中有玻璃室一間，全間金色點綴，尤為華麗。工人房另建一所，不與別墅相連，工人房下層設有沸水房，供給沸水予各浴室。

〔註 129〕《香港工商日報》，1936 年 7 月 20 日。

天台花園內，亦有庖房設備，別墅之後，復有石山圍景，轉出即為停車處及車房在焉」〔註130〕。

圖 4-14 虎豹別墅遠景圖〔註131〕

　　從以上兩則報導可以看出，虎豹別墅的建築特點：整棟建築呈現折衷主義風格，西化的建築布局、結構及設備，搭配中國傳統的園林設計、屋頂形態及彩圖壁畫，再混合東南亞及南亞特色的裝飾，成為不可多得的中西建築融合的典範，體現了歸國華僑積極宣揚中國傳統文化的愛國精神。而其花園布局與設備中布滿傳達輪迴教義的七彩繽紛的塑像，成為聚居在港華人的集體回憶。

　　景賢里，又稱禧廬，乃是顯貴的岑李氏家族於 1937 年在東半山興建而成。景賢里建築在強烈的由於內地推動「中學西用」主義而孕育出中國折衷主義建築，香港華人賢達漸漸肩負起聯絡港府與華人社會的責任的背景下。該建築巧妙地將坐南朝北的地勢配合中國風水布局，用先進西式建築技術演繹京華官式禮制形態，將嶺南園林風貌與西方大宅的功能空間自然地編織在一起，可謂匠心獨運。

　　景賢里成為又一個香港中西合璧建築和園林的典範。

〔註130〕《香港華字日報》，1936 年 7 月 22 日。
〔註131〕政府新聞處，1970 年。

圖 4-15　　景賢里輪廓圖〔註 132〕

　　虎豹別墅與景賢里的建築風格都兼具中西合璧的特點，但這些建築都帶有代表其族群特色的建築特點。作為居港客家人的傑出代表，胡文虎昆仲所建之虎豹別墅帶有客家人的特色，如虎豹別墅的屋脊採用燕尾脊，這是典型的客家族群建築的特色。又如正廳設有一道垂花門，這種常見於北京四合院的建築特色，亦是客家人建築中常用的。至於在裝飾方面，虎豹別墅則採用了金箔裝飾，屬於佛教中常見的建築風格。

　　景賢里乃居港新會人李升家族所建，從景賢里的建築特色中可以觀察到廣東新會人及廣府人的性格特點。從中國傳統的風水角度來看，強調建築一般坐北朝南，而維多利亞港位於港島北面，在兼顧坐北朝南與擁有維港海景時看似矛盾，不可調和。而景賢里的設計非常巧妙，將花園朝向南方，入口則繞過前面，從面向北面的維港進去，整棟建築形似圍抱式，既可算作坐北朝南，亦擁有維港海景。

　　景賢里的頂層有一祠堂，這與包括新會在內的四邑人所推崇的要將神的牌位永遠放在最高的一層一樣。而且其陽臺採用了一個「抱廈式」的形態，這與開平人的建築特點非常相似。至於在裝飾方面，大量採用了廣府人所喜愛的彩色玻璃裝飾。

　　以上可知，香港中式建築深受西方文化的影響，同時，我們可以觀察到，不論任何階層，居住在香港的華人族群，都在有意無意間在建築設計中透露

了自己族群性格，致使不同族群華人的建築風格有所差異，這對於研究華人族群的差異性無疑是一個新的切入點。

三、文化景觀互動對社區居民生活方式的影響

中外各個不同族群在香港城市社區內的進行生產與生活，中西文化景觀在其城市社區內的相互互動，促使當地民風民俗的改良及居民生活方式的本土化。

據高橋是清在《高橋是清自傳》記載：「……（1899 年）三月十一日長分行長的晚宴上，我被介紹認識了香港最負盛名的經紀史超活，據他說，報章、電報頻頻報導日、俄兩國終不免發生衝突，戰事恐怕為期不遠這種謠言。在香港，我們跟居留的僑民、中英兩國的有力人士都有往來，多次獲得中國人宴請。某天，正金分行的買辦招待我們到中國的俱樂部去。同席者很多都是香港一流的紳商，他們均操流利英語，我們過了一個很愉快的晚上。為什麼我們給邀請到中國俱樂部去呢？原因是這個俱樂部的成員據稱是香港屈指可數的大地主，他的外甥曾受雇於正金分行。通過這件事，我覺得在中國做事的人，為了業務而挑選品格優良、出身門第世家的年輕中國人，對於公司正常業務以外，也是有好處的」〔註133〕。以此可知，居港日本人為了更好的融入到華人社會，以便開展對華貿易，很自覺的遵守中國「人情社會」中一些潛規則，通過吸納一些具有雄厚實力背景的中國青年到日人開設的公司，以保持與香港當地華人望族的密切聯繫。此外，居港日人開設的公司，不僅雇傭中國人，還雇傭一些西人。據井口丑三（Inokuchi Ushiji）《世界一周實記》記載：「在香港碼頭上岸後，前面就是郵船會社支店，在二樓的欄杆上有用粗筆楷書寫的『日本郵船會社』幾個字，由於其他樓層都沒有掛出像是招牌的東西，因此以為該公司擁有全棟樓房，然而實際上，只占二樓的一部分而已，其餘皆為別人的店鋪和住宅。公司經理是三原繁吉，職員有兩、三個日本人，其餘數人為荷蘭人、印度人、中國人等，據說近來該公司船舶頗增，事務繁劇」〔註134〕。這種不同族群社區之間的互動關係充分體現在雇傭模式中，而雇傭關係往往更注重於現實情況，不同族群之間的溝通交流都十分實際。如

〔註133〕　（日）上冢司編：《高橋是清自傳》（下），中公文庫，1976 年，第 108 頁。
〔註134〕　（日）井口丑三（Inokuchi Ushiji）：《世界一周實記》，經濟雜誌社，1904 年，第 19 頁。

此，為了招攬生意，居港日人開設的旅館的布局，都兼具中國、日本、西洋風格。據平谷善四郎《南清遊記》中對日本人開設的旅館有過記載：「雖說是旅館，但不過是三層高、分成很多戶的樓房的一部分。樓下是商店，給帶到二樓之後，房客既無門扉亦無屏風，八疊大的一室中，弔著一盞電燈，靠一塊木板與鄰房隔開。在走廊上脫鞋子，進房坐在草席上，這是間日本、中國、西洋折衷的簡陋客房。房側有入牆壁櫃和一張椅子……」〔註135〕

也許最能說明香港各族群移民相互雜處，中西文化融合的，當屬灣仔。據日本作家河東碧梧桐（Kawahigashi Hekigotō）在其著作《在中國遊玩》記載：「香港的灣仔，比馬尼拉的卡爾茲尼亞規模更大。不過，聽說此地的日本娼婦比馬尼拉的經濟感覺強得多。……在日本勢力薄弱的殖民地上，不論哪兒，即使說鋪『榻榻米』（蓆子）的日式房子，都不過是將原來磚瓦蓋的西洋房子、又或中式房子作某種程度上的加工而已。出了鋪蓆子的房間，走廊上便得穿鞋子走動。因此，鋪蓆子房間的門檻外雜亂無章地脫滿一地木屐和鞋子的光景，可說司空見慣。美國製的洋鐵盤上盛著日本酒杯，日式的飯菜用中國筷子進食，這種中外雜居的氣氛，足以叫除日本以外一無所知的觀光客大為吃驚。特別是為了預防鼠疫，室內不許密封到屋頂。因此，不論怎樣花工夫打造豪華的日式房屋，只消抬頭一望，雜居的氣氛便無所遁形。擦得亮堂的門檻、流行的坐墊、出自名家手筆的匾額，不論這些裝飾醞釀出多少日本的氣氛，對於習慣了天花木板紋理，認為它才舒服的人來說，當看見壓在頭頂的這片屋頂時，不由得大失所望，滿是挫折、矛盾及不和諧之感。由磚瓦砌成的屋頂離頭頂很遠，既堅硬又欠平滑，有時在斜面上又添上粗糙的橫。可以說，在香港的日式房間全屬這個樣子。當中也有人認為，與其批評雜居的氣氛，不如毫不介意這些矛盾破綻，只求能如日本人那樣坐在『榻榻米』上，滿足生活所需便可以了。灣仔娼婦房間那種不協調的程度，就好比在一道西式悶煮的菜式中，突然丟下飯團般那樣極端。如果說埋頭於建築物的對稱、家具的一致會帶來某些弊端的話，那極端不統一、不配合中，反而能夠發現另外一種統一和整合。外國趣味、中國趣味、日本趣味，這世界三大趣味中不只在東亞，在世界各地都不得不各有所接觸，在接觸中怎樣對抗、融合，是世界趣味問題的一大懸案。最能顯示出這種對抗、融合在一個細小空

〔註135〕　（日）平谷善四郎：《南清遊記》，載《海外行腳》，博文館，1911年，第223頁。

間內怎樣演進的，非數灣仔不可。在香港定居的某氏曾說：灣仔是世界趣味問題的試管。在兩個人並排走過的狹窄走廊上，她們穿上新木屐在木板上吱咯吱咯的走。房內置有西式的睡床和化鏡，當中鋪了兩張草席」〔註136〕。此外，河東碧梧桐也從衣、食、技藝等方面闡述了居港日本人的本土化傾向。如「在店內穿著『友禪』（印上花鳥、草木、山水等花紋的一種綢子。推測應該是一種兼具中日傳統的服裝）的長袖衣服回到自己房中也整齊地穿上漿洗過的合身單衣」〔註137〕。「早上用煤氣爐烤麵包準備早點；到晚上卻叫來盛在四方形、有腳托盤上的生魚片和日式清湯（吸物）」〔註138〕。「她既能唱出動聽的舶來水手哥；彈奏三弦琴（三味線）的技巧也十分高超。紙牌是她們從事買賣必須的道具，但同時也沒有忘記把《百人一首一夕話》擺放於鏡臺上。意大利陶器煙灰碟的旁邊，有一個放牙籤的小木盒」〔註139〕。日本人也很喜歡到中國的餐館就餐。據正木照藏《漫遊雜錄》記載：「……某天晚上，湊巧三原在一家叫『杏花樓』的中國酒家宴請由歐洲到港的『朝日』艦的船員，我以陪客列席，與艦長三須大佐等十八、九人圍坐，談興甚濃。中國菜味道濃鬱，滋味甚佳……」〔註140〕

以上材料說明了居港日人無論是上層階級，亦或是下層階級他們都在其社區內積極發展經濟，以適應本地社會生活，間接為中西文化的融合做出了較大貢獻。

另據島崎藤村（Shimazaki Tōshon）《到看見故國為止》記載：

> ……香港幾乎難以想像是南中國的一部分或英國殖民地，日本港口城市或碼頭應有的東西，她無一或缺。
>
> ……我對 M 君說：「我先前在上海和香港的街頭漫步時曾想：中國古老的東西那麼多，即使不斷有新人湧現，對於這些古老的東西又能夠怎樣呢？當我想到這裡時，便覺得中國的青年很可憐。不過這一次到來一看，中國似乎也有了很大的變化呢！」M 君回答說：「特

〔註136〕（日）河東碧梧桐：《在中國遊玩》，載《大正中國見聞錄集成》第七卷，人文科學書房，1999 年，第 70～109 頁。

〔註137〕（日）河東碧梧桐：《在中國遊玩》，載《大正中國見聞錄集成》第七卷，人文科學書房，1999 年，第 70～109 頁。

〔註138〕（日）河東碧梧桐：《在中國遊玩》，第 70～109 頁。

〔註139〕（日）河東碧梧桐：《在中國遊玩》，第 70～109 頁。

〔註140〕（日）正木照藏：《漫遊雜錄》，東京印刷有限公司，1901 年，第 276 頁。

別是香港廣東人比較多，不論男女，都充滿活力。」這一次到香港時，
一些具有中國色彩、令我們祖先憧憬、讚歎不已的事物引起我的注
意。三年前經過香港時，這些事物縱使存在，也不曾叫我留意。不止
如此，「年輕中國」在三年歲月推移中的發展，實在矚目，這一點從
中國婦女身上，我發現得尤多。額前劉海分開，眼神閃亮，如從深閨
長出的嫩草，街上這樣的女子確實多起來了。

　　……在這海旁的小屋內，我碰見五、六個正在候船的中國青年，
其中一個女子身穿白色、清爽的中國服，手持洋傘，既不特別害羞；
也不輕浮。她看同伴的眼神伶俐而又有生氣。她似是這群青年其中一
人的年輕妻子。髮型是束髮再添點中國式的梳法，腳上穿了歐洲款式
的女鞋，手上戴著手鐲。她不單引起我們注意，一眾在小屋中休息的
中國人，視線也似乎集中到她身上。「對於中國女子的服裝而言，鞋
子很合襯呢。」我對 M 君小聲說。東方事物與西方事物的調和沒有
給眼前這個年輕的中國女子帶來異樣的感覺，實在有點不可思議。我
想到在赴歐洲途中遇上的中國人，大部分莫不目光呆滯，跟眼前所見
的人比較，「年輕中國」至少讓我們此等過境的旅客也為之眼前一亮。

　　……「M 君，今天也看過很多不同的東西了。中國的東西不是
很巧妙地跟西方傳入的東西調和嗎？衣、食、住、行，所有的一切。」
「因為中國是大陸國家吧。中國人的生活跟歐洲人是非常相近的。」
「巴黎和倫敦都有中國菜吧。中國菜很快就會沿此走進歐洲的菜譜
中。我在新加坡看到日本的領事館，就是所中國房子」……〔註141〕

上述材料中的島崎藤村（Shimazaki Tōshon）日本人近代重要作家之一，
於 1913 年與 1916 年兩次途徑香港。他在文章中記載當時的香港，無論是城
市基礎設施建設，還是居民的精神風貌都煥然一新，與三年前相比發生很大
改觀。在作者眼中，此時的香港華人活力十足，尤其是特別提到中國婦女梳
著流行的束髮髮型、身著白色的中國服、腳穿歐式的皮鞋、手持一把洋傘等
裝扮都讓作者驚歎不已。故而發出東方事物與西方事物的調和沒有給眼前這
個年輕的中國女子帶來異樣的感覺，實在有點不可思議之驚歎！在香港這個

〔註141〕（日）島崎藤村：《走向海》之第 4 章《到看見故國為止》，載《島崎藤村全
　　　　集》第七卷，築摩書房，1981 年，第 90～92 頁。

地方，中國的東西，包括衣、食、住、行等所有的一切都跟西方巧妙的融合在了一起。當時的報紙就香港新式女子深受歐風美雨的薰陶，都競模仿歐風，追逐時尚有過報導。如《香港工商日報》以「口脂絕活」為題報導：「婦人唇邊敷脂，自古而然。降及民國初元，競尚改革。於是，女口之脂，同男頭之發，具為時尚的淘汰。實則東臨西歐，固乃婦人而皆塗以口脂也，且歷千百年無變化，近為尤甚。逭者之新女子，莫不競摹歐風，而恢復唇脂。當然在必經之軌道，猩唇一點，恰如紅破櫻桃，神瑛侍者復生，不又知將風魔到如何地步也……」〔註142〕。不僅如此，《香港工商日報》更是以「舊時代與現代女子心理之比較觀」為題，從女子的心理層面來說明新時代女子的深刻變化。如「從前的女子，因被風俗與父母之管束，大都住在家裏，做些閨中生活。有暇則讀些詩書，以為拋頭露面是不規矩的。但是在歐風東漸，女子的心理，亦因此而變了。今戲將伊們心理的不同之點列表於左」〔註143〕。表 4-10 所示。

表 4-10　舊時與現代女子心理之比較觀〔註 144〕

心理因素	舊　　時	現　　代
貞節	百分之念（廿）二	百分之八
羞恥	百分之念（廿）五	百分之五
學問	百分之十	百分之十二
工作	百分之十八	百分之五
裝飾	百分之十	百分之十五
虛榮	百分之八	百分之十二
交際	百分之二	百分之四
運動	百分之五	百分之二十

　　以上表中數據，作者亦未可一筆抹殺，惟照大概論，卻有此種現象。與舊時相比，現代女子在貞節與羞恥兩方面所佔心理因素的比重迅速下降，轉而更加注重運動、打扮裝飾及學問等方面，這無不體現出新時代女性的特點。

〔註142〕《香港工商日報》，1926 年 4 月 12 日。
〔註143〕《香港工商日報》，1926 年 4 月 10 日。
〔註144〕《香港工商日報》，1926 年 4 月 10 日。

　　日本評論家大宅莊一（Ōya Sōichi）在《香港戰時色》一文中對香港街頭華人的精神風貌也有過描述：「……不過，走在路上的中國人，尤其是年輕男女卻美國化的徹底，風姿颯爽、黃昏時份，漫步於通衢大道上的男女，服裝和態度都很出眾，不是銀座等地方的人所能企及的，而且漂亮的女子甚多。我們所住的酒店位於半山，可以俯瞰港口的全景。每到晚上便有情侶約會，情景十分壯觀。走上五、六町（日本計算距離的單位，一町約為 109 米）的話，隨時可以遇上十多二十雙。這些情侶或依偎在一起散步；或在長凳上相擁，擺出各種不同的姿態，即使給汽車的車燈照射也不當作一回事。不像日本，既有妨人好事的旁觀者；也有不懂情趣、硬把鴛鴦驅散的巡警。在這方面，中國人跟歐美人同樣是個人主義者」〔註145〕。大宅莊一對香港街頭華人呈現的精神風貌為之歎服，香港華人西化的很徹底。他認為連日本東京最繁華的商業區——銀座等地的人都無法與之企及。總之，在大宅莊一眼中，香港的一切事物都是中國式、英國式的。不僅如此，作者在文中還講述一件有趣的事情，「蹲在街頭的乞丐居然繫著一張紙，上面用中、英文寫著因日本轟炸，家園被毀，身無分文等字句的」〔註146〕。不用說這是不是真的，但連乞丐都開始用中西式乞討語來乞討，由此可知，當時香港社會中西文化融合的程度已經深入到社會的各個階層。

小　結

　　美國學者卡爾‧蘇爾將文化景觀定義為人類文化與自然景觀相互作用的結果，而香港城市社區文化景觀可以被理解為是社區文化在社區空間上的投影。這種投影既有實在可見的物質景觀，如宗教文化景觀中的教堂、寺廟、信徒群體等，教育文化景觀中的學校等，以及商業文化景觀中店鋪、商店等；亦有存在於這些物質景觀背後的非物質文化景觀。如宗教文化景觀中的所謂神聖空間。這種神聖空間實際上是一種感應空間，它既有賴於物質實體對「神聖感」的建構，亦需要借助宗教活動來推動及渲染。因此，我們可以這樣認為，神聖空間是宗教文化景觀的核心，對於神聖空間的闡釋可以將不同類型的宗教文化景觀進行整合，從而達到凝聚社區內信徒人心的作用。隨著社會

〔註145〕（日）大宅莊一：《香港戰時色》，載《改造》，1937 年 12 月，第 77～78 頁。
〔註146〕（日）大宅莊一：《香港戰時色》，載《改造》，1937 年 12 月，第 77～78 頁。

的發展，宗教建築及借助其活動所呈現的神聖空間不但不會被埋沒，反而成為該社區內社群的心臟地帶，凝聚社區信徒的力量和信念，記錄不同社群特色文化的重要遺產。這是宗教文化景觀所呈現的社區文化形態之一，對於社區內族群文化的塑造有著重要作用。

不僅如此，香港不同族群的文化會在他們的宗教建築與宗教活動中表現出來。無論什麼形態的宗教建築，通過建築的特色，從空間設計、裝飾和空間布局等方面，卻可以表達到每一個族群的信念和習慣。不同族群所進行的宗教活動有較大的差異，這種差異性也是香港形成多元文化社區的重要原因之一。

通過對香港社區宗教文化景觀的研究發現，作為活動著的宗教文化景觀，不同時期中式寺廟在香港的分布有著顯著差異。最初時期，寺廟選址一般分布在山清水秀的郊外；而進入快速發展時期，廟宇選址大多位於人口稠密的新移民聚居點的核心地帶，寺廟的分布與人口的分布構成有著對應的關係；1949 年之後，新設立的廟宇分散於一些市區內的高樓大廈內，成為鬧市中的空中廟宇。這些廟宇除為社區居民提供奉祀神靈場所，亦積極參與本區的慈善事業及社會服務。

通過對香港社區教育文化景觀的研究發現，香港被英國割占以後，由於中英兩國在政治制度和文化教育政策的差異，以及不同外來移民所帶來的多元文化對文化教育需求的異同等因素共同造就了香港文化教育景觀在不同歷史時期具有迥異的發展層次。但從總體上看，無論是高等教育還是基礎教育、社會教育，都明顯地呈現出「華洋雜處」、「東西並存」、「各據一方」、「相互交融」的特點。

通過對香港社區商業文化景觀的研究發現，其商業文化景觀的時空演變呈現如下特點：其一，直至 19 世紀 90 年代初，香港社區商業文化景觀主要集中分布在港島中區。此後，隨著港島西區的持續開發及遮打填海計劃的實施，港島商業文化景觀呈現向西轉移的趨勢，尤其是華人社區商業文化景觀的轉移更為明顯，該區變成南北行及金山貿易的中心。及至 20 世紀中期，香港島形成了以皇后大道、文咸東街與蘇杭街、皇后街及干諾道為中心的華人商業中心區。區內各業雲集。其二，香港社區商業文化景觀的分布呈現出同種商業類型集聚的特點。

在香港多元文化信仰長期共存的局面下，中國文化景觀與西方文化景觀

通過互相接觸、互相影響之後，出現了一種相互滲透、融合的互動趨勢。這種互動主要表現在西方文化景觀在香港的本土化過程與中國文化景觀受到的影響兩個方面。不同族群在香港城市社區內進行生產與生活，引發中西文化景觀在城市社區內部的互動，促使當地民風民俗的改良及居民生活方式的本土化。

第五章　香港城市社區文化景觀個案研究——以調景嶺社區為例

　　1949 年大陸解放，大批國民黨政府人員湧入香港，起初被安置在摩星嶺。此後，又被港府遷往更為偏僻、荒涼的調景嶺，標誌著調景嶺社區的誕生。流落在調景嶺的難民憑藉著互助精神，以及在各方幫助下，建設出一個極具活力的社區，在宗教、教育及商業等方面形成獨特的風格。說香港的歷史是一本難民史，並不誇張，而調景嶺的歷史更是其中最獨特的一個典型，也是最悲壯的一頁。事實上，它正是香港的一個縮影〔註1〕。基於此，本章以調景嶺社區為例，對香港城市社區時空演變、社區文化景觀分布及社區功能分類進行研究，以期展現出一幅香港城市社區文化生態的畫卷。

第一節　調景嶺社區的歷史演變

一、調景嶺社區初步建立時期（1949 年～1960 年）

　　1949 年 10 月 14 日，廣州解放後，國民黨政權全面敗退，大批國民黨軍政人員紛紛遷入香港，其後，陸續有廣西等地的軍政人員遷入香港而來，包括在抗戰中受傷致殘的「榮軍」，他們原居於榮軍教義院，教義院曾因避戰災而遷廣西，後復撤走，他們輾轉遷來香港〔註2〕。由於這些滯港的軍政

〔註 1〕《丁新豹序》，載劉義章、計超：《孤島扁舟：見證大時代的調景嶺》，三聯書店（香港）有限公司，2015 年。

〔註 2〕范約翰：《關山難越，誰悲失路之人？——調景嶺的福音工作之二》，《基督教週報》第 310 至 312 期，1970 年 8 月 2 日、9 日及 16 日。

人員與家眷頓失供給，很多無處棲身，留宿街頭，成為難民。當時港內最大的慈善組織東華三院與港府商討後，決定暫時承擔救濟這群軍事難民的任務，為她們提供一天兩頓的膳食，救助人數從 100 多人起，到年底增至五千餘。直到 1950 年 2 月間，先後共為二十九批難民登記，持飯票人數為六千九百餘人；當人數達到七千後，東華醫院認為已屆承擔能力的上限，乃終止為新來者登記〔註3〕。

　　由於人數眾多，其他新移民又聞風而至，東華三院承受巨大經濟壓力，漸感不支，而地方安置尤為困難，難民大量聚集於醫院附近，露宿街頭，造成嚴重社會問題，院方只好求助於政府接管難民。1950 年 2 月，政府允諾直接協助這批難民，於 3 月 20 日，乃開闢香港島西環摩星嶺山頂一帶，讓難民暫時棲居，仍由東華醫院負責供應膳食。當時報紙對此有過報導，《香港工商日報》曾以「東華三院收容之殘軍及眷屬三千人遷居新收容所在西環摩星嶺道」為題進行報導：「滯留東華三院之殘軍及眷屬三千人，於昨日盡遷西環摩星嶺安置。是晨七時半，即由該院主席周湛光，首總理馬錦燦、李毓林，總理鄭植之、陳祖澤、岑明軒及三院司理黃述明、蔡仲夒等監督，分為兩組，老弱婦孺殘廢者一組，特備車輛載送，少壯男子一組，列隊步行。社會局局長韋輝亦到場指導，警署並派出警員協助維持秩序。查新收容所位於西環摩星嶺道，即域多利兵房舊址，一連數座三合土建築物，並散處山麓之舊機關槍壘多座，背山面海，空氣清新。惜建築物之門窗已毀，誠恐不能抵禦風雨。因人多地少，許多難民就地取樹枝作架，上蓋草席，搭成房屋容身。膳食由三院用車載往，難民排隊憑券領飯。又昨據三院主席周湛光稱：是批難民遷往西環後，今後將暫行停止申請登記。因目前地方與經費，均未許可作無限的收容云。至於此批難民今後之供養問題，查短期內仍由三院負責，以俟臺灣方面之批准入口，倘超過預算日期，則將呈請有關當局設法輔助」〔註4〕。

　　由以上報紙報導可知，無論是政府，亦或是東華三院最初都無意將摩星嶺作為長期的難民營，而僅僅視為暫時安置難民的地方，藉以解決東華三院一帶的露宿問題。港府與三院都期望這僅是過渡性的安排，難民遲早會解散，

〔註3〕梁家麟：《福音與麵包——基督教在五十年代的調景嶺》，香港：劍道神學院基督教與中國文化研究中心，2000 年初版，第 34～35 頁。
〔註4〕《香港工商日報》，1950 年 3 月 29 日。

自行解決吃住問題。故難民遷移到摩星嶺後，並無任何設施添置，亦未建立行政管理組織〔註5〕。而對於暫居在摩星嶺的難民來說，他們也都很希望在三院幫助之下前往臺灣，只是臺灣當局，因無法安置這麼多難民，以至於遲遲未批准該批難民入臺。對此報紙亦有所報導：「據東華三院主席周湛光稱：現據摩星嶺之多數難民，均表示願意赴臺，三院當局，因此曾一再請求國民政府准許彼等入境，渠希望臺灣當局在短期內能予以批准。傳臺方遲遲未批准彼等入境之原因，係感頗難以安置。現東華三院每日每人之糧食費，約九角至一元，該院已發給申請書與願意赴臺之難民，將來聯同照片，送交臺灣方面審查。周氏稱：一俟批准，東院將派輪遣送」〔註6〕。

　　而正當各方等待臺灣當局批准該批難民入境之時，1950年6月18日端午節，摩星嶺營地發生了「秧歌舞事件」〔註7〕。港府有鑑於此，為防範難民問題演變成國共鬥爭的政治問題，影響社會的穩定，遂於6月26日決定開闢九龍魔鬼山半島東麓的調景嶺〔註8〕，將摩星嶺的難民集體遷往該地。其實，早在4月份，港府就有計劃將摩星嶺的難民遷往他處，據學者劉義章的研究確定，香港政府行政局早於1950年4月18日的會議上，已經決定將摩星嶺的難民遷到大嶼山的梅窩。只是後來由於梅窩居民反對，才改遷至將軍澳之

〔註5〕　梁家麟：《福音與麵包——基督教在五十年代的調景嶺》，香港：創道神學院基督教與中國文化研究中心，2000年初版，第35頁。

〔註6〕　《香港工商晚報》，1950年4月18日。

〔註7〕　秧歌舞事件源於當日有一批近兩百餘名左派工會的職工，前往難民營表演秧歌舞，難民指責此舉乃是在嘲弄他們戰敗被迫淪落天涯，雙方繼而發生衝突，致釀成六十餘人受傷之大衝突慘劇。詳情請參閱1950年6月19日《華僑日報》第7版以「摩星嶺大衝突情形：工友傷四十五人；難民傷十四人；傷者中有三人留醫」為題目的報導。

〔註8〕　香港開埠以後，因為該地地理位置正好在鯉魚門和將軍澳之間，毗鄰照鏡環，是一個三面環山、一面臨海的荒山半島，因此港府將該地命名為照鏡嶺。後來，加拿大人倫尼（Alfred Herbert Rennie，1857～1908）買下照鏡環附近一片土地，在此經營麵粉廠，但受世界經濟危機影響，很快破產，他也結束了自己的生命。由於以訛傳訛，該地區自此流傳著吊詭的傳聞，被世人戲稱為「吊頸嶺」。1950年，難民遷入「吊頸嶺」後，港府社會救濟署署長李子農將其名字改為「調景嶺」，意為調整風景的山嶺。詳情參閱：陳天權：《香港歷史系列——穿梭今昔，重拾記憶》，香港：明報出版社有限公司，第184頁；陳勃等著：《香港調景嶺難民營調查報告——為響應世界難民年作，1959～1960》，香港：香港大學社會問題研究社，1960年12月，第18～20頁；《南華早報》，1907年1月23日、1908年4月15日和10月18日；《中國郵報》，1908年4月16日；《星島日報》，1993年4月17日。

調景嶺〔註9〕。可見，遷徙的決定早於「秧歌舞事件」，「秧歌舞」事件則是導致難民遷徙的導火索而已。

　　1950 年 6 月 26 日清晨 5 時許，數艘油麻地客輪載著首批 2000 多名難民，從摩星嶺域多利道東華義莊附近碼頭上船前往弔頸嶺〔註10〕。從 6 月 26 日至 28 日的三天時間裏，共計有 6921 人〔註11〕遷至調景嶺地區；難民有 5592 名男性，1329 名女性〔註12〕；當中包括男童 336 人、女童 462 人、兒童共計 798 人；就籍貫而言，包括湖南 1245 人、廣東 1045 人、湖北 814 人、山東 595 人、安徽 491 人、河南 454 人、江蘇 384 人、河北 345 人、江西 308 人、廣西 285 人、東北 265 人、四川 172 人、浙江 148 人、福建 88 人、雲南 69 人、貴州 46 人、陝西 45 人、山西 37 人、甘肅 19 人、熱河 13 人、臺灣 12 人、西康 3 人、青海 1 人，籍貫不明者 20 人，另外分別來自爪哇和安南各 1 人〔註13〕。調景嶺的難民來自大陸不同省份，其中過半是退伍軍人，但也有不少是政界與學界人士，甚至包括國大代表、立法委員、中學校長等。其後，陸續有許多移民從外頭搬遷至此，僅半年不到，估計沒有飯票而居住在調景嶺的人口已達五、六千以上〔註14〕。

　　為了便於對難民的管理與救濟，香港政府在調景嶺建立了「香港政府社

〔註9〕劉義章、關之英：《香港調景嶺研究——教育篇》，選自香港中文大學歷史系編：《史藪》第 3 卷，1998 年，第 358～359 頁。

〔註10〕梁炳華：《香港中西區地方掌故》，香港：中西區議會，2003 年，第 218 頁。

〔註11〕關於本次遷入調景嶺的難民人數，不同資料記載有所出入，據《調景嶺居民營營報創刊號》統計，計有 6921 人；而據《營中統計》記載，難民人數按籍貫分布共計 6906 人，兩者相差有 15 人。兩次統計人數有所出入的原因，劉義章、計超在《孤島扁舟：見證大時代的調景嶺》一文中認為或與印刷出版時數字有誤所致。而筆者認為，這可能與統計有誤相關，原因如下：一是據《調景嶺居民營營報創刊號》統計難民的籍貫時，尚有 20 人是不明籍貫，這些不明籍貫之人可能尚未統計在內；二是步行前往調景嶺的難民當時也有很多，且一直處於流動之中，在不同時間內統計的人數可能會有不同。

〔註12〕據 1950 年調查，這 6000 餘人中，大多數為成年男性，年齡介於 20 至 40 歲之間。16 歲以上的婦女只有 577 人，15 歲以下兒童則有 610 人；傷殘人士 1763 人，他們的家屬有 477 人。詳情參見：Social Survey-Squatters（Rennie's Mill Village），香港歷史檔案館檔案，HKRS no：22.

〔註13〕香港社會局調景嶺居民營營報社編：《調景嶺居民營營報創刊號》，香港：社會局調景嶺居民營辦公處，1950 年，第 13 頁。

〔註14〕正源：《從摩星嶺到調景嶺》，《營報》創刊號，1950 年 12 月 25 日，第 12 頁。

會和局調景嶺營辦公處」〔註15〕，專門負責小區難民的救濟工作。港府社會
局救濟署為維持這些難民的基本生活，在調景嶺大片空地上搭起了幾百個小
草棚和一間做飯的大飯堂，以滿足幾千難民的飲食需求〔註16〕。自此，開啟
調景嶺社區建設發展之路。

　　此後，隨著遷入調景嶺的難民愈來愈多，原來所建之木屋已無法容納眾
多人口，社會局只好在山區的周邊一帶臨時再搭建 1200 個 A 字屋棚〔註17〕、
30 間木屋以及 30 座大葵棚，每一大葵棚又分成上下兩層，優先安排老弱病
殘人士和婦孺居住〔註18〕。這些 A 字棚屋及木屋一行行排列成型，前後左右
皆能相通，一覽無遺，使難民生活備受影響，毫無隱私可言〔註19〕。全部難
民都蝸居在狹小密集的木屋、大葵棚和 A 字棚內，居住安全隱患極大。果不
其然，1951 年 10 月 31 日發生了一場大火，將所有的屋棚及第三區的草棚全
部燒盡，這對於剛穩定下來的難民來說，其心靈的創傷遠遠超越了這場無情
大火所造成的損失〔註20〕。此後，在教會提供低息貸款的幫助下，調景嶺難
民開始在地勢較高的斜坡上開闢地基，用撿拾回來的建築廢料搭建不同類型
的房屋〔註21〕。

　　20 世紀 50 年代中期以後，隨著遷入居民的生活日趨穩定，他們開始致
力於社區建設，逐步改善生活品質。社區居民開荒種植蔬菜瓜果，養殖家畜

〔註15〕港府社會局設置調景嶺難民營時成立辦公處，設有一名主任、兩名副主任和
　　　　六名幹事來管理難民事務。主要職責包括：①推行戶政；②調整街道和修
　　　　路；③推行衛生工作；④辦理選舉⑤推行文化康樂活動；⑥興辦義務學校；
　　　　⑦加強警衛組織和維持治安；⑧改善供應制度；⑨向臺灣呼籲以達成大眾入
　　　　臺願望；⑩完成緊急措施以應對突發情況。香港社會局調景嶺營營報社編：
　　　　《調景嶺營營報》創刊號，香港：社會局調景嶺居民營辦公處，1950 年，
　　　　第 2 頁。
〔註16〕港九各界救濟調景嶺難民委員會：《香港調景嶺營難民概況》，香港：港九各
　　　　界救濟調景嶺難民委員會，1959 年，第 40 頁。
〔註17〕A 字屋棚乃是一種用油紙或雜草臨時搭成的簡陋小棚子，由於其結構形狀頗
　　　　似英文字母 A，由此得名。這種小棚子長闊高約為八尺，每個 A 字屋棚居住
　　　　四個人。
〔註18〕邢福增：《香港基督教史研究導論》，香港：建道神學院，2004 年，第 88 頁。
〔註19〕劉民和、莫少珍：《永不放棄的愛：劉民和牧師的生命與事奉》，臺北：啟示
　　　　出版社，2011 年，第 42 頁。
〔註20〕劉義章、計超：《孤島扁舟：見證大時代的調景嶺》前言附圖，三聯書店（香
　　　　港）有限公司，2015 年 9 月，第 31 頁。
〔註21〕梁家麟：《福音與麵包——基督教在五十年代的調景嶺》，香港：創道神學院
　　　　基督教與中國文化研究中心，2000 年 12 月初版，第 132 頁。

以維持生活。由於他們當中包括不少原來的國會代表、高級將領以及黃花崗烈士後裔，素質較高，且不斷努力，長期苦幹，終於把調景嶺社區建設成為一個民風淳樸、井然有序的獨特小區〔註22〕。可以說，從 1951 年至 1960 年的整整十年，是調景嶺居民大興土木，興建房屋的全盛時期〔註23〕，並從空間上奠定了調景嶺社區的格局。

二、調景嶺社區轉型及發展時期（1961 年～1989 年）

　　20 世紀 50 年代後期，暫居在調景嶺社區的居民逐漸改變赴臺定居的想法，開始在調景嶺作長期定居的打算，並努力改善社區環境。各省同鄉會相繼成立，如江蘇同鄉會、浙江同鄉會、江西同鄉會、湖南同鄉會、湖北同鄉會、廣東同鄉會、廣西同鄉會、山東青島同鄉會、陝西同鄉會、察綏同鄉會、熱河同鄉會、甘肅青海寧夏同鄉會、福建同鄉會、貴州同鄉會、雲南同鄉會、海南同鄉會、東北十（九）省三市同鄉會、上海市同鄉會、河北同鄉會、河南同鄉會等〔註24〕。不僅如此，調景嶺居民根據行業、身份成立不同類型的社團組織，如黃埔同學會、空軍人員聯誼會、青年軍聯誼會、學生聯誼籌備委員會、才量人員聯誼會、聯絡員工聯誼會、僧伽聯誼會、職工聯誼會、輸汽聯誼會、報人聯誼會、中國教育人員聯誼會、中國問題研究會、新生日報、克難日報、調景嶺粵劇社、調景嶺劇社等〔註25〕。這些同鄉會組織及社團成為維繫難民相互守望的重要紐帶，承擔起組織調景嶺社區建設與發展的重任。雖然當時人們的生活比較困難，但同鄉好友都喜歡聚集在一起生活，建立起良好的人際關係，社區內流露著濃濃的人情味。「社區內雞犬之聲相聞，人們常相往來。這種人情味不僅體現在熟人之間，而且普及到全體居民之中。每當發生紅、白大事，鄰舍之間都會彼此道賀或相助。如在區內店鋪或露天菜市場購物，遇有街坊資金周轉困難，這些店主或小販也會通融暫時欠數，待日後償還貸款」〔註26〕。

〔註22〕劉義章、計超：《孤島扁舟：見證大時代的調景嶺》，三聯書店（香港）有限公司，2015 年，第 47 頁。
〔註23〕劉義章、計超：《孤島扁舟：見證大時代的調景嶺》，第 31 頁。
〔註24〕林芝諺：《自由的代價——「中華民國」與香港調景嶺難民營（1950～1961）》，臺灣：國史館，2011 年，第 63 頁。
〔註25〕林芝諺：《自由的代價——「中華民國」與香港調景嶺難民營（1950～1961）》，第 65～66 頁。
〔註26〕劉義章、計超：《孤島扁舟：見證大時代的調景嶺》，第 93 頁。

　　20 世紀 60 年代初，港府出於管治需要，遂將調景嶺改為平房徙置區，同時將調景嶺改名為調景嶺村，並把原來以區內五條山澗作為天然界線劃分的五個分區細分為十二個分區，範圍一直延伸到沙灣海邊的大環新村〔註 27〕。分區劃分後，港府並先後在山頂建立警署、在大坪海邊設置消防局和郵政局等公共設施，為調景嶺社區居民提供水、電〔註 28〕。1964 年，調景嶺郵局與消防局相繼成立，郵局選址在大坪海邊，臨近基督教調景嶺醫務室，郵局成立方便了社區居民與外界的溝通與聯繫。而調景嶺消防局成立有助於在社區內宣傳專業防火知識、訓練本地消防員，以及處理小型火災，從而維護社區的穩定。此外，調景嶺社區的發展也得到了政府機構及其他社會組織的幫助，如在西貢區區議會的幫助下，在大坪海邊臨近的土地上設置了供兒童玩樂的滑梯和秋韆；同時在沙灣附近海旁興建了一個兒童遊樂場和小型休憩公園，又在通向鯉魚門的三岔路口，重新用鋼筋水泥改建成一個可避風雨的「冬菇亭」〔註 29〕。

　　20 世紀 70 年代以後，隨著香港經濟的迅速發展，調景嶺社區基礎設施得到進一步改善，居住房屋被逐步改建成水泥石屋或小平房。社區居民在房前屋後種植了許多花卉，既增添了生活情趣，又使小區環境面貌煥然一新。調景嶺社區的發展開始走上軌道，居民生活水平逐步提高，安居樂業。調景嶺初步形成了一個有學校、教會、民居、醫院、醫務所、圖書館和街市商店的

〔註 27〕據調景嶺一位老居民口述：調景嶺原來全區幾乎每家每戶的門牌號碼都是不相連的，甚至其中還有漏掉的號碼，有些門戶的號碼分有 A 座和 D 座，但不知何故卻都沒有 B 座和 C 座；有時戶與戶之間的距離，竟然會相差甚遠，例如一戶在山頭，另一戶卻會在山腰，這種奇怪的現象，至今無法考證。載劉義章、計超：《孤島扁舟：見證大時代的調景嶺》，第 72～73 頁。

〔註 28〕難民初到調景嶺時，面臨著無水無電的困境。居民日常生活用水全部來自山間溪水。調景嶺居民為方便取水，陸續鑿井引水，先後築成了一座大水壩和兩座水庫及六座水井。港府於 1961 年正式在調景嶺鋪設水管，由於當時香港正鬧水荒，港府徙置事務處遂在大坪臨近海邊的土地上興建六座水塔，並經常組織一些船隻運送食水，貯存於這些水塔內供居民使用。此外，為解決調景嶺居民用電問題，港府在調景嶺社區中段建立了一個小型發電站，共設有兩臺小型發電機組。詳情參閱：陳勃等著：《香港調景嶺難民營調查報告——為響應世界難民年作，1959～1960》，香港：香港大學社會問題研究社，1960 年，第 107 頁；王國儀：《調景嶺滄桑五十年》，臺北：中華救助總會，2008 年，第 75 頁。

〔註 29〕劉義章、計超：《孤島扁舟：見證大時代的調景嶺》，三聯書店（香港）有限公司，2015 年，第 56 頁。

小城鎮〔註30〕。當時香港報紙對調景嶺社區的變化有過報導：「二十年前一片荒山野嶺的調景嶺，今日已蔚然成為小市鎮，居民和平相處，異常融洽，別有一種氣氛，這是其他衛星市鎮所沒有的」〔註31〕。

至 20 世紀 80 年代，調景嶺社區逐漸發展成依山傍水、幽靜清雅、翠綠秀麗的小社區。如圖 5-1 所示。社區內教育、醫療、衛生、金融等得到進一步發展。如調景嶺中學、慕德中學、鳴達中學等發起成立調景嶺教師福利會〔註32〕；引入區內唯一的銀行，設立香港渣打銀行調景嶺支行；建造了數座垃圾焚化爐來處理家居垃圾等。此外，調景嶺社區居民的社會地位也有所提升。如 1982 年，香港政府設立十八區區議會。調景嶺位於西貢範圍內，擁有一個民選議席，選舉結果是港九各界救濟調景嶺難民委員會駐營服務處主任王國儀先生當選為首屆西貢區議員，並連任三屆〔註33〕。然而，隨著調景嶺社區的發展，居住在區內的第一代居民對故鄉有著濃厚的思念之情。他們的思想和生活習慣，與香港的現代都市生活顯得格格不入，他們只得留守在小區內，平時以打麻將消遣度日。隨著年輕一代陸續遷離，留守的年長居民仍沉浸於 50 年代，小區彌漫著與現代社會脫節老化的跡象，與外部社會格格不入〔註34〕。據劉義章、計超等學者的研究，當年這批逃難至調景嶺的難民心理都深藏一股鄉愁、一種自然的對家鄉故土無限思念的鄉土情懷，這種鄉愁隨著時代變遷、歲月流逝越來越強烈，猶如牢固的精神枷鎖深深罩在他們的頭上，成為他們最大的心結。後來，隨著兩岸關係逐步緩和，一些社區居民能夠返鄉探親訪友，了卻與親人團聚的心願，這種心結才有所緩解〔註35〕。

〔註30〕劉義章、計超：《孤島扁舟：見證大時代的調景嶺》，第 53 頁。

〔註31〕《新生晚報》，1967 年 6 月 28 日。

〔註32〕張世傑：《重返香江重任校長——海隅散記之二》，《中外雜誌》80 卷 4 期，第 67 頁。

〔註33〕王國儀：《調景嶺滄桑五十年》，臺北：中華救助總會，2008 年，第 105 頁。

〔註34〕梁家麟：《福音與麵包——基督教在五十年代的調景嶺》，香港：劍道神學院基督教與中國文化研究中心，2000 年 12 月初版，第 223 頁。

〔註35〕劉義章、計超：《孤島扁舟：見證大時代的調景嶺》，三聯書店（香港）有限公司，2015 年，第 60～61 頁。

圖 5-1　調景嶺社區遠景圖〔註36〕

三、調景嶺社區的衰落及消失（1990 年以後）

　　1984 年，中英兩國簽署《關於香港問題的聯合聲明》，香港的前途問題漸趨明朗，而調景嶺社區成為一個歷史遺留的敏感問題也必須妥善解決。1988 年 5 月，港府拓展署署長郭偉楷宣布調景嶺成為將軍澳發展計劃首個重建地點。調景嶺社區將被清拆，社區居民將被遷徙到將軍澳新市鎮。1992 年 2 月，港府環境規劃司證實將在短期內清拆調景嶺。1995 年 4 月，港府正式宣布清拆調景嶺。調景嶺居民在政府賠償下〔註37〕，大部分被遷往將軍

〔註36〕 梁廣福：《點滴記憶——再會舊社區》，中華書局（香港）有限公司，2015 年 4 月初版，第 132 頁。

〔註37〕 關於調景嶺社區清拆賠償問題，社區居民與港府存在著不少差異，居民提出四項宣言：其一，以屋換屋，對所有物業予以特惠補償；其二，以鋪換鋪，對商號裝修、生財工具及搬遷期間之營業損失作合理之補償；其三，受清拆之商戶和小販，若未能獲鋪位安置而結業，存貨應由政府按市價承銷，並予以特惠補償；其四，受清拆之學校、教會及其他一切非牟利之公用屋宇，應予以妥善之安置與合理之賠償。而港府卻只將調景嶺清拆視同一般平房徙置區處理，其對外公布清拆調景嶺居民的賠償細則為：其一，樓面面積每平方米為港幣 3450 元的特惠津貼；其二，合資格住戶可得一筆額外的搬遷津貼，大約每戶可獲約 900 元至 2600 元，視乎家庭成員多少而定；其三，合資格的商戶和場戶可獲公開性的投標資格，標頭房屋委員會轄下的商鋪或街市攤位。如商戶放棄投標資格或無法投得商業單位，則每戶可得 35000 元的特惠津貼。由於雙方在拆遷補償問題上差異較大，致使重建調景嶺及興建將軍澳地鐵支線的計劃無限期拖延。與此同時，社區內治安日趨惡化，並衍生出許多社區問題。最後，港府在 1995 年 2 月 13 日，再公布第三套賠償方案，提出每平方米補償 7000 元特惠金，調景嶺居民方才認可，調景嶺清拆得以正式實施。詳情參閱：劉義章、計超：《孤島扁舟：見證大時代的調景嶺》，三聯書店（香港）有限公司，2015 年 9 月，第 64～66 頁；《成報》，1995 年 2 月 14 日。

澳的厚德邨。現今調景嶺平房一帶，已變成將軍澳地鐵站和健明邨、善明邨、彩明苑及都會駅等住宅。從 1988 年宣布將調景嶺納入清拆計劃，至 1995 年正式清拆，這 7 年多的時間內，調景嶺社區呈現衰落之勢，以人口為例，據基督教靈實協會調景嶺社區發展部在 1992 年 6 月至 7 月，在調景嶺全區進行人口統計數字，證實當時全區有居民 5700 人，共 1500 戶，而四分之一的人口為 60 歲以上的老人，近 500 人更是 70 至 80 歲的單身老人〔註 38〕。這與調景嶺巔峰時期兩萬多人口相比，下降了三倍多。其實，早在 20 世紀 70 年開始，隨著調景嶺社區居民生活日趨穩定，不少居民紛紛外出打工，其社區人口亦開始呈下降趨勢。進入 80 年代，調景嶺有些經濟狀況比較寬裕的家長紛紛把子女送往港九的英文書院就讀，以便將來可以謀取高薪厚職；也有一部分青壯年嚮往現代都市生活而前往市區謀事〔註 39〕。

　　醞釀數年的調景嶺清拆工作，在政府、社團及社區居民各方的共同努力下，終於達成一致，調景嶺這個獨特社區亦完成了其使命，消失在滾滾歷史長河中。儼如「自成一國」的調景嶺居民終於在 46 年後才真正融入到香港大家庭中，成為香港社會的一份子。其實，從他們的第一代老居民踏足香港那一刻開始，調景嶺已成為他們的永久家園〔註 40〕。

第二節　調景嶺社區文化景觀分布及原因分析

　　調景嶺在地理上有五條天然山澗（見圖 5-3 所示），港府在興建調景嶺社區時，起初正是以這五天山澗為界線，將其社區分為五個小區，並將第一區劃分為文化區、第二區為教會區、第三區和第四區為商業區、第五區為住宅區〔註 41〕。1961 年 5 月，港府將調景嶺劃為平房徙置區，將原來的五個分區又細分為十二個小分區。調景嶺山腳下有一條彎曲狹長、稍微有坡度的「大街」〔註 42〕，在這條狹長彎曲的大街兩旁分布著各式各樣的商店、學校、教

〔註 38〕劉義章、計超：《孤島扁舟：見證大時代的調景嶺》，三聯書店（香港）有限公司，2015 年，第 60～61 頁。
〔註 39〕王國儀：《調景嶺滄桑五十年》，臺北：中華救助總會，2008 年，第 105 頁。
〔註 40〕劉義章：《從疏離到融合：調景嶺的蛻變》；馬木池等：《西貢歷史與風物》，香港：西貢區議會，2003 年 9 月初版，2011 年 3 月版，第 84～102 頁。
〔註 41〕林芝諺：《自由的代價——「中華民國」與香港調景嶺難民營（1950～1961）》，臺灣：國史館，2011 年，第 56 頁。
〔註 42〕該街是調景嶺居民整修的從大坪海邊至小區另一端沙灣的一條貫穿調景嶺社

堂、戲院等。如 5-2 所示。

圖 5-2　調景嶺社區文化景觀分布圖〔註 43〕

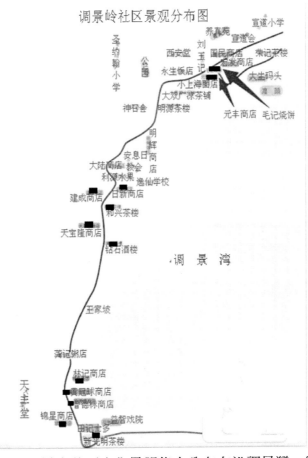

由上圖可知，調景嶺社區文化景觀集中分布在沿調景灣一線的北部、中部及南部三個地區。在這條不寬的「大街」上，分布著各類社區文化景觀，如商業文化景觀中的國民商店、宏發商店、毛記燒餅店、元豐商店、小上海麵店、永生飯店、榮記茶樓、大雙廣涼茶鋪、明源茶樓、明輝商店、大路商店、利源水果、日新商店、建成商店、和興茶樓、天寶隆商店、鑽石酒樓、龔記粥店、林記商店、黃冠球商店、曾德標商店、錦星商店、田記士多及新

<hr>

區的大道。這條大街沒有正式名稱，在其後段右轉的小山坡為領上唯一有名稱和路牌的「大王山道」小路徑。據說這個名稱是天主教堂曹立珊神父參照了《聖經》中大衛王登上耶路撒冷聖山時書寫《聖詠集》(《詩篇》) 的情景決定的。

〔註 43〕筆者以劉義章、計超：《孤島扁舟：見證大時代的調景嶺》(三聯書店（香港）有限公司，2015 年第 1 版。) 前言附圖繪製。

光明茶樓等；宗教文化景觀中的宣道會、錫安堂、神召會、安息日教會、天主堂等；教育文化景觀中的宣道小學、聖約翰小學、逸仙學校等。這些社區文化景觀亂中有序地排列在大街兩旁，調景嶺的大街形似開埠時港島臨海貫通東西的大馬路，它把小區兩端緊密連接起來〔註44〕。大街前段、中段和後段的上下範圍都能通往各分區。由此可見，調景嶺社區的「大街」在調景嶺社區形成與發展的過程中發揮著重要作用。

調景嶺社區首先是在大坪（北部地區）建立發展起來的。調景嶺在港府及教會的幫助下，在大坪相繼建立起學校、教堂、護老院、醫務室、郵政局、消防局等。此後，隨著人口的增加，社區沿著大街由大坪向中段延伸，並在大街中段（上圖逸仙學校附近）建立了露天街市。後來，又在大街中央的坡度最高之處建立一個上蓋的市集。最後，調景嶺社區又向沙灣一端延伸，建有教堂、學校以及娛樂設施等。據學者劉義章、計超二位學者的研究，小區唯一的露天街市正好位於大街中段，每天上午約 7 時開始，區內小販就在大街兩旁銷售各種蔬菜、雞鴨、魚肉、水果，以及中草藥、成品藥材和海產乾貨等等。約上午 11 時人潮退去後，大街在下午便顯得特別寧靜。而大街向大坪一端延伸分布著更多的學校和教堂，還有圖書閱覽室、醫務所、消防局、郵政局、護老院（養真苑）等，而在沙灣一端則分布著天主堂、鳴達幼稚園、小學、中學以及益智戲院和紹榮鋼鐵廠等〔註45〕。由此可知，從調景嶺社區的時空演變來看，整體上呈現由北向南拓展的趨勢，即先在大坪建立起來，然後延伸至大街中段，最後拓展至沙灣一帶。之所以呈現這樣的趨勢與調景嶺地理環境及閉塞的交通有著很大關係。調景嶺三面環山，一面靠海，地理位置非常獨特，當時其對外聯繫通道主要靠海運。當這批難民從摩星嶺啟程，乘坐輪船途徑鯉魚門抵達調景嶺時，首先是在大坪一帶登陸上岸的〔註46〕，而港府亦是在該地相繼建立起供難民臨時住宿的棚屋。「在 50 年代初期百廢

〔註44〕劉義章、計超：《孤島扁舟：見證大時代的調景嶺》，三聯書店（香港）有限公司，2015 年，第 77 頁。

〔註45〕劉義章、計超：《孤島扁舟：見證大時代的調景嶺》，第 78 頁。

〔註46〕當時調景嶺沒有一個正規碼頭以供船隻停泊，為了開拓水陸交通，他們首先覓得大坪一處較深的海邊地帶，從 1951 年開始修建了一個簡陋的渡輪碼頭。此後，香港航安小輪公司開通了這條航線，這公司「航安號」和「白雲號」兩艘渡輪每半小時一航班，每天穿梭往返香港島東的西灣河和調景嶺。陳勃等著：《香港調景嶺難民營調查報告——為響應世界難民年作，1959～1960》，香港：香港大學社會問題研究社，1960 年 12 月，第 91 頁。

待興的局面下，小區急需從交通建設、社區道路和民生等方面著手發展，因此，解決水上交通問題，也是全區迫在眉睫的重要任務」〔註47〕。因此，交通問題成為困擾調景嶺社區發展的重要因素之一。調景嶺瀕臨將軍澳，相較於摩星嶺則更加荒蕪，人跡稀少，交通不便。見圖5-3所示。

圖5-3　九龍藍田、油麻及調景嶺地圖〔註48〕

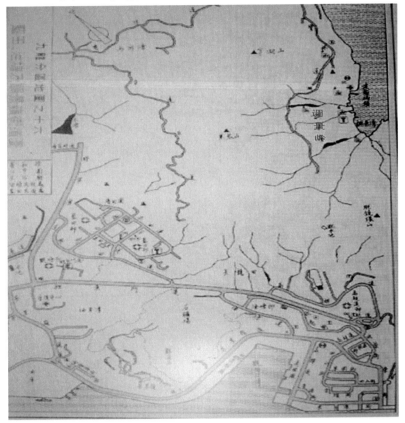

由上圖可知，調景嶺三面環山，一面靠海，地理位置相當偏僻，交通不便。事實上，該地的交通亦只是在難民營建立之後，才陸續建立對外的交通管道。海路方面主要依靠港島筲箕灣往來鯉魚門之間的汽輪；陸路方面，只能依靠步行翻過西面的魔鬼山及南面的照鏡環山，步行一個小時才能到達九龍半島。「1953年以後，才有居民義務修築山路前往市區；至於汽車道路

〔註47〕陳勃等著：《香港調景嶺難民營調查報告——為響應世界難民年作，1959～1960》，第87頁。
〔註48〕《1987年香港年鑑》第四十四回，第七篇之九龍街道地圖，華僑日報社出版社，1987年12月，第120頁。

更要在 1956 年才修築通行」〔註49〕。因此，該地與摩星嶺相比，幾乎處於半封閉式，沒有什麼流動。這種隔絕的地理環境及不便的對外交通，形成一道清晰的界線，使得調景嶺被確立為難民營，讓當地居民締造出一個帶有濃厚政治色彩的難民社區。

第三節　調景嶺社區文化景觀的特質及演變

社區文化景觀反映著自然景觀之上的社區文化形態。由宗教文化景觀中的教堂、寺廟，商業文化景觀中的店鋪、商店，以及教育文化景觀中的學校等組成的物質文化景觀是社區文化在其社區空間上的直接投影，景觀實體與其後的本體象徵都深刻詮釋著「社區文化」的內涵。宗教文化景觀中的信徒，商業文化景觀中的商人，以及教育文化景觀中的教師和學生是以人為主體的文化景觀，他們通過群體的行為影響著社區文化在地域上的演變，從而造成了社區文化在社區內的分異。社區以人為主體的文化景觀為社區物質文化景觀充實了內容，後者又為前者提供了獨特的活動空間。

一、調景嶺社區宗教文化景觀的演變

調景嶺社區的教堂等構成的物質文化景觀是基督教文化在其社區內的直接投影，教堂景觀實體與其背後的象徵深刻詮釋著基督教「神聖空間」的基質。調景嶺社區內的路德會、宣道會、信義會、天主堂等基督教組織的信徒是以人為主體的文化景觀，他們通過共同的宗教活動影響著宗教文化在其社區內的演變，從而造成了基督教文化的地域分異。基督教信徒文化景觀充實了教堂文化景觀的內容，後者又為前者提供了宗教活動的活動場所。

（一）教堂文化景觀的演變

基督教信教傳入調景嶺社區以後，其教堂建築經歷了一個不斷演化的過程。總體來看，調景嶺社區教堂經歷了從初傳時期的簡易教堂到穩定下來後初具規模的發展階段。

1. 初傳時期的簡易教堂

難民早在遷入調景嶺之前，已有信義會、路德會、宣道會及個別獨立傳

〔註49〕梁家麟：《福音與麵包──基督教在五十年代的調景嶺》，香港：創道神學院基督教與中國文化研究中心，2000 年 12 月初版，第 37 頁。

教士（如戴瑞蘭）在東華三院及摩星嶺難民中間傳教。此後，當難民被安排遷入調景嶺時，戴安蘭等傳教士亦隨著難民遷到調景嶺，並一道住進簡陋的 A 字棚，繼續未竟工作。如下圖 5-4 所示。傳教士在調景嶺傳教與東華醫院及摩星嶺時有很大不同，調景嶺雖地處偏僻荒蕪，卻有了自己的地域，自成一個社區。因此，難民可以棲身於固定的棚屋裏，不再露宿街頭，居無定所。而傳教士亦可以在此開闢基地建立教堂、開展較為長期的事工，毋須將工作侷限於不穩定的受眾進行街頭佈道〔註 50〕。由於條件所限，基督教組織初傳時期在調景嶺社區時所建的教堂是非常簡陋的，有些甚至是用棕櫚葉和竹席搭蓋而成。如路德會救主堂開始在大坪新葵鵬內聚會，屋頂由棕櫚葉鋪成，四面牆則由竹席編造。這座葵鵬在晚上亦供難民住宿〔註 51〕。而最早在調景嶺社區傳教的宣道會所用傳教之場所是用紙糊的棚子。「宣道會在山邊開出土地後，首先支搭瀝青紙棚，放上二十幾張長木凳，用小型發電機發電，每晚舉行佈道聚會」〔註 52〕。牧師范約翰記載宣道會在調景嶺奠基的情形〔註 53〕：

> 難胞到調景嶺住定以後，宣道會首先在二區（現改為第四區）
> 山上，牧師住宅旁近，開出一萬多尺平地，支搭帳篷佈道，以後
> 就在那裡建造木板油紙，石棉瓦屋頂，有玻璃窗之教堂，和兒童
> 基金福利會共用。那是全營最宏大、最壯健的建築。在開山平地
> 時，當然要動用許多人工；教會為幫助難胞起見，與其花六元一
> 天從外面請，倒不如三塊錢一天，在營裏就請到人，這對教會方
> 面也省儉得多。好在這不用機器，只是洋鍬和十字鎬鑿開泥土，
> 一筐一筐的倒在外邊，挖出來的碎石放在下面做根基，一切都靠
> 人工。

由此可知，宣道會作為最早在調景嶺社區進行佈道的教會，其最初傳教之教堂是用帳篷搭建的，後來才用木板油紙與石棉為材料建成帶有玻璃窗之

〔註 50〕梁家麟：《福音與麵包——基督教在五十年代的調景嶺》，香港：創道神學院基督教與中國文化研究中心，2000 年 12 月初版，第 81 頁。

〔註 51〕梁家麟：《福音與麵包——基督教在五十年代的調景嶺》，第 82 頁。

〔註 52〕范約翰：《義務診所——調景嶺的福音工作之八》，《基督教週報》，第 382 期，1971 年 12 月 19 日。

〔註 53〕范約翰：《數神的恩典——調景嶺的福音工作之七》，《基督教週報》第 359 期，1971 年 7 月 11 日。

教堂。而早期錫安堂亦是是用油質搭建的紙屋，「但接著而來的問題是如何開辦教會，由於沒有經費，她只能寫信回國，告訴自己教會的牧師，教會立即寄來港幣 900 元，於是便利用這筆款項，購買黑色油紙與木樁，然後由營中信徒合力興建一間油紙房」〔註54〕。當時建成的紙屋非常簡陋，連窗戶都沒有，只開了幾個透氣的洞，初期教堂之簡陋可見一斑。

　　基督教在調景嶺初傳時期的教堂主要以棕櫚葉和油紙為材料。建築形態與難民營搭建的棚屋類似，有的甚至在晚上時為難民提供住宿之用，只是在建築內部或外部以十字架等基督教符號物予以裝飾。

圖5-4　簡陋的小草棚〔註55〕

2. 穩定時期的初具規模

　　隨著調景嶺社區居民生活的日趨穩定，傳教士隊伍的擴大，以及各界增加對調景嶺教會經費的支持，在調景嶺各差會對於禮拜場所的要求已經不再像初期那樣因陋就簡了，新建教堂成為發展教務的首要目標。「教會慕道者眾，一年間已有二百人參加聚會，葵棚不敷應用」〔註56〕。天主教曹立珊神父曾對此有過描述〔註57〕：

〔註54〕梁家麟：《福音與麵包——基督教在五十年代的調景嶺》，第 102 頁。
〔註55〕1950 年，天主教香港教區版權特許編號 HKCDA-036/2015，經天主教香港教區檔案處准許複印。
〔註56〕梁家麟：《福音與麵包——基督教在五十年代的調景嶺》，香港：劍道神學院基督教與中國文化研究中心，2000 年 12 月初版，第 122 頁。
〔註57〕《公教報》，1951 年 4 月 15 日。

　　　　自去年六月二十九日由西環摩星嶺搬遷到這兒，差不多已有一
　　年了。難民的數目，由六七千人增至兩萬人。目前調景嶺堂區傳教
　　的工作，積極的展開，現有教友數目將達三百人，其中新教友占全
　　數之半。在每主日上午九時彌撒，參加的教友擠滿了聖堂，有的還
　　得站在門外遙拜，將來倘教友不斷增加時，還需要一所更大的地方
　　呢。每天下午六時，在聖堂內宣講道理，到聽的人都很熱烈。料想
　　將來會找到更多的亡羊，同歸於一棧一牧。

　　由於天主教教會慕道者日眾，當初所建之葵鵬已不敷應用，曹立珊神父
計劃募集資金興建新的教堂。史培爾曼捐出兩千元美金，這在當時是相當大
數額的捐助，曹立珊神父利用大約 1000 美金興建了一間兩層高的木板大樓，
上層為聖堂，下層分成四間教室〔註 58〕。宣道會成立初期，暫時以醫務所的
紙棚進行傳道布教，並無正式堂址，後來隨著慕道者的增加，出資雇傭難民
信徒平整土地，興建一間能容納二百餘人的大木屋，共費港幣七千元〔註 59〕。
路德會調景嶺教堂於 1951 年改建成木房子。1954 年，經港府撥地，於七區
平整土地，建立能容納百餘人的木構教堂，易名為聖約翰堂。1961 年，教會
又將教堂改建成三合土的禮拜堂。由此可知，進入穩定時期後調景嶺社區教
堂建築材料以木質為主，其後，又從木質結構改建成三合土禮拜堂，改變了
最初時用油紙，棕櫚葉等材料的簡陋情況。

　　由各差會所建立之教堂，不僅象徵著傳教士在這塊異教的土地上仍信奉
上帝，而且令其時刻回憶其故土〔註 60〕，因此，傳教士們「初來中國時，建
造的住宅與其本國正在流行的建築樣式大體一致」〔註 61〕。因此，調景嶺社
區所建的基督教教堂，雖然由於各差會的差異而有所不同，但是總體上是以
西方風格為主導的。高尖窗、半圓拱窗等西式建築元素是其共同特徵。如圖
5-5 所示。

〔註 58〕梁家麟：《福音與麵包──基督教在五十年代的調景嶺》，第 123 頁。
〔註 59〕范約翰：《義務診所──調景嶺的福音工作之八》，《基督教週報》第 382 期，
　　　　1971 年 12 月 19 日。
〔註 60〕Macgowan, J.Pictures of southern china. London, 1897. 91.
〔註 61〕Dutton, H.W. The chinese Recorder, 1933, 64:433.

圖 5-5　調景嶺錫安堂〔註62〕

（二）信徒文化景觀的演變

　　信徒是基督教傳播的重要對象，由於基督教信徒的人口特徵及日常生活中包含了豐富的宗教文化內容，因而信徒亦成為宗教重要的文化景觀之一。信徒文化景觀不同於宗教建築景觀，它是由流動的人口組成的，具有很強的流變性。而自調景嶺社區建立以來，其經歷了不同的歷史發展時期。基督教作為調景嶺社區成員之一，其社會結構特徵也在不斷發生變化。

　　調景嶺社區能夠在一個偏僻的荒野上發展成為居住了兩萬多人的秩序井然的社區，基督教在其中發揮了重要的作用。基督教教會在調景嶺成立以後，為那裡的難民及時提供了生活上的救濟與幫助，也為該區早期各方面的發展作出了顯著的貢獻。正因如此，調景嶺社區宗教氣氛濃厚，每年聖誕節和復活節期間，整個社區都沉浸在悠揚的教堂鐘聲和聖樂中，呈現一片祥和和喜悅〔註63〕。

　　首先在調景嶺建立教堂的是宣道會，宣道會調景嶺堂建於小區二區 54 號，臨近大街口。此後信義會亦很快在調景嶺八區 335 號建立信義會福音堂，並原設於街頭的流動難童學校發展成較具規模的學校。路德會緊隨其後，

〔註62〕劉義章、計超：《孤島扁舟：見證大時代的調景嶺》，三聯書店（香港）有限公司，2015 年，第 108 頁。

〔註63〕陳勃等著：《香港調景嶺難民營調查報告——為響應世界難民年作，1959～1960》，香港：香港大學社會問題研究社，1960 年，第 46 頁。

建於小區七區 146 號，位於調景嶺大街前街口福音道上、大水塘之下，離宣道會幾分鐘路程。這些工作在開營兩三個月內便都奠基了，速度發展很快。1950 年 12 月，調景嶺社區內已有各式教堂六所，包括路德會、宣道會、信義會、錫安堂、天主堂、安息日會，近千居民接受了基督教信仰，尚未計算為數更多的慕道友〔註 64〕。其後，崇真會、神召會、聚會所等亦加入傳教行列。1950 年至 1955 年成為教會在調景嶺發展的黃金時期：在這五年間，約有二千多人接受天主教信仰、另有三千多人接受基督教信仰，兩數加起來即占全營人口的十分之二，這個皈依的比例在整個中國近代基督教歷史上也是空前絕後的〔註 65〕。

調景嶺各教會在其社區內扮演著重要角色，為區內居民作出多方面貢獻。當時難民大都在物質生活上極度匱乏、精神不振。傳教士為及時為她們提供物質和精神上的支持與幫助。據范約翰牧師講，在最初遷入調景嶺的六千多難民中，接受耶穌基督為救世主並受洗歸入教會者約有三千多人〔註 66〕。傳教士為這些孤苦無依的難民提供的無私幫助，成功把調景嶺社區居民聚合在一起，使他們努力和勇敢地生活下去。由此可見，調景嶺社區在建立過程中，基督教扮演著十分重要的作用。

調景嶺社區居民與宗教保持著密切的關係。如果說教會與調景嶺居民相呼吸、相始終，確實一點都不誇張。如前所述，沿著社區「大街」從北至南，每一個小區都建有教堂：碼頭附近大街口處建有宣道會，離宣道會幾分鐘路程的錫安堂，往前走是聖約翰堂，在該堂東南不遠處即是神召會，繼續向前進入大街橫道便是信義會，再往南至沙灣一帶便是天主教堂。眾多教會在社區居民處於人生低谷時，為她們提供物質所需和精神上的慰藉，最後使他們能夠在小區安居下來。

教會對於調景嶺社區建立的作用，梁家麟牧師亦曾指出：

> 調景嶺是一個非常獨特的社區，五十年代是一個非常獨特的時代，在這個時空環境下建立的也是獨特的教會。早期的福音對象，都是隻身來港，身無長物的難民。他們一無所有，生活無著，前途

〔註 64〕履平：《營中雜寫》，《營報》創刊號，1950 年 12 月 25 日，第 13 頁。

〔註 65〕梁家麟：《福音與麵包——基督教在五十年代的調景嶺》，香港：劍道神學院基督教與中國文化研究中心，2000 年 12 月初版，第 199 頁。

〔註 66〕范約翰：《調景嶺史話——調景嶺的福音工作之一》，《基督教週報》第 306 期，1970 年 7 月 5 日，第 3 頁。

迷茫，只要有人關心他們，給予實質的援助，他們便會有積極的回
應。適時在他們中間擔任傳教工作的傳教士或華人傳道，正好為他
們這些缺乏作補足〔註67〕。

由此可見，教會與調景嶺社區居民生活息息相關，及時向漂泊在調景嶺
社區的難民伸出援手，為他們提供生活上的幫助和精神上的慰藉。眾多調景
嶺社區難民在人生困厄中，因教會所傳達的福音而得以重新站立起來，開創
人生新里程。

此外，值得一提的是，在調景嶺社區內不同差會所服侍的族群有所差
異，並隨著所服侍族群人口的變化而變化。基督教香港崇真會以服侍客家
人為主。1950 年，崇真會各會堂捐款救助調景嶺的客籍難民，開始關懷當
地的社會工作〔註68〕，翌年，崇真會傳道部議決設立調景嶺宣道所，由區
牧何道牧師來營，委任周美珍為主任，借用信義會堂址為禮拜堂。1952 年
5 月舉行了第一次洗禮，共有四十位客籍難民接受洗禮，由深水埗堂洪德仁
牧師與何道修負責帶領查經班。一年後，周美珍調職窩美堂，何道修兼任調
景嶺宣道所主任〔註 69〕。後來，區董會鑒於調景嶺社區的客籍居民不多，
宣道所於 1953 年結束事工工作，當時信徒有 166 人；福音事工調入調景嶺
路德會〔註70〕。

二、調景嶺社區商業文化景觀的演變

由於調景嶺社區是在一片荒蕪之地上建立起來的，其初並無任何經濟生
產活動，絕大多數難民亦無工作。起初，社區內兩萬多居民靠著各方救濟勉
強維持基本生活。有關早期調景嶺社區的社會經濟生活，《香港調景嶺難民營
調查報告》有過詳細描述：

〔註67〕 李光堯：《主賜給我的都是從主那裡來的》，《香港路德會救恩堂建堂銀禧紀念
特刊》，香港：香港路德會救恩堂，1978 年，第 90 頁。

〔註68〕 《基督教香港崇真會救恩堂百年事略》，《基督教香港崇真會救恩堂立會一百
週年紀念特刊（1867～1967）》，香港：基督教香港崇真會救恩堂，1967 年，
第 58 頁。

〔註69〕 江順昌：《窩美崇真堂簡史》，基督教香港崇真總會編：《香港崇真會立會一百
四十週年紀念特刊（1847～1987）》，香港：基督教香港崇真會救恩堂，1987
年，第 246 頁。

〔註70〕 張維豐：《香港崇真會史略——香港崇真會編年史》，《基督教香港崇真會救恩
堂立會一百週年紀念特刊（1867～1967）》，香港：基督教香港崇真會救恩堂，
1967 年，第 76 頁。

難民之居住情況，頗不穩定，……他們很少在營中取得安定之職業，那裡缺乏生產之土地（僅有一些山坡一帶可供種菜），沒有較大規模之工商業。比較穩定之職業者，只是在營內各學校任教之教師、醫務所及教會團體之職員、自治工作人員、小商販、建築工人等……從大體上言，難民營只是一個消費多於生產之地區，這種比率而且是懸殊的，他們之收入，既未固定，自亦無從預測〔註71〕。

由此可知，總體而言，早期調景嶺社區是一個幾乎沒有任何生產的地區。作為一個難民安置區，一是區內尚未開發，缺乏生產之平整土地；二是區內沒有可以造就大量就業機會的工商業。故而，起初其是一個消費多於生產的獨特社區。後來，隨著大量難民的遷入，為滿足社區日常生活所需，一些售賣民生用品的小商鋪和經營地方小吃的食品店相繼出現。這些店鋪和每天上午在大街上的市集活動構成調景嶺社區的主要社會經濟生活面貌。當時《香港調景嶺難民營調查報告》記載了從事零碎生意行業：

①難民煙。又稱為百鳥歸巢，或雞尾煙，是把在大街上拾來的煙頭，用香煙紙包捲起來而成的，一毫子（十分錢）可購十枚。用廢硬香煙盒裝成整包裝，有時經營者多了，為了兜搭生意，一毫子可購十一枚。更有趣的是，捲煙中是包著存黃色的煙葉者係上品，六支或八支即值一毫，因其間未雜有燒焦者。

②什錦菜。經營此業者，並不常有，亦不多見，此什菜原來是酒家菜館中之餘餘，將它收來，放在空桶中，再煮滾一下，一毫子一碗。果然生意滔滔，但非得有交情者，尚難有原味。

③麥片粥。經營者，只在道旁，排著一個洋鐵罐，裏面煮著用麥片混著清粉（有黏性的）的名副其實的稀粥，但價值便宜，一毫子可賣到兩小碗（好像碟子一樣），果腹雖不足，但可騙騙肚子，兩個難胞合作起來，每天之生意，仍是可觀的，難民中曾有以此為家者。

④爛草席破鞋。這些東西的來源，是在九龍灣邊之垃圾尾。（該地為港九市區垃圾集中傾倒地，係由垃圾船載來者。此地現已填海

〔註71〕陳勃等著：《香港調景嶺難民營調查報告——為響應世界難民年作，1959～1960》，香港：香港大學社會問題研究社，1960 年 12 月，第 95～96 頁。

闢為觀塘工業地，倒垃圾處移至醉酒灣地方。）草席之用途是作紙
屋之牆壁，破鞋之能有銷途，可能是逃難者，在逃亡時只有攜備穿
在腳下的一對鞋，而且走山道多了，也容易破爛，作為補充之用。

⑤賣茶水的。一種是賣茶水，五分錢有兩碗，以解渴用。一種
是茶館式，一毫子一杯，有座位，適於閒坐聊天〔註72〕。

由以上可知，當初難民遷到調景嶺時，為了尋找生活的出路而從事零碎
生意，這些生意甚是奇怪且又可憐，更是難得有一種可以直接生產之行業，
而且大多時興時輟。其後，由於教會和西方傳教士興辦刺繡等手工藝作坊，
居民才得以開始自食其力。其中包美達教士和白樂云教士為調景嶺社區手工
藝品得發展作出了傑出貢獻。1954年包美達傳教士為幫助調景嶺社區居民解
決生計問題，創辦了路德會手工部，聘請手工藝大師，教導難民學做手工藝，
包括竹龍、布公仔、竹拖鞋、刺繡、女裝手袋及紙皮首飾箱等等〔註73〕。此
外，錫安堂戴瑞蘭教士亦創辦了一家工藝社，建有兩層高石屋作為辦公室、
收發室、倉庫及陳列室。當時參加工作的男女約有80人。工藝社產品包括精
美的刺繡、玩具等，產品銷路以瑞典為主，也有部分銷往英國和加拿大〔註74〕。
調景嶺社區居民勤勞刻苦地從事各式各樣的手工製作，在教會教士的幫助下
得到了合理的回報，亦使得他們在人生的低谷時刻可以自力更生，有尊嚴的
生活下去。

此後，隨著社區居民生活逐漸得到改善，他們亦有能力加入到消費行列
中，又由於調景嶺教育事業發達，吸引來自港九及新界幾千名學生前來就讀
學習，這些寄宿生的日常消費亦帶動了社區經濟活動。許多與消費或服務行
業有關的店鋪應運而生。如榮記茶樓、國民商店、宏發商店、毛記燒餅、元豐
商店、永生飯店、小上海麵店、大雙廣涼茶鋪、明源茶樓、明輝商店、大路商
店、利源水果、日新商店、建成商店、和興茶樓、天寶隆商店、鑽石酒樓、龔
記粥店、林記商店、黃冠球商店、曾德標商店、錦星商店、田記士多、新光明
茶樓等等。

〔註72〕陳勃等著：《香港調景嶺難民營調查報告——為響應世界難民年作，1959～
1960》，香港：香港大學社會問題研究社，1960年12月，第97～98頁。

〔註73〕李明：《模範宣教士》，載陳黃燕霞主編：《仰望雲彩的笑顏——香港路德會的拓
荒者：包美達教士紀念集》，香港：香港路德會社會服務處，2009年，第38頁。

〔註74〕陳勃等著：《香港調景嶺難民營調查報告——為響應世界難民年作，1959～
1960》，第49～51頁。

三、調景嶺社區教育文化景觀的演變

在調景嶺社區建立及發展的過程中，港府沒有為其社區居民提供教育服務。然而，由於得到教會及其他社會組織的幫助，調景嶺社區的教育事業至為發達。至 20 世紀 50 年代中期時，在人口不到 3 萬的調景嶺社區內已經建立了各級中小學十餘間。包括中學四間，分別為調景嶺中學、鳴達中學、信義中學及逸仙中學；獨立小學（不附設在中學的）四間，分布為聖約翰小學、德風小學、宣道小學及觀音小學；獨立幼稚園（不附設在中、小學的；基督教兒童福利會幼稚園）一間。此外，私立大專文化書院亦在該社區內開設分校。從人口比例上來看，調景嶺的學校數目在整個香港都是名列前茅的〔註 75〕。而 1960 年的數字更是顯示社區內學生人數約占本區居民的三分之一〔註 76〕。

調景嶺發達的教育使其被稱之為「文化城」。當時有人這樣概況調景嶺的教育事業：

> 當時調景嶺被人形容為「文化城」；因為調景嶺面積縱橫不到三公里，全盛時期，居然辦有五間中學、九間小學和三間幼稚園，是香港任何地方也沒有的。多年來，從港九各地就讀人數的總和，不會少於十五萬人；無形中替香港政府在教育上，減輕了一個很大的包袱〔註 77〕。

調景嶺社區教育既保存和維護了優秀的中華傳統文化，同時亦吸收了西方民主自由和科技文化，融合中西文化於一體。在調景嶺南北長達不到 3 公里的區域內竟然建立了如此高密度的不同層次的學校，實屬罕見。究其原因，其一，社區內居民，雖為難民，但一般素質較高，有很多不乏前國民黨政、軍中受過高等教育的公職人員，這些人自身很重視教育，也熱心參與到本社區內教育事業中去。「延攬營內熱心教育之難胞，擔任教職工作，除領取本身之一份飯餐外，別無待遇」〔註 78〕。

〔註 75〕 梁家麟：《福音與麵包——基督教在五十年代的調景嶺》，香港：劍道神學院基督教與中國文化研究中心，2000 年 12 月初版，第 148 頁。

〔註 76〕 劉義章、計超：《孤島扁舟：見證大時代的調景嶺》，三聯書店（香港）有限公司，2015 年，第 128 頁。

〔註 77〕 《調景嶺滄桑四十載》，收 Norman Lau 編：《調景嶺之歲月（1950～1993）》，香港：私人出版社，1993 年第 1 頁。

〔註 78〕 香港調景嶺中學校刊編輯委員會主編：《嶺中三十五年》，香港：調景嶺中學，1985 年，第 6 頁。

　　其二，得到了教會的特殊關照。教會大力支持在調景嶺興辦學校。如信義會牧師顧永榮創辦信義中學；天主教曹立珊神父創辦鳴達中學；路德會開辦的聖約翰小學；宣道會興辦的宣道會小學等。此外，基督教兒童福利會也辦有一所幼稚園。20 世紀 50 年代中期，基督教在調景嶺興辦教育事業進入全盛時期，據統計在 1958 年時，調景嶺各教會學校共招收了三千學生之巨〔註 79〕。

　　其三，大量區外孩子前來就讀。20 世紀 50 年代，香港政府並無全面承擔教育的責任，除了少數幾所官立學校之外，教育服務乃由教會、社團及個別熱心人士主辦，政府雖對少數有歷史傳統的學校提供部分經費補助，但由於補助金額有限，即使一些官立學校亦得收費。而調景嶺社區內大部分學校屬於義務性質，不單不收學費，書本費亦免除，當中不少學校設有寄宿生制度，而且膳食費低廉。結果，香港其他地區的貧苦家庭亦紛紛把孩子送到調景嶺入學。從 1960 年統計的數字顯示，當時社區內學生人數合共三千餘人，其中寄宿生約兩千名，約占三分之二〔註 80〕。

　　事實上，調景嶺社區的教育是小區居民用點點滴滴的血汗凝結而成的，當時的學校都是由小區居民和師生憑著勤勞的雙手，把最簡陋的葵棚逐步改造成新型教學大樓。這種艱苦奮鬥的精神亦深深影響了其社區內學校的校風。調景嶺校風淳樸，教學理念高尚，管教有方，不僅為本社區的社會經濟發展造就了大量人才，而且對推動周邊，乃至整個香港的教育文化事業都起到了重要推動作用。

小　結

　　美國地理學者索爾（Sauer）將文化景觀概括為「附加在自然景觀上的人類活動形態」〔註 81〕，依此定義，我們可以將社區文化景觀理解為是社區文

〔註 79〕　港九各界救濟調景嶺難民委員會編：《香港調景嶺營難民概況》，香港：港九各界救濟調景嶺難民委員會，1959 年，第 7 頁。
〔註 80〕　香港調景嶺中學校刊編輯委員會主編：《嶺中三十五年》，香港：調景嶺中學，1985 年，第 30～31 頁；《陳寶善先生訪談錄》，載胡春惠主訪，李穀城、陳慧麗記錄整理：《香港調景嶺的誕生與消失：張寒松等先生訪談錄》，第 145～170 頁。
〔註 81〕　李旭旦：《中國大百科全書·地理卷：人文地理學》，北京：中國大百科全書出版社，1984 年，第 223 頁。

化在地域空間上的投影。這種投影既包括實在可見的物質景觀，如社區內的宗教建築、商店及學校等；也有存在於以這些物質景觀為載體的宗教活動、商業活動及教育活動等。物質景觀實體與其後的本體象徵都深刻詮釋著「社區文化」的內涵。宗教文化景觀中的信徒，商業文化景觀中的商人，以及教育文化景觀中的教師和學生是以人為主體的文化景觀，他們通過群體的行為影響著社區文化在地域上的演變，從而造成了社區文化在社區內的分異。社區以人為主體的文化景觀為社區物質文化景觀充實了內容，後者又為前者提供了獨特的活動空間。

通過對調景嶺社區研究發現，調景嶺社區文化景觀的流變既反映了移民社區在香港的本土化過程，又體現了不同文化的相互滲透。在社區文化整合的過程中，調景嶺社區文化景觀通過時空演變不斷進行著景觀的整合與分異。其中，社區文化景觀中的基督教文化景觀作為外來文化在調景嶺地域上的反映，其歷史演變的過程正是基督教本土化的過程。調景嶺基督教教堂建築從最初簡易教堂到西式建築形式，是基督教文化本土化過程的必然結果；基督教教堂景觀在調景嶺的地域分布差異則折射出基督教文化對社區文化的整合與分化。

把調景嶺社區放在香港乃至整個中國當時的時空視野中思考，我們發現，是歷史的洪流造就了調景嶺獨特的社區文化景觀。在從其誕生到消失的不可抗拒的歷史潮流中，調景嶺社區文化景觀亦不斷改變，在變異中求得存續；在存續中求得發展，避免被時代的洪流所吞噬。雖然最後仍沒有逃脫被清拆的命運，但其的確見證了香港城市社區翻天覆地的巨變，為我們研究香港城市社區提供了一個獨特的景觀視角。

結論與討論

　　社區在香港的發展經歷了一個歷史演變與空間擴散並立的過程。香港是一個移民社會，在這一複雜的移民群體中既有外國人中的英美人、葡萄牙人、印度人及日本人等群體，又有內地移民中的廣府人、客家人及福佬人等群體。這些移民群體組成不同類型與風格的社區，在不斷的衝突與融合中，產生了香港獨特的社區文化景觀。本文對香港城市社區進行了多層面的研究與探討。研究的核心是欲探討自開埠以來香港城市社區的歷史演變與空間分布及其成因，從歷史城市景觀理論的角度來分析香港城市社區的類型、結構與功能；形成、發展與繁榮；多元文化的衝突與融合，以求展現一幅香港城市社區文化生態之完整畫卷。

一、研究結論

　　（一）由於受到以城市政治、社會經濟發展為主導的多種因子影響，社區在香港的發展經歷了一個複雜曲折的過程。自香港開埠至 1991 年時，社區在香港的時空演變經歷了社區建設萌芽時期、社區建設初步發展時期、社區建設萎縮時期、系統社區建設時期、社區建設快速發展時期以及社區建設新的發展時期六個階段；在地域上則由最初的港島擴展至整個香港地區，香港島的中西區、灣仔、北角等區，九龍的油麻地、尖沙咀、旺角、深水埗、紅磡、九龍城、慈雲山等區及新界的大埔、元朗、西貢等區成為社區在香港的擴散中心。這種由口岸向腹地、由沿海向內地的空間擴散特徵與香港人口的遷移、城市社會經濟的發展趨勢基本一致。

　　從香港社區發展的歷史分期來看，戰前這一時期的香港社區多以聚居區

作為空間，即形成許多新的鄰里，人們聚集於同一棟大樓或同一個街區裏，人們的「社區感」不強，這種雖有社區之名，但事實上住民彼此之間溝通與聯繫不深入，對於所在的社區環境也缺乏參與，其實只能算是彼此的鄰居，實際上缺乏「社區感」，並不能稱之為真正的社區。及至戰後，香港社區工作才依次展開，而真正興起則是在六七暴動之後，該時期香港社區工作經歷了社區工作的建立、社區建設計劃及鄰舍層面社區發展計劃等三個階段。

（二）在城市開發進程的推動下，香港的地區發展與人口分布也不斷發生變化，進而帶動由不同族群組成的社區分布也隨之產生明顯的時空差異。總體而言，20世紀以前，由於港府推行分區而居的種族隔離政策，香港城市社區是華洋分離的。華人社區主要集中分布在港島的西環、上環、灣仔、筲箕灣及北角一帶；而外國人社區則集中分布在港島的中環、半山及山頂一帶。然而無論是華人社區，亦或是外國人社區，在其內部則呈現出大雜居的特點；而在兩大社會區內次一級的族群所形成的社區則又呈現出集中聚居的特點。基於香港外來移民社區在香港的空間分布狀況，我們可以總結出香港外來移民形成聚居社區的三個特點。

第一，香港外來移民社區呈現大分居、小聚居的特點。一方面，香港外來移民中的華人與外國人在宗教信仰、文化傳統及生活習慣等方面存在著較大差異；另一方面，港英政府人為製造華洋分居的隔離政策，這兩方面的因素最終導致香港華洋移民社區大分居局面。又由於外來移民人數始終較少，他們遷入香港後也會自然而然地趨近於各自的族群，主要分布在香港城市的核心地帶，如維多利亞城的中環、半山一帶，以及九龍的尖沙咀與九龍塘一帶，其內部呈現出小聚居特點。華人社會區中各族群形成的社區也有類似狀況。

第二，香港島的維多利亞城是外來移民社區的主要集中地，在維多利亞城及其周邊地區幾乎聚居了香港所有外來移民族群，不論是外國人移民中的歐美人、葡萄牙人、日本人、印度人，亦或是華人中的廣府人、客家人、福佬人，任何族群的人在這裡都形成了自己的社區。該區域是香港人口密度最大、構成最為複雜的一個區域，同時也是香港的政治、經濟中心。

第三，香港移民形成的社區呈現由南向北拓展的趨勢。總體來說，香港地區的人口分布首先在港島北岸集中，在港島飽和之後，向北邊的九龍推進，九龍城市發展成熟後，又向新界流動，整體呈現出一個由南向北推進的分布

趨勢。人口的這種分布趨勢，也代表著城市社區的分布趨勢走向。

　　20 世紀上半期，隨著九龍半島的開發與建設，香港人口由南向北遷移的趨勢。人口分布趨勢的變化亦帶動了城市社區向九龍轉移，尤其是九龍的尖沙咀、油麻地、旺角、紅磡、深水埗、長沙灣、九龍城、何文田及黃大仙一帶。

　　20 世紀中期以後，港府推動的市鎮化與工業化，以及後來推行的舊區清拆與市區重建繼續帶動人口分布的變化，再次實現了香港人口的重新分配。人口分布的變化自然將改變城市社區的分布格局，帶動各地區的社區發展。

　　香港外來移民在香港自主地構成聚居區，分布在整個香港地區的每一個角落，從事各種職業，共同為香港城市社區的發展與繁榮打下了堅實的基礎。

　　（三）香港由於特殊的經濟社會因素的長期作用，形成了特有的城市社區結構模式，城市社區結構可相應分為四個層次，即以幾戶業主為主體，對應的互助會為社區服務的社區；對應分區委員會管轄範圍的城市社區；對應區管理委員會管轄範圍的社區；對應民政事務署管轄範圍的城市社區。隨著香港城市現代化的發展，原有城市社區空間的分化整合日趨活躍，正確引導其城市社區空間結構的調整與重組成為關注的重點。

　　社區地理環境的不同、社區人口數量和構成的不一樣、社區空間分布的不同、社區結構和社區文化氛圍以及歸屬感的差別，都會對社區類型的劃分產生影響。

　　（四）香港城市社區建設，可以保證社區功能的實現。隨著時代的變遷，其城市社區功能亦會隨之調整。同時，由於城市社區在不同時間段內的時空演變，其社區功能會有新的增加和改變的部分。總的來說，社區具有的文化、教育、商業等基本功能是不會改變的，故香港城市社區能持續不斷深入的向前發展。進入香港城市社區建設快速發展時期以後，其基層社區組織與港英政府的互動更為頻繁與密切，其市民社會民主的社區功能特徵更加明顯地顯現。香港社區發展和社區組織建設的主要內容亦超越前期只關注慈善、社會福利及就業培訓的範疇，更加注重提高居民社區意識，培養社區情感；促進市民有組織地為社區服務的社區行動；增加居民的自豪感和歸屬感等方面。此時，香港社區發展更多以「服務取向」和「問題解決取向」為目標，在這一過程中，其社區的功能隨著社會問題的湧現而不斷增多和完善。

　　（五）香港城市社區文化景觀的流變既反映了外國人社區在香港的本土化過程，又體現了不同社區文化的相互滲透。在社區文化整合的過程中，香港社區文化景觀通過時空演變不斷進行著景觀的整合與分異。

　　在宗教文化景觀方面，香港社區文化景觀中的基督教文化景觀作為外來文化在香港本土地域上的反映，其歷史演變的過程正是基督教本土化的過程。香港基督教教堂建築從西式到中西合璧再到現代化的建築形式，是基督教文化本土化過程的必然結果；基督教教堂景觀在香港的地域分布則折射出基督教文化對社會資源利用的地域差異。

　　通過對香港城市社區內商業文化景觀時空演變的研究，發現其商業文化景觀的時空演變呈現如下特點：其一，直至 19 世紀 90 年代初，香港社區商業文化景觀主要集中分布在港島中區。此後，隨著港島西區的持續開發及遮打填海計劃的實施，港島商業文化景觀呈現向西轉移的趨勢，尤其是華人社區商業文化景觀的轉移更為明顯，該區變成南北行及金山貿易的中心。及至 20 世紀中期，香港島形成了以皇后大道、文咸東街與蘇杭街、皇后街及干諾道中心的華人商業中心區。區內各業雲集。總而言之，港島中西區成為港府商業經濟的重要支柱。這片緊湊小區成為香港金融中心、人脈網絡核心，環球商業薈萃之地。其二，香港社區商業文化景觀的分布呈現出同種商業類型集聚的特點，同行業彙集一地，形成規模效應，既方便消費者選擇與比較，又有利於市場開拓擴展。

　　香港開埠以來，由於中英兩國在政治制度和文化教育政策的差異、不同外來移民所帶來的多元文化對文化教育需求的異同等，各種因素共同疊加造就了香港文化教育景觀在不同的時期具有迥異的發展層次。但從總體上看，無論是高等教育還是社會教育、基礎教育，都明顯地呈現出「華洋雜處」、「東西並存」、「各據一方」、「相互交融」的特點。

二、研究的學術貢獻

（一）研究領域上新的探索

　　對香港城市社區進行綜合研究，拓展以往歷史社會地理學偏向關注表層、宏觀社會文化現象研究的傳統。

（二）研究方法上新的思考

　　本文以歷史學為主導，結合社會學、地理學、人類學、公共管理學等學

科的研究方法，從多學科多角度對香港城市社區進行探討，為歷史地理學研究開闢新的視野。

（三）研究材料上新的突破

筆者一方面認真梳理了《遐邇貫珍》、《循環日報》、《華字日報》、《華僑日報》、《香港工商日報》、《香港工商晚報》、《大公報》等報紙對香港移民族群活動與社區工作與行動的報導，並從中摘取，條分縷析，以助研究之用。另一方面，充分利用香港社會服務聯會社區發展部編製的《社區發展資料彙編》等材料，不僅有助於本研究之用，還為後續學者研究香港社區起到拋磚引玉之作用。

（四）研究論點上新的發現

本文從社群的角度，分析社區的類型與空間分布，結構與功能以及對社區景觀營造的影響。填補以往香港城市社會史研究中關於「社區」研究的空白，具有相當的創新意義。

三、研究的主要不足

由於歷史社會地理學固有理論的貧乏，常常需要借助歷史學、地理學及社會學等其他學科理論，甚至是跨學科研究。而筆者受限於學科背景，論文並未對應用的部分理論作系統的評價，這使得基於這些理論所得到研究結果可能具有一定的侷限性。

本文的史料來源一部分來自舊報紙，而閱讀報紙則須耗費大量時間，筆者精力所限，又受工作、家事等諸多因素煩擾，故對報章材料之有效使用還需提高。

本文雖然採用了多種研究方法，但對社會學專業方法的運用上，似乎還有可以深入的空間。這些均只能寄望於後續研究。

四、延伸性討論

本文對香港城市社區時空演變的研究還只是歷史社會地理學研究的一次嘗試，研究內容涉及較廣，因而在某些方面尚需進一步深化。作為對後續研究的鋪墊，筆者認為，至少在以下幾個方面，還需有進一步探討的空間。

（一）在歷史地理學研究體系當中，歷史社會地理學是一門較新的學科，主要分析社會組別的分布狀況和地區特徵之間的關係。本書的目的在說明香

港城市中的不同社會組別，包括英美人、葡萄牙人、印度人、日本人以及華人中的廣府人、客家人及福佬人和他們聚居的社區之間互為影響的關係。在城市裏，具有同類型社會特徵的人，如收入階層相同、社會地位相同、族群裔別相同等，往往會聚居在一起，從而造成社會組別在地域上分布極不均衡的現象。從地理學的角度來看，由於不同社會組別的人通常都有著不同的意識形態、價值觀念和生活習慣，他們影響所及的社區面貌，如屋宇的類型、店鋪所提供的商品、街道的寬窄和整齊程度等等都會有所差異。換句話說，由於不同社會組別的人具有不同的行為模式，當不同的社區聚居著不同的社會組別時，也就有著不同的社區特徵。因此，我們在分析城市內部各社區的特徵時，也就著眼於聚居在這些地區裏的個人行為以及由於這些行為所造成的地方特色。這一點，學者周鎮城在《紐約唐人街的社會地理》一文中有所關注。

　　西方學者在研究城市社區與社群的關係時，往往應用「入侵——替代」（incasion—succession）模式來解釋之。如芝加哥大學的社會學家 Burgess 和 Park 等人提出引用生物界「物以類聚」以及生態學中物物各占地盤、互相攻防等現象，說明社區的遞擅（Burgess，1924、1928；Park，1926）。舉例來說，某一族群甲聚居在 A 社區，造成 A 社區具有某些特殊的特徵，後來另一族群乙逐漸遷入到 A 社區，即模式中所指的入侵，但由於甲乙兩個族群之間的生活方式差異，遂引起兩個族群之間衝突。如果甲方不能阻止更多乙方的成員遷入到 A 社區，那麼甲族群只能搬離 A 社區，最後整個社區被乙族群所佔，即模式所指的替代，而該社區的特徵亦會隨之改變〔註1〕。

　　這種「入侵——替代」的現象在香港城市社區中也是存在的。如上環摩羅上街與摩羅下街，起初是印度水手和士兵聚居在該街區，形成了印度人社區。該街道之名「摩羅」正是取自對印度人的一種稱呼。此後隨著華人的大量遷入，印度人無力阻止華人的遷入，該街逐漸被華人替代。

　　而在華人社區內部也存在著「入侵——替代」的現象。如港島北角地區。大約 20 世紀 30～60 年代，北角聚居著大量的上海人，亦有「小上海」之稱。後來隨著福建人的遷入，北角逐漸成為福建人的聚居地，該地家喻戶曉的春秧街、僑冠大廈、僑輝大廈、華豐國貨有限公司、福建同鄉會、旅港福

〔註1〕周鎮城：《紐約唐人街的社會地理》，載《地理研究與發展研討會論文集》，香港：香港大學出版社，1993 年。

建商會、福建中學、閩僑中學、南洋商業銀行等多所機構皆是福建人開辦的。多年來，北角一直是老一輩福建人或是從內地移民到香港的壯、青、少三代「新福建人」的聚居總區，20世紀50～60年代起，北角素有「小福建」之美譽。

對於以上社區與社群之間存在的「入侵——替代」的現象，由於資料所限，缺乏相應的田野調查，本文尚未作深入探討，這些都是值得繼續深入研究的方向。

（二）本文在研究不同類型社區在香港的空間分布時，由於地圖資料所限，對於部分社區只能大致概括，而不能精確描繪出社區的空間方位，這與筆者在開題之初設想要描繪出一幅完整的香港主要社區分布位置圖的初衷相去甚遠，實屬遺憾。期待後續研究者能在本研究的基礎上進一步完善提高。

綜合而論，本文是基於香港城市社區在歷史變遷過程中所經歷的文化整合、文化景觀的演變及對社區營造的影響而進行的研究。時間線索和空間視角貫穿全文，對於在城市化背景下社區發展與演變的研究是論文的重點所在。當然，歷史社會地理的研究無論在內容、方法還是理論上，都尚有巨大的探索空間。本文亦只能算是這一領域研究的一個起步，希望為後續研究者起到拋磚引玉之作用。

參考文獻

一、中文檔案、文獻、著作與論文

（一）中文檔案與文獻

1. （明）郭斐編：《粵大記》，北京：書目文獻出版社，1990 年。

2. （明）戴璟、張岳等纂修：《（嘉靖）廣東通志初稿》，濟南：齊魯書社，1996 年。

3. （明）黃佐修：嘉靖《廣東通志》，廣東省地方志辦公室謄印本，1997 年。

4. （清）靳文謨、鄧文蔚纂修：《新安縣志》，廣州：廣東中山圖書館，1962 年。

5. （清）郭嵩燾：《使西紀程》，臺北：廣文書局，1962 年。

6. （清）印光任，張汝霖：《澳門紀略·上卷》，臺北：成文出版社，1968 年。

7. （清）黃釗：《石窟一徵》，《中國史學叢書續編》，臺北：臺灣學生書局，1970 年。

8. （清）康有為：《康南海自編年譜》，臺北：廣文出版社，1971 年。

9. （清）舒懋官：《新安縣志》，臺北：成文出版社，1974 年

10. （清）胡禮垣著、沈雲龍編：《胡翼南先生全集》，臺北：文海出版社，1976 年。

11. （清）陳鏵勳：《香港雜記》（外二種），廣州：暨南大學出版社，1996 年。

12. （清）賴連三：《香港紀略》（外二種），廣州：暨南大學出版社，1997 年。

13. （清）張德彝：《稿本航海述奇彙編》，北京：北京圖書館出版社，1997 年。

14.（清）陳坤：《粵東剿匪記略》，《廣州大典叢書》，廣州：廣州出版社，2001年。

15.（清）王韜：《弢園文錄外編》，上海：上海古籍出版社，2002年。

16.（清）阮元、陳昌齊等，道光《廣東通志》，《續修四庫全書》（史部地理類卷49至卷86），上海：上海古籍出版社，2003年。

17.（清）《全粵社會實錄初編》，1910年印行，選自《清代稿抄本》第一輯，第五十冊，廣州：廣東人民出版社，2007年。

18.（清）文慶等編：《籌辦夷務始末》，《續修四庫全書》（史部同治卷40至同治卷70），上海：上海古籍出版社，2008年。

19.（清）黃培彝修、嚴而舒纂：《順德縣志》，上海：上海書店出版社，2013年。

20.《旅港增城商會記事錄》，香港：香港旅港增城商會，1913年。

21. 李石泉：《香港華商總會徵信錄》，香港：華商總會，1926年。

22. 馬沅編：《香港法例彙編》，香港：華僑日報，1936年。

23.《香港華商總會年鑒附徵信錄》，香港：華商總會，1936年。

24.《香港華商總會年鑒》（1932～1940、1947、1949），香港：香港中華總商會。

25.《旅港福建商會組織大綱及章程》，香港：旅港福建商會，1948年。

26. 賴際熙：《崇正同人系譜》，香港：崇正總會，1949年。

27.《香港南北行公所章程》，香港：南北行公所，1950年。

28.《香港糖商總會章程》，香港：香港糖商總會，1953年。

29. 陳大同，《中總歷屆改選回憶錄》，香港：中國新聞社，1956年。

30.《香港潮州商會有限公司章程》，香港：潮州商會，1956年。

31. 王鐵崖編：《中外舊約章彙編》第一冊，北京：三聯書店，1957年。

32. 王鐵崖：《中外舊約章彙編》，北京：三聯出版社，1959年。

33. 姚賢鎬編：《中國近代外貿史資料1840～1895》（1～3輯），北京：中華書局，1962年。

34.《九龍騷動事件調查報告》，香港：香港社會民主黨，1966年。

35.《工作彙報：一九六八年四月至一九七一年十月》，香港：旺角街坊會，1972年。

36.《香港中華總商會章程》，香港：香港中華總商會，1974年。

37.《荃灣老圍張氏族譜》，香港大學圖書館館藏，1978年。

38. 廣東哲學社會科學研究所歷史研究室編：《省港大罷工資料》，廣州：廣東人民出版社，1980年。

39. 黃慧貞、蔡寶瓊：《華人婦女與香港基督教口述歷史》，香港：劍橋大學出版社，1980年。

40.《新界宗教文獻》，香港中文大學圖書館藏，1980年。

41.《香港與中國——歷史文獻資料彙編》，香港：廣角鏡出版社，1981年。

42.《新界文獻補編》，香港中文大學圖書館藏，1982年。

43. 聶寶璋編：《中國近代航運史資料第一輯（1840～1895）》，上海：上海人民出版社，1983年。

44. 陳翰笙：《華工出國史料》，北京：中華書局，1985年。

45. 陸鴻基等編：《香港碑銘錄編》（1～3），香港：香港市政局，1986年。

46. 科大衛、陸鴻基、吳倫霓霞合編：《香港碑銘彙編》第二冊，香港博物館編製，香港市政局出版社，1986年。

47. 政協廣州市文史資料研究委員會編：《廣州工商經濟史料》，廣東文史資料第36輯，廣州：政協廣州市文史資料研究委員會，1986年。

48. 廣東省政協文史資料研究委員會編：《香港舊事見聞錄》，廣州：廣東人民出版社，1989年。

49. 香港博物館：《香港歷史資料文集》，香港：香港市政局，1990年。

50.《旅港南海商會史料專輯》，香港：香港旅港南海商會，1990年。

51. 中國第一歷史檔案館編：《鴉片戰爭檔案史料》，天津：古籍出版社，1992年。

52. 蕭國健：《香港華文碑刻集——新界篇》，香港：顯朝書室，1993年。

53. 梁炳華：《北區風物志》，香港：北區區議會，1994年。

54.《香港華商會所會員錄（1897～1994）》，香港：華商會所，1995年。

55. 霍啟昌編著：《香港史教學參考資料》，香港：三聯書店（香港）有限公司，1995年。

56. 陳湛頤：《日本人與香港——十九世紀見聞錄》，香港：香港教育圖書公司，1995年。

57. 梁炳華：《南區風物志》，香港：南區區議會，1996 年。

58. 杜祖貽：《數十年前香港閩僑的商業活動片段》，載《旅港福建商會八十週年紀念特刊》，1997 年。

59. （日）教學參議部編纂：《清國巡遊志》，《幕末明治中國見聞錄集成》（卷14），東京：人文科學書房，1997 年。

60.《香港年鑒》（1948～1997），香港：華僑日報出版社，1997 年。

61. 蕭國健：《大埔風物志》，香港：大埔區議會，1998 年。

62. 梁炳華：中西區風物志，香港：中西區區議會，1998 年。

63. 馬金科主編：《早期香港史研究資料選輯》，香港：三聯書店，1998 年。

64.《鏡海叢報》，澳門：澳門基金會；上海：上海社會科學院出版社，2000 年。

65. 聶寶璋編：《中國近代航運史資料第二輯 1895～1927》，北京：中國社會科學出版社，2002 年。

66. 梁廷枏總纂，袁鍾仁校注：《粵海關志》，廣州：廣東人民出版社，2002 年。

67. 陳啟川：《旅港潮商先驅陳開泰》，選自《潮州史志資料選編·海外潮人》，潮州：潮州市地方志辦公室，2004 年。

68. 袁偉強：《陳鯉利家族發展史及其社會功績》，選自《潮州史志資料選編·海外潮人》，潮州：潮州市地方志辦公室，2004 年。

69. 松浦章等編著：《遐邇貫珍附解題索引》，上海：上海辭書出版社，2005 年。

70. 陳湛頤：《日本人訪港見聞錄（1898～1941）》，香港：三聯書店（香港）有限公司，2005 年。

71. 劉智鵬等編：《屯門風物志》，香港：屯門區議會，2007 年。

72. 葉漢明編著：《東華義莊與寰球慈善網絡：檔案文獻資料的印證與啟示（東華三院檔案資料彙編系列之三）》：香港：三聯書店，2009 年。

73. 何佩然編著：《源與流——東華醫院的創立與演進（東華三院檔案資料彙編系列之一）》，香港：三聯書店，2009 年。

74. 何佩然編著：《施與受——從濟急到定期服務（東華三院檔案資料彙編系列之二）》，香港：三聯書店，2009 年。

75. 何佩然編著:《破與立——東華三院制度的演變（東華三院檔案資料彙編系列之四）》，香港：三聯書店，2010 年。

76. 何佩然編著:《傳與承——慈善服務融入社區（東華三院檔案資料彙編系列之五）》，香港：三聯書店，2010 年。

77. 區志堅、彭淑敏、蔡思行:《改變香港歷史的六十篇文獻》，香港：中華書局，2010 年。

78. 陸元鼎，《各國條約始末記》，北京：國家圖書館出版社，2011 年。

79. 陳跡，《香港記錄（1950's～1980's）》，香港：三聯書店有限公司，2012 年。

80.《社區發展資料彙編 1979 及 1980》，香港：香港社會服務聯會，1980 年。

81.《社區發展資料彙編 1981 及 1982》，香港：香港社會服務聯會，1982 年。

82.《社區發展資料彙編 1983 及 1984》，香港：香港社會服務聯會，1984 年。

83.《社區發展資料彙編 1985 及 1986》，香港：香港社會服務聯會，1986 年。

84.《社區發展資料彙編 1987 及 1988》，香港：香港社會服務聯會，1988 年。

85.《社區發展資料彙編 1989 及 1990》，香港：香港社會服務聯會，1990 年。

86.《社區發展資料彙編 1991 及 1992》，香港：香港社會服務聯會，1992 年。

87.《社區發展資料彙編 1993 及 1994》，香港：香港社會服務聯會，1994 年。

88. Hong Kong Government Gazette《香港政府憲報》：

《香港政府憲報》，第 6 卷第 12 號，1860 年

《香港政府憲報》，第 31 卷第 10 號，1864 年。

《香港政府憲報》，第 27 卷第 37 號；第 43 號；第 44 號，1881 年。

《香港政府憲報》，第 37 卷第 20 號；第 47 卷第 46 號，1891 年。

89.《錦田鄧氏族譜》，手抄影印本，香港大學圖書館藏，出版時間不詳。

90.《寶安縣粉嶺彭氏族譜》，手抄影印本，香港大學圖書館藏，出版時間不詳。

91.《廖氏族譜》，手抄影印本，香港大學圖書館藏，出版時間不詳。

92.《香港仔顧氏族譜》，手抄影印本，香港大學圖書館藏，出版時間不詳。

93.《青衣洲陳氏族譜》，手抄影印本，香港大學圖書館藏，出版時間不詳。

94.《香港新界金篷村侯氏族譜》，道光壬辰十二年（1832），香港大學圖書館

藏。

95. 張鳴球，《新界元朗吳氏族譜》，手抄影印本，香港大學圖書館藏，出版時間不詳。

96. 英國殖民地部檔案 CO129 系列，1920～1922，1925～1927，1945～1949年。

97. 英國外交部檔案 FO371 系列，1945～1948 年。

（二）中文著作（史略、掌故與概況）

1. 平山周：《中國秘密社會史》，北京：商務印書館，1912 年。

2. 盧少卿：《僑旅錦囊》，香港：廣發印務局，1917 年。

3. 麥梅生：《反對蓄婢史略》，香港：反對蓄婢會，1933 年。

4.《旅港潮州同鄉會刊》，香港：香港出版社，1934 年。

5.《僑港新會商會概況》，香港：僑港新會商會，1934 年。

6. 吳醒康：《香港華人名人史略》，香港：五洲書局，1937 年。

7. 謝憤生：《香港漁民概況》，上海：中國漁民協進會，1939 年。

8. 陳大同、陳文元：《僑團史略》，載於《百年商業》，香港：光明文化事業公司，1941 年。

9. 竇季良：《同鄉組織之研究》，南京：正中書局，1943 年。

10. 區少軒等著：《香港華僑團體總覽》，香港：國際新聞社，1947 年。

11.《香港崇正總會三十週年紀念特刊》，香港：崇正總會，1950 年。

12. 巴陵：《中總改選演義》，香港：大一印刷公司，1955 年。

13. 鄧中夏：《中國職工運動簡史（1919～1926）》，北京：人民出版社，1958年。

14. 林子豐：《潮人與教育》，《香港潮州商會成立四十週年暨潮商學校新校舍落成紀念特刊》，香港：香港潮州商會，1961 年。

15. 東華三院壬寅年董事局編纂：《東華三院教育史略》，香港：東華三院，1962 年。

16. 東華三院：《東華三院一百三十年》，香港：東華醫院，出版年不詳。

17.《香港保良局九十週年史略》，香港：保良局，1968 年。

18. 張正平：《香港學生運動》，香港：香港大學生活社，1970 年。

19. 羅香林：《中國族譜研究》，香港：香港中國學社，1971 年。

20. 李明：《香港街區研究》，香港：牛津大學出版社，1977 年。

21. 魯言等著：《香港掌故》（十三輯），香港：廣角鏡出版社，1977～1991 年。

22. 魯言：《香港賭博史》，香港：廣角鏡出版社，1978 年。

23. 何家駒：《香港學生運動——回顧及檢討》，香港：香港大學學生會，1978 年。

24. 章洪：《香港海員大罷工》，廣州：廣東人民出版社，1979 年。

25. 蔡洛、盧權：《省港大罷工》，廣州：廣東人民出版社，1980 年。

26. 《九龍樂善堂百年史實（1880～1980)》，香港：樂善堂，1981 年。

27. 謝劍：《香港的惠州社團——從人類學看客家文化的持續》，香港：中文大學出版社，1981 年。

28. 湯秉達：《南北行的今昔》，《香港潮州商會六十週年紀念特刊》，香港：香港潮州商會，1981 年。

29. 章盛：《香港黑社會活動真相》，香港天地圖書有限公司，1981 年。

30. 鄭宇碩：《八十年代的香港——轉型期的社會》，大學出版印務，1981 年。

31. 《九龍樂善堂百年史實（1880～1980)》，香港：樂善堂，1981 年。

32. 遠東事務評論社香港問題小組：《學運春秋——香港學生運動》，香港：遠東事務評論社，1982 年。

33. 蕭公權：《中國政治思想史》，臺北：聯經出版社，1982 年。

34. 丁新豹：《晚清中國外銷畫》，香港：香港市政局，1982 年。

35. 鄭宇碩編著：《變遷中的新界》，香港：大學出版印務，1983 年。

36. 香港專上學聯：《香港學生運動回顧》，香港：廣角鏡出版社，1983 年。

37. 田英傑編：《香港天主教掌故》，游麗清譯，聖神研究中心，1983 年。

38. 楊森著，何秉石譯：《香港經濟的成長及政策》，廣州：港澳經濟研究中心，1985 年。

39. 趙子能，蘇澤霖主編：《香港地理》，廣州：廣東科技出版社，1985 年。

40. 陳明球主編：《中國與香港工運縱橫》，香港：基督教工業委員會，1986 年。

41. 林炳輝：《本地華人傳統婚禮》，香港：香港市政局，1987 年。

42. 李明堃：《變遷中的香港政治和社會》，香港：商務印書館，1987 年。

43. 劉兆佳、尹寶珊：《香港社會指標研究的初步報告》，香港：香港中文大

學香港研究中心，1987 年。

44. 魯金：《九龍城寨史話》，香港：三聯書店，1988 年。

45. 香港福建同鄉會金禧紀念特刊編輯委員會編：《香港福建同鄉會金禧紀念特刊，1939～1989》，香港：香港福建同鄉會，1989 年。

46. 夏曆：《香港中區街道故事》，香港：三聯書店，1989 年。

47. 羅香林：《客家源流考》，北京：中國華僑出版公司，1989 年。

48. 吳文藻：《吳文藻：人類學社會學研究文集》，民族出版社，1990 年。

49. 郭永亮：《澳門香港之早期關係》，臺北：臺灣中央研究院近代史研究所，1990 年。

50. 可兒弘明：《「豬花」──被販賣海外的婦女》，鄭州：河南人民出版社，1990 年。

51. 蘇景輝：《社區工作：理論與實踐》，臺北：巨流，1990 年。

52. 林耀華：《民族學通論》，北京：中央民族學院出版社，1990 年。

53. 陳偉群：《香港社會的形成》，香港：牛津大學出版社，1991 年。

54. 方明、王穎：《觀察社會的視角──社區新論》，北京：知識出版社，1991 年。

55. 張壽祺：《蛋家人》，香港：中華書局，1991 年。

56. 廣東青運史研究委員會：《香港學運的光輝》，廣州：廣東人民出版社，1992 年。

57. 邱東：《新界風物與民情》，香港：三聯書店，1992 年。

58. 羅香林：《客家研究導論》，上海：上海文藝出版社，1992 年。

59. 龍炳頤：《香港古今建築》，香港：三聯書店，1992 年。

60. 唐納、霍舒、伍錫康：《兩代縱橫──蛻變中的香港勞工與社會》，香港：香港大學亞洲研究中心，1992 年。

61. 《四環九約──博物館歷史圖片精選》，香港市政局出版，1992 年。

62. 魯金：《香港廟趣》，香港：次文化有限公司，1992 年。

63. 許政雄：《清末民權思想的發展與歧異》，臺北：文史哲出版社，1992 年。

64. 勞炯基、蔡穗聲：《香港城市建設與管理》，廣州：廣東人民出版社，1992 年。

65. 司徒嫣然：《羅衣百變──香港服飾演變》，香港：香港市政局，1992 年。

66. 蔡建明等著:《現代地理科學》,重慶:重慶出版社,1992 年。

67. 霍啟昌:《香港與近代中國》,臺北:臺灣商務印書館,1993 年。

68. 方國榮:《昨日的家園》,三聯書店(香港)有限公司,1993 年。

69. 秦家懿、孔漢思著,吳華譯:《中國宗教與基督教》,北京:三聯書店,1994 年。

70. 郭乃弘編:《香港教會與社會運動:八十年代的反思》,香港:基督徒學會,1994 年。

71. 甘炳光等編:《社區工作:理論與實踐》,香港:香港中文大學出版社,1994 年。

72. 莫邦豪:《社區工作原理和實踐》,香港:集賢社,1994 年

73. 陳國康:《社區發展服務:總結與變革》,香港:香港社會服務聯會,出版時間不詳。

74. 孔東:《蘇浙旅港同鄉會之研究》,臺北:學生書局,1994 年。

75. 蕭國健:《香港歷史點滴》,香港:現代教育研究出版社,出版時間不詳。

76. 蕭國健:《香港歷史與社會》,香港:教育圖書公司,1994 年。

77. 余繩武、劉存寬主編:《十九世紀的香港》,北京:中華書局,1994 年。

78. 余繩武、劉存寬主編:《二十世紀的香港》,香港:麒麟書業,1995 年。

79. 夏曆:《香港東區街道故事》,香港:三聯書店(香港)有限公司,1995 年。

80. 梁祖彬:《香港社區工作:反思與前瞻》,香港:中華書局,1995 年。

81. 張瑜等著:《中西合璧——香港居民的社會生活》,北京:中國文聯出版公司,1996 年。

82. 劉粵聲主編:《香港基督教會史》,香港:香港浸會教會出版社,1996 年。

83. 柯伯誠:《香港閩籍社團發展簡史》,載《旅港福建商會八十週年紀念特刊》,香港:旅港福建商會,1997 年。

84. 丘權政:《客家與香港崇正總會》,北京:中國華僑出版社,1997 年。

85. 王賡武主編:《香港史新編》,香港:三聯書店,1997 年。

86. 周永新:《見證香港五十年》,香港:明報出版社,1997 年。

87. 李東海:《香港東華三院一百二十五年史略》,北京:中國文史出版社,1998 年。

88. 郭少棠:《民族國家與國際秩序》,北京:首都師範大學出版社,1998 年。

89. 蕭國健、劉蜀永：《香港歷史圖說》，香港：麒麟書業，1998 年。

90. 張曉輝：《香港華商史》，香港：明報出版社，1998 年。

91. 湯開建等編：《香港 6000 年：從遠古～1997》，香港：麒麟書業，1998 年。

92. 林潔珍、廖柏偉：《移民與香港經濟》，香港：商務印書館，1998 年。

93. 劉存寬：《香港史論叢》，香港：麒麟書業，1998 年。

94. 侯玉蘭、侯亞非：《國外社區發展的理論與實踐》，北京：中國經濟出版社，1998 年。

95. 盧惠明、陳立天：《香港城市規劃導論》，香港：三聯書店（香港）有限公司，1998 年。

96. 蕭國健：《油尖旺區風物志》，香港：油尖旺區議會，1999 年。

97. 施奇樂著，宋鴻耀譯：《歷史的覺醒——香港社會史論》，香港：商務印書館，1999 年。

98. 袁亞愚編著：《新修鄉村社會學》，成都：四川大學出版社，1999 年。

99. 丁新豹、黃迺錕：《四環九約》，香港：香港歷史博物館，1999 年。

100. 吳傳鈞等著：《世紀之交的中國地理學》，北京：人民教育出版社，1999 年。

101. 程美寶、趙雨樂編：《香港史研究論著選輯》，香港：公開進修學院出版社，1999 年。

102. 王興中：《中國城市社會空間結構研究》，北京：科學出版社，2000 年。

103. 李培德編：《香港史研究書目題解》，香港：三聯書局，2000 年。

104. 梁家麟：《福音與麵包：基督教在五十年代的調景嶺》，香港：建道神學院與中國文化研究中心，2000 年。

105. 鄭寶鴻主編：《九龍街道百年》，香港：三聯書局，2000 年。

106. 鄭寶鴻主編：《港島街道百年》，香港：三聯書局，2000 年。

107. 中國社團研究會編：《中國社團發展史》，北京：當代中國出版社，2001 年。

108. 伯子，《辛亥革命後前清遺老在香港的活動》，《文史資料選輯》（總 114 輯），北京：中國文史出版社，2001 年。

109. 張立文主編：《和合與東亞意識——21 世紀東亞和合哲學的價值共用》，

上海：華東師範大學出版社，2001 年。

110. 廖迪生、張兆和、蔡志祥：《香港歷史、文化與社會》，香港：香港科技大學華南研究中心，2001 年。

111. 薛鳳旋：《香港發展地圖集》，香港：三聯書店（香港）有限公司，2001 年。

112. 蔡榮芳：《香港人之香港史，1841～1945》，香港：牛津大學出版社，2001 年。

113. 盧龍光、楊國強：《香港基督教使命和身份的歷史回顧》香港教會系列三，香港：基督教中國宗教文化研究社，2002 年。

114. 鄭寶鴻主編：《新界街道百年》，香港：三聯書局，2002 年。

115. 程玉申：《中國城市社區發展研究》，上海：華東師範大學出版社，2002 年。

116. 李會欣、劉慶龍編著：《中國城市社區》，鄭州：河南人民出版社，2002 年。

117. 謝均才：《我們的地方、我們的時間：香港社會新編》，香港：牛津大學出版社，2002 年。

118. 劉潤和：《香港市議會史，1883～1999：從潔淨局到市政局及區域市政局》，香港：康樂及文化事務署，2002 年。

119. 譚松林：《中國秘密社會》，福州：福建人民出版社，2002 年。

120. 陸鴻基：《從榕樹下到計算機前——香港教育的故事》，香港：香港進一步多媒體有限公司，2003 年。

121. 婁勝華：《轉型時期澳門社團研究：多元社會中法團主義體制解析》，廣州：廣東人民出版社，2004 年。

122. 陳湛頤：《香港日本關係年表》，香港：香港教育圖書公司，2004 年。

123. 何佩然：《地換山移——香港海港及土地發展一百六十年》，香港：商務印書館，2004 年。

124. 周尚意等著：《文化地理學》，北京：高等教育出版社，2004 年。

125. 劉潤和：《新界簡史》，香港：三聯書店（香港）有限公司，2005 年。

126. 劉義章主編：《香港客家》，桂林：廣西師範大學出版社，2005 年。

127. 楊汝萬、沈建法編：《泛珠三角與香港互動發展》，香港：香港中文大學

香港亞太研究所，2005 年。

128. 夏其龍：《香港客家村落中的天主教》，選自劉義章主編：《香港客家》，廣西師範大學出版社，2005 年。

129. 冼玉儀、劉潤和等編：《益善行道——東華三院 135 週年紀念專題文集》，香港：三聯書店（香港）有限公司，2006 年。

130. 李培德：《日本文化在香港》，香港：香港大學出版社，2006 年。

131. 陳澤宏：《廣府文化》，廣州：廣東人民出版社，2007 年。

132. 呂大樂：《四代香港人》，香港：進一步多媒體有限公司，2007 年。

133. 鄭宏泰、黃紹倫：《香港大佬：何東》，香港：三聯書店（香港）有限公司，2007 年。

134. 馮邦彥：《香港地產業百年》，上海：東方出版中心社，2007 年。

135. 梁德華、吳真、陳凱風：《道·醮：漫天舞動的道教崇拜》，香港：香港道教聯合會，2007 年。

136. 余繩武、劉存寬、劉蜀永：《香港歷史問題選評》，香港：三聯書店，2008 年。

137. 林愷欣，丁新豹主編：《香港歷史散步》，香港：商務印書館，2008 年。

138. 劉曼容：《港英政治制度與香港社會變遷》，廣州：廣東人民出版社，2009 年。

139. 梁以文等：《也是香港人：七字頭的新移民志》，香港：進一步多媒體有限公司，2009 年。

140. 劉蜀永主編：《簡明香港史》，香港：三聯書店（香港）有限公司，2009 年。

141. 周奕：《香港工運史》，香港：利訊出版社，2009 年。

142. 東華三院工作小組：《香江有情：東華三院與華人社會》，香港：香港歷史博物館，2010 年。

143. 丁新豹：《善與人同：與香港同步成長的東華三院（1870～1997）》，香港：三聯書店（香港）有限公司，2010 年。

144. 陳天權：《香港歷史系列：穿梭今昔、重拾記憶》，香港：明報出版社，2010 年。

145. 黎志添、遊子安、吳真：《香港道教：歷史源流及其現代轉型》，香港：

中華書局，2010 年。

146. 鍾國發：《香港道教》，北京：宗教文化出版社，2010 年。

147. 劉蜀永：《劉蜀永香港史文集》，香港：三聯書店（香港）有限公司，2010年。

148. 石翠華、高添強等編：《街角．人情——香港砵甸乍街以西》，香港：三聯書店（香港）有限公司，2010 年。

149. 潘冠瑾：《澳門社團體制變遷：自治、代表與參政》，北京：社會科學文獻出版社，2010 年。

150. 吳宏岐：《歷史地理學方法論的探索與實踐》，廣州：暨南大學出版社，2010 年。

151. 薛鳳旋、鄺智文：《新界鄉議局史》，香港：三聯書店（香港）有限公司，2011 年。

152. 朱英：《辛亥革命時期新式商人社團研究》，武漢：華中師範大學出版社，2011 年。

153. 饒玖才：《香港的地名與地方歷史》，香港：天地圖書有限公司，2011年。

154. 薛鳳旋：《香港發展報告》，北京：社會科學文獻出版社，2012 年。

155. 譚思敏：《香港新界侯族的建構》，香港：中華書局，2012 年。

156. 邱良：《香港故事》，香港：三聯書店（香港）有限公司，2012 年。

157. 馬嶽：《香港 80 年代民主運動口述歷史》，香港：城市大學出版社，2012年。

158. 陳志華、李青儀、盧柊泠、黃曉鳳等著：《香港海上交通170 年》，香港：中華書局，2012 年。

159. 劉智鵬、劉蜀永編：《香港地區史研究之四：屯門》，三聯書店（香港）有限公司，2012 年。

160. 吳巧瑜：《互助揚仁愛：香港潮商互助社的發展變遷及其地方治理功能》，深圳：海天出版社，2012 年。

161. 王卓祺、尹寶珊、羅智健：《從社經指標看香港社會變遷》，香港：中文大學出版社，2012 年。

162. 李彭廣：《管治香港：英國解密檔案的啟示》，香港：牛津大學出版社，

2012 年。

163. 何心平：《美國天主教傳教會與香港》，香港：香港中文大學出版社，2012
年。

164. 周佳榮：《香港潮州商會九十年發展史》，香港：中華書局，2012 年。

165. 敦德：《八路軍駐香港辦事處紀實》，北京：解放軍出版社，2012 年。

166. 陳跡：《香港記錄（1950's～1980's）》，香港：三聯書店（香港）有限公司，
2012 年

167.《香港中華基督教青年會會史 1901～2012》，香港：香港中華基督教青年
會，2013 年。

168. 王國華主編：《中國地域文化通覽（香港卷）》，北京：中華書局，2013
年。

169. 陳偉明：《管而不控：澳門城市管理研究（1840～1911）》，北京：社會科
學文獻出版社，2014 年。

170. 葉農：《渡海重生：19 世紀澳門葡萄牙人移居香港研究》，北京：社會科
學文獻出版社，2014 年。

171. 香港建築中西編著：《十築香港——我最愛的香港百年建築》，三聯書店
（香港）有限公司，2015 年。

172. 潘耀明：《淺談香港的閩南文化——兼談春秧街的滄桑》，選自《閩南文
化的當代性和世界性論文集》，海峽文藝出版社，2015 年。

（三）中文論文

1. 馬璧魂：《潮僑教育感言》，《旅港潮州商會三十週年紀念特刊》，1951 年。

2.《香港問題專刊》（Hong Kong Briefing），《中國季刊》（China Quarterly），
1953 年九月號。

3.《香港潮僑之教育事業》，選自《潮僑通鑒》第二回，香港：潮州通鑒出
版社，1966 年。

4. 施其樂（Carl.T.Smith）：《香港華人精英的出現》，載倫敦《皇家亞洲學會
香港分會會刊》，1971 年第 11 卷。

5. 關恒生：《在新市鎮推行社區發展工作》，香港：香港社會服務聯會，1982
年。

6. 黃燕玲：《居民運動十年回顧——社區工作的貢獻》，香港：香港社會服

務聯會，1988 年。

7. 甘炳光、莫慶聯：《社區工作的定義與目標》，載蘇景輝：《社區工作：理論與實踐》，臺北：巨流，1990 年。

8. 孫峰華：《關於人文地理學中社區的幾個問題》，《人文地理》，1990 年第 2 期。

9. 馮可立：《社會行動的回顧》，香港：香港社會服務聯會，1990 年。

10. 謝劍：《試論香港客屬社團對都市化情況的適應》，《中國社會經濟史研究》，1991 年第 4 期。

11. 鄭桂珍：《移民：香港經濟繁榮的創立者》，《人口與經濟》，1992 年第 4 期。

12. 孫峰華：《社區地理學研究發凡》，《寶雞師範學院學報（自然科學版）》，1992 年第 1 期。

13. 徐曰彪：《近代香港華商的崛起（1841～1900）》，《中國邊疆史地研究》，1993 年第 3 期。

14. 徐曰彪：《早期香港工人階級狀況》，《暨南學報》（哲學社會科學），1993 年第 4 期

15. 徐曰彪：《近代香港人口試析（1841～1941）》，《近代史研究》，1993 年第 3 期。

16. 莊耀洸：《基督教在八十年代香港社會運動所擔當之角色》，載郭乃弘編：《香港教會與社會運動：八十年代的反思》，香港：基督徒學會出版，1994 年。

17. 孫胤社：《城市空間結構的擴散演變——理論與實踐》，《城市研究》，1994 年第 6 期。

18. 梁祖彬：《社區工作的歷史源流及發展》，香港：香港中文大學，1994 年。

19. 閻小培：《近年來我國城市地理學主要研究領域的新進展》，《地理學報》，1994 年第 6 期。

20. 吳國華：《市區重建——社區工作者的介入和角色》，香港：香港社會服務聯會，1994 年。

21. 《鄰舍層面社區發展計劃十五年——回顧與前瞻》，香港：香港社會服務

聯會，1994 年。

22. 鄭靜、許學強、陳浩光：《廣州市社會空間的因子生態再分析》，《地理研究》，1995 年第 2 期。

23. 莫世祥：《香港早期社會發展與華人社會的調試》，《檔案與史學》，1996 年第 3 期。

24. 陳濤：《社區發展：歷史、理論和模式》，《中國人口、資源與環境》，1997 年第 1 期。

25. 李若建：《香港人口遷移及其社會問題》，《南方人口》，1997 年第 1 期。

26. 李若建：《中國大陸遷入香港的人口研究》，《人口與經濟》，1997 年第 2 期。

27. 趙紅宇：《香港宗教的傳播與發展》，《世界宗教研究》，1997 年第 2 期。

28. 孫吳：《移民對香港早期繁榮的貢獻及其社會生活的初步定型》，《徐州師範大學學報》（哲學社會科學版），1997 年第 2 期。

29. 李雲漢：《國民政府收回香港九龍之決策與交涉（1941～1948）》，《近代中國》，1997 年，總第 119 期。

30. 孫峰華：《社區發展的若干問題與社區地理學在社區發展研究中的作用》，《地理科學進展》，1998 年第 3 期。

31. 徐曰彪：《近代香港的社會問題》，《中國邊疆史地研究》，1998 年第 1 期。

32. 張曉輝：《近代香港的華商社團》，《檔案與史學》，1998 年第 1 期。

33. 駱陽：《香港人傑何啟》，《文史春秋》，1998 年第 3 期。

34. 孫九霞：《論影響澳門族群關係的三個主要因素》，《中央民族大學大學學報（社科版）》，1999 年第 4 期。

35. 馮可立：《激進教會組織與香港社區工作》，「歷史上的慈善與社會動力」學術研討會，香港中文大學歷史系與新亞書院承辦，1999 年。

36. 朱英：《二十世紀中國民間社團發展演變的歷史軌跡》，《華中理工大學學報》（社科版），1999 年第 4 期。

37. 楊世寧：《近代港人何啟吏治思想述評》，《四川師範大學學報》，1999 年第 2 期。

38. 丁永剛：《論近代港人何啟、胡禮垣的政治思想》，《人文雜誌》，1999 年第 4 期。

39. 劉祖云：《香港與武漢城市社區服務比較》，《社會學》，2000 年第 5 期。

40. 王希蓮、張禮恒:《伍廷芳任職港府的酸甜苦辣》,《民國春秋》,2001 年第 3 期。

41. 盧龍光:《香港教會宣教歷史的回顧與反思》,載盧龍光、楊國強:《香港基督教使命和身份的歷史回顧》香港教會系列三,香港:基督教中國宗教文化研究社,2002 年。

42. 孫峰華:《21 世紀的社區地理學》,《人文地理》,2002 年第 5 期。

43. 余從容:《伍廷芳的香港生涯》,《五邑大學學報 (社會科學版)》,2003 年第 4 期。

44. 詹長智:《港臺社區工作的源流與走向》,《海南大學學報:人文社科版》,2003 年第 2 期。

45. 盧龍光:《宗教與社區:香港教會參與社區工作的歷史經驗與反思》,《暨南史學》第二輯,2003 年。

46. 王為理:《香港客家人的歷史和現狀——香港客家人研究述評》,《南方論叢》,2003 年第 3 期。

47. 李志剛:《香港客家教會的發展和貢獻》,選自劉義章主編:《香港客家》,廣西師範大學出版社,2005 年。

48. 任遠、陳琰:《社區發育與社區就業:影響社區就業的因素及社會政策研究》,《復旦學報 (社會科學版)》,2005 年第 2 期。

49. 黎業明:《何啟、胡禮垣對康有為的批評》,《深圳大學學報 (社科版)》,2005 年第 5 期。

50. 司徒尚紀、朱竑、許然著:《文化鋒面的地理學詮釋》,選自《人文地理學》,2006 年第 6 期。

51. 吳偉明:《日本流行文化在香港的本地化現象原因初探》,載自李培德:《日本文化在香港》,香港大學出版社,2006 年。

52. 張明亮:《香港的印度人及其對兩地經貿的影響》,《河南師範大學 (哲學社會科學版)》,2006 年第 2 期。

53. 梁元生:《城市史研究的三條進路——以上海、香港、新加坡為例》,《史林》,2007 年 2 期。

54. 張振江:《早期香港華人流出地試析》,《南方人口》,2008 年第 1 期。

55. 張俊以:《1948 年廣州沙面事件之始末——以宋子文檔案為中心》,《中

國社會科學》，2008 年第 6 期。

56. 趙國洪：《香港早期華商精神——十九世紀的觀察》，《特區經濟》，2009
年第 5 期。

57. 黎傑長：《維多利亞城的衛生政策——殖民者統治手法的演變與士紳社
會的自治》，《華南研究資料中心通訊》，2009 年總第 55 期。

58. 卜永堅：《史料介紹——香港殖民地早期中英官民交涉文書 33 通》，《華
南研究資料中心通訊》，2009 年總第 57 期。

59. 徐霞輝：《軒尼詩「親華人」政策與 19 世紀香港華人地位變遷》，《廣東
教學（高校版）》，2009 年第 9 期。

60. 徐霞輝：《港督軒尼詩「親華人政策」思想根源探析》，《暨南學報（哲學
社會科學版）》，2010 年第 2 期。

61. 劉加洪：《客家優良傳統在香港的傳承與發展》，《農業考古》，2010 年第
4 期。

62. 小田：《論城市史的書寫》，《蘇州大學學報（哲學社會科學版）》，2015 年
第 5 期。

二、外文著作、論文與譯著

（一）外文著作、論文

1. George Smith, *A Narrative of an Exploratory visit to each of comsular cities of China and to the islands of Chusan and Hong Kong*, London: seeley co, 1847.

2. Lobscheid, William, *A few notices on the extent of Chinese education and the government schools of Hong Kong*, Hong Kong: China Mail Office, 1859.

3. Moges, Alfred, Marquis de, *Recollections of Baron Gros`s embass to China and japan in l857～1858,* London: Richard Griffin, 1860.

4. Weatherhead, Alfred, *Life in Hong Kong（1856～1859）*，香港大學館藏，
著述年代不詳。

5. Eitel, E.J, *Europe in china: the history of Hong Kong from the beginning to the year 1882*, Lpndon:Luzac & Company, 1895.

6. Norton-Kyshe, J.W., *The History of the Laws and Courts of Hong Kong*, London : T. Fisher Unwin, 1898.

7. Wright, Arnold, *Twentieth century impression of Hong Kong, Shanghai, and other treaty ports of China, their history, people, commerce, industries, and resources,* London:Lloyd's Greater Britain Pub. Co., 1908.

8. Haslewood, H. L., *Child slavery in Hong Kong: the Mui Tsai system,* London:Shelton Press, 1930.

9. Butters, H. R., *Report on Labor and Labor Conditions in Hong Kong,* 1939.

10. Sapir, E, G. M. David, ed, *Selected Writings in Language Culture and Personality.* Berkeley: University of California Press, 1949.

11. Emerson, *H. S. Roman Souraces of Christian Art.* New York:Columbia University Press, 1951.

12. The Hong Kong Council of Social Service Working Together, *A Survey of the Work of Voluntary and Government Social Service Organizations in Hong Kong,* 1958.

13. *Gazetteer of Place Names in Hong Kong, Kowloon and the New Terrotories,* Hong Kong: Government Printer , 1960.

14. Braga , José Maria , *Hong kong and Macao: A Tribute to Memory of Prince Henry "the Navigator" on the Occasion of the Festivities in His Honour,* Hong Kong: Graphic Press , 1960.

15. *Development of the Tung Wah Hospital（1870～1960）,* Hong Kong: Tung Wah Hospital, 1961.

16. Pennell, W.V, *History of the Hong Kong General Chamber of Commerce（1861～1961）,* Hong Kong: Cathay Press, 1961.

17. Endacott, G.B, *A history of Hong Kong,* Hong Kong: Oxford University Press, 1964.

18. Freedman, Maurice, *Chinese lineage and society: Fukien and Kwangtun,* London:Athlone Press, 1966.

19. Hiroaki, Kani, *A general survey of the boat people in Hong Kong, Southeast Asia Studies Section,* New Asia Research Institute, The Chinese University of Hong Kong, 1967.

20. Potter.Jack.M, "*Capitalism and Chinese peasant: social and economic change*

in a Hong Kong village", Berkeley:University of California Press, 1968。

21. Chan, Po-fun Peter:Po Leung Kuk, *its service and its problems,* Hong Kong:Dah Chung Printing & Publishing Co., 1969.

22. Freedman, Maurice, *"Geomancy: Presidential Address 1968." Proceedings of the Royal Anthropological Institute of Great Britain and Ireland for 1968.* London: Royal Anthropological Institute of Great Britain and Ireland , 1969.

23. *One hundred years of the Tung Wah group of Hospitals（1870～1970）,* Hong Kong:Tung Wah Hospital, 1971.

24. Hopkins, Keith, *Hong Kong, the industrial colony: a political, social and economic survey,* Hong Kong: Oxford University Press, 1971.

25. Carl Smith, *The Emergence of a chinese Elite in Hong Kong ,* 1971.

26. Wong, Aline K, *The Kaifong associations and the society of Hong Kong,* Taipei:The Orient Culture service, 1972.

27. Anderson, E.N.（ed.）, *Essays on south China's boat people,* 1972.

28. K. N.Vaid, *The Overseas Indian Community in Hong Kong,* Hong Kong University Press, 1972.

29. Lethbridge, H.J, *A Chines Association in Hong Kong: The Tung Wah,* Hong Kong: Oxford University Press, 1975.

30. England, Joe and Rear, John, *Chinese labor under British rule: a critical study of a labour relations and law in Hong Kong,* Hong Kong:Oxford University Press, 1975.

31. Miners, N.J, *The government and politics of Hong Kong,* Hong Kong:Oxford University, 1975.

32. Lethbridge, H. J, *Hong Kong:stability and change,* Hong Kong:Oxford University Press, 1978.

33. Anderson, E. N, *Floating world of Castle Peak Bay, Ann Arbor,* MI: University Microfilms International, 1978.

34. Leung, Joe C. B.（1978）, *"The Community Development Drama in Hong Kong:1967～1977",* Community Development Journal, Vol. 13, No.3.

35. Ho, Chun-yuen Henry, *"The Fiscal System of Hong Kong",* London: Croom

Helm, 1979.

36. Home Affairs Branch, Information Paper for Chief Secretary's Committee, Monitoring of Pressure Group Activities（Home Affairs Branch, 11 April 1980.

37. Sinn, Elizabeth, *Materials for Historical Research: Source Materials on the Tung Wah Hospital 1870～1941,* Hong Kong:University of Hong Kong, Centre of Asian Studies, 1982.

38. Lau, Siu-kai, *Society and Politics in Hong Kong.* Hong Kong: The Chinese University Press, 1982.

39. Hayes, James, *The Rural community of Hong Kong,* Hong Kong:Oxford University Press, 1983.

40. Faure, David & Hayes, James & Birch, Alan（ed.）, *From Village to City: Studies In the Traditional Roots of Hong Kong,* Hong Kong:Society Centre of Asian Studies, University of Hong Kong, 1984.

41. Bloomfield, Frena, *Scandals and disasters of Hong Kong,* Hong Kong:South China Morning Post, 1985.

42. Law, King-hea, *A comparative study of the anti-corruption measures of Hong Kong and Macau since 1945,* 1985.

43. Jaschok, Maria, *Concubines and bondservants: a social history,* Hong Kong:Oxford University, 1988.

44. Tuner Matthew, "*Made in Hong: a history of export design in Hong Kong （1900～1960）*", Hong Kong:Urban Coucil, 1988.

45. The International City Management Association, The Practice of Local Government Planning, 2nd Edition, 1988.

46. Catherine, Jone, *Promoting Prosperity: the Hong Kong way of social policy,* Hong Kong:Chinese University Press, 1990.

47. Sinn, Elizabeth, *A history of regional association in pre-war Hong Kong,* Hong Kong: Centre for Asian Studies, the University of Hong Kong, 1990.

48. J. Leung, "*Problems and canges in Community Politics,*" in *Social Issues in Hong Kong,* edited by B. Leung（Hong Kong: Oxford University Press, 1990.

49. Chan, W.K., *The Making of Hong Kong Society: three studies of class*

formation in early Hong Kong, Hong Kong: Oxford University Press, 1991.

50. Chiu, Wing-kai, Stephen Leung, Kai-ping, Benjamin, *A social history of industrial strikes and the labor movement in Hong Kong, 1946～1989,* Hong Kong: Social Sciences Research Centre, University of Hong Kong, 1991.

51. Tsai, Jung-fang, *Hong Kong in Chinese history: community and social unrest in the British Colony, 1842～1913,* N.Y.: Columbia University Press, 1993.

52. Skeldon, Ronald, *Reluctant Exiles Migration from Hong Kong and the New Overseas Chinese,* Hong Kong: University of Hong Kong Press, 1994.

53. Smith, C.T., *Wanchai, In Search of an Identity, in A Sense of History: Studies in the Social and Urban History of Hong Kong,* Hong Kong:Hong Kong Educational Publishing Co., 1995.

54. Leung, Benjamin K.P., *Perspectives on Hong Kong Society,* Hong Kong: Oxford University Press, 1996.

55. Chen, Po-yin, *Chinese business groups in Hong Kong and political change in South China（1900～1925）,* New York: St Martin's Press, 1996.

56. Constable, Nicole（ed.）, *Guest people:Hakka identity in China and abroad,* Seattle: University of Washington Press, 1996.

57. Faure, David, *A Documentary history of Hong Kong: Society,* Hong Kong : Hong Kong University Press, 1997.

58. Braga, José Pedro, *"Portuguese in Hong Kong and China :Their Beginning, Settlement and Progress During One Hundred Years,"* Renascimento, 1944, Macau: Fundacǎo Macau and Mar-Oceano, 1998.

59. Lau, Siu-kai., *Social development and political change in Hong Kong.* Hong Kong: The Chinese University Press, 2000.

60. Liu, Benjamin T. M., *The Hong Kong triad societies: before and after the 1997 change-over,* Hong Kong: Net e-Publishing Ltd, 2001.

61. Sinn, Elizabeth, *Power and charity: a Chinese merchant elite in colonial Hong Kong,* Hong Kong : Hong Kong University Press, 2003.

62. Pun Ngai and Yee Lai-man, *Narrating Hong Kong Culture and Identity,* Hong Kong: Oxford University Press, 2003.

63. Faure, David（ed.）, *Hong Kong: a reader in social history.* Hong Kong: Oxford University Press, 2003.

64. Lee Pui-taked., *Colonial Hong Kong and Modern China, Interaction and Reintegration,* Hong Kong: Hong Kong University Press, 2005.

65. Smith, G.T., *Chinese Christian: elites middleman and the church in Hong Kong,* Hong Kong: Hong Kong University Press, 2005.

66. Hayes, James, *The Hong Kong region 1850～1911*, Hong Kong:Hong Kong University Press, 2012.

67. Herish, J., *Internal Structure and Socio-cultural Change: A Chinese Case in the Multi-Ethnic Society of Singapore,* Ph.D.dissertation, University of Pittsburgh.

68. *Hong Kong Government Reports （1842～1941）*（香港政府報告）（香港大學網絡數據庫）

69. *C.O. Colonial Office Documents*（英國殖民部檔案），香港政府檔案處微縮資料.

70. *Daily Press,* 香港政府檔案處微縮資料。

71. *F.O. Foreign Office Documents*（英國外交部檔案），香港政府檔案處微縮資料。

72. *The China Mail,* 香港政府檔案處微縮資料。

73. *Hong Kong Annual Administration Report*（香港年度管理報告），香港政府檔案處微縮資料。

（二）譯 著

1. 廣東省文史研究館編譯：《鴉片戰爭史料選譯》，北京：中華書局，1983年。

2. （美）劉易斯・芒福德（Lewis Mumford, 1895～），《城市發展史——起源、演變和前景》(*The City in History: Its Origins, Its transformations, and Its Prospects*)，倪文彥、宋峻嶺譯，北京：中國建築工業出版社，1989年。

3. 胡濱譯，《英國檔案有關鴉片戰爭資料選譯》，北京：中華書局，1993年。

4. 廣州海關志編委會編譯：《近代廣州口岸社會經濟概況——粵海關報告彙集》，廣州：暨南大學出版社，1995年。

5. 莫世祥，虞和平，陳奕平編譯，《近代拱北海關報告彙編一八八七～一九四六》，澳門基金會，1998 年。

6. （美）G.W.施堅雅，《中國農村的市場和社會結構》，北京：中國社會科學出版社，1998 年。

7. （美）施奇樂著；宋鴻耀譯，《歷史的覺醒——香港社會史論》，香港：商務印書館，1999 年。

8. （美）馬士著，張匯文等譯：《中華帝國對外關係史》，上海：上海書店出版社，2000 年。

9. （美）保羅・諾克斯、史蒂文・平奇，《城市社會地理學導論》，商務印書館，2005 年。

10. （美）R.E.帕克，（美）E.N.伯吉斯，R.D.麥肯齊著；宋俊嶺，鄭也夫譯：《城市社會學：芝加哥學派城市研究》，北京：商務印書館，2012 年。

11. （美）郭思嘉（Nicole Constable）著，謝勝利譯：《基督徒心靈與華人精神：香港的一個客家社區》，北京：社會科學文獻出版社，2013 年。

12. （美）何振模著，張笑川、張生、唐豔香譯：《上海的美國人：社區形成與對革命的反應（1919～1928）》，上海：上海辭書出版社，2014 年。

13. （美）麥登高著、楊暘譯：《香港重慶大廈：世界中心的邊緣地帶》，上海：華東師範大學出版社，2015 年。

14. （英）德懷爾（D.J. Dwyer）：《香港戰後人口增長的若干問題》，載於英國《經濟地理》，1966 年。

15. （英）托馬斯著，陸瑾譯：《帝國的影響》，北京：北京圖書館出版社，2005 年。

16. （英）亨利著，余靜嫻譯：《港都話神州》，北京：北京圖書館出版社，2006 年。

17. （英）珍莫里斯著，黃芳田譯：《香港——大英帝國殖民時代的終結》，臺北：馬可波羅文化出版社，2006 年。

18. （英）韋爾什著，王皖強、黃亞紅譯：《香港史》，北京：中央編譯出版社，2007 年。

19. （英）施美夫：《五口通商城市遊記》，北京：北京圖書館出版社，2007 年。

20. （法）August Borget 著，錢林森等譯：《奧古斯特・博爾熱的廣州散記》，

上海：上海書店出版社，2006 年。

21. （葡）施白蒂：《澳門編年史（十九世紀）》，姚京明譯，澳門基金會，1998
    年。

22. （日）奧田乙治郎：《明治初年在香港的日本人》，臺灣總督府熱帶產業調
    查會，1937 年。

23. （日）石橋五朗著，沐朗譯：《人口地理學》，臺北：臺灣商務印書館，1971
    年。

24. （日）石川達三：《最近南美事情》，中公文庫，1981 年。

25. （日）藤田一郎：《香港往事談》，載香港日本人俱樂部廣告部編《香港：
    香港日本人俱樂部創立二十五週年紀念特輯號》，1981 年。

26. （日）瀨川昌久著，（中）錢杭譯：《族譜：華南漢族的宗族‧風水‧移居》，
    上海：上海書店出版社，1999 年。

27. （日）山田賢著，王在琦譯：《中國秘密結社真相》，臺北：臺灣實業文化，
    2002 年。

28. （日）西村幸夫，《再造魅力故鄉——日本傳統街區重生的故事》，王惠君
    譯，清華大學出版社，2007 年。

29. （日）瀨川昌久著，（日）河合洋尚譯：《客家——華南漢族的族群性及其
    邊界》，北京：社會科學文獻出版社，2013 年。

30. （德）哈拉德‧韋爾策編，（中）季斌，王立君等譯：《社會記憶：歷史、
    回憶、傳承》，北京：北京大學出版社，2007 年。

31. （德）施拉德著，戴志民、周天和譯：《真光照客家——巴色差會早期來
    華宣傳簡史 1839～1915》，香港：基督教香港崇真會，2008 年。

32. 劉枝萬著，余萬居譯：《臺灣的民間信仰》，選自《臺灣風物》第 39 卷第
    1 期。

33. （羅馬尼亞）米爾恰‧伊利亞德著、王建光譯：《神聖與世俗》，北京：華
    夏出版社，2002 年。

34. （加拿大）戴維‧理著、王興中主譯：《城市社會空間結構》，西安：西安
    地圖出版社，1992 年。

三、碩、博論文

1. 吳倫霓霞：Development of government education for the Chinese in Hong

Kong（1841～1913），美國明尼蘇達大學博士學位論文，1976 年。

2. 潘先偉：《香港華人社會之研究》，香港大學碩士學位論文，1977 年。

3. 蕭國健：《清初遷海前後香港之社會變遷》，香港珠海學院博士學位論文，1983 年。

4. 曾銳生：Great Britain and attempts at constitutional reform in Hong Kong（1945～1952），英國牛津大學博士學位論文，1985 年。

5. 冼玉儀：The Tung Wah Hospital, 1869～1896: a study of a medical, social and political institution in Hong Kong，香港大學博士學位論文，1986 年。

6. 佘耀亭：《軒尼詩在香港的華人政策》，香港：香港中文大學文學碩士學位論文，1988 年。

7. 丁新豹：《香港早期之華人社會，1841～1870》，香港大學博士學位論文，1989 年。

8. 陳偉群：The making of Hong Kong society: a sociological study of class formation in Hong Kong，英國艾塞克斯大學博士學位論文，1989 年。

9. 梁炳華：《中英就九龍城寨治權之交涉》，香港中文大學博士學位論文，1993 年。

10. 李培德：A study of " new business" in modern China: Canton, Hong Kong and Shanghai，日本東京大學博士學位論文，1994 年。

11. 李光雄：《近代村儒社會職能的變化——翁仕朝（1874～1944）個案研究》，香港中文大學博士學位論文，1996 年。

12. 鄧成峰：《香港學制演變：文化角度的分析》，華東師範大學博士學位論文，2001 年。

13. 林素玲：《基督教衛理公會在臺灣的擴展及其空間性闡釋》，國立臺灣師範大學地理學碩士學位論文，2002 年。

14. 李長森：《澳門土生族群研究》，暨南大學博士學位論文，2005 年。

15. 嚴忠明：《一個雙核三社區模式的城市發展史——1557 至 1849 年的澳門》暨南大學博士學位論文，2005 年。

16. 周望高：《近代長沙城市社區研究》，湖南師範大學碩士學位論文，2006 年。

17. 毛立坤：《晚清時期香港對中國的轉口貿易（1869～1911)》，復旦大學博士學位論文，2006 年。

18. 鄒偉新：《戰後初期港英政府房屋政策研究（1945～1955）》，華南師範大學碩士學位論文，2007 年。

19. 薛熙明：《基督教文化在廣東的歷史擴散及其與本土文化的衝突與融合》，中山大學博士學位論文，2008 年。

20. 鄒涵：《1945 年前香港近代城市規劃歷史研究》，武漢理工大學碩士學位論文，2009 年。

21. 蘭靜：《清代香港外來移民與香港城市社會發展（1841～1911）》，暨南大學博士學位論文，2011 年。

22. 鄒涵：《香港近代城市規劃與建設的歷史研究（1841～1997）》，武漢理工大學博士學位論文，2011 年。

23. 唐姍：《香港印度人社會形成的過程、現狀及其與香港社會的融合》，暨南大學博士學位論文，2013 年。

24. 黃忠鑫：《在政區與社區之間——明清都圖里甲體系與徽州社會》，復旦大學博士學位論文，2013 年。

四、報紙雜誌

1. 遐邇貫珍（1853 年 8 月～1856 年 5 月）

2. 循環日報（1874 年 5 月 16 日～1886 年 1 月 3 日）

3. 香港華字日報（1895 年 1 月 31 日～1940 年 12 月 31 日）

4. Hong Kong Daily Press（孖剌西報），1912 年 3 月 2 日

5. 香港工商日報（1926 年 4 月 1 日～1984 年 11 月 30 日）

6. 香港工商晚報（1930 年 11 月 16 日～1984 年 11 月 29 日）

7. 香港華字晚報（1937 年 1 月 28 日～1938 年 1 月 27 日）

8. 天光報（1933 年 2 月 7 日～940 年 11 月 30 日）

9. 大公報（1938 年 8 月 13 日～1991 年 12 月 31 日）

10. 華僑日報（1947 年 5 月 1 日～1991 年 12 月 31 日）

11. 香港華商報（1946 年～1949 年）

12. 廣東省銀行季刊（1947 年）

13. 香港循環日報（1948～1949 年）

14. 香港星島日報（1950 年～1961 年）

15. 香港大公報（1981 年～1985 年）

16. 上海申報，1982 年影印本

17. 香港英文虎報（1984 年）

18. 香港成報（1984 年）

19. 香港蘋果日報（1984 年～1986 年）

20. 香港南華早報（1967 年～1987 年）

21. 香港經濟日報（1960 年～1990 年）

22. 香港明報（1990 年）

23. 香港文學（月刊），1993 年。

五、圖冊類

1. 中國歷史博物館：《中國近代史參考圖錄》。上海：上海教育出版社，1983 年。

2. 張錫昌：《中國城市老地圖》，上海：上海辭書出版社，2004 年。

3. 薛鳳旋：《香港發展地圖集》，香港：三聯書店，2001 年。

4. 哈爾恩普森：《香港地圖繪製史》，香港：政府新聞處，1992 年。

5. 中國第一歷史檔案館編，《香港歷史問題檔案圖錄》，香港：三聯書店，1996 年。

6. 市政局香港博物館，《香港歷史圖片》，香港：香港市政局，1996 年。

7. 劉蜀永、蕭國健：《香港歷史圖說》，香港：麒麟書業有限公司，1998 年。

8. 洪金玉主編，《歷史回顧：歷任香港總督與香港珍貴歷史圖片（1842～1997）》，香港：香港榮譽出版有限公司，1996 年。

9. 高添強：《香港今昔（圖片）》，香港：三聯書店，1994 年。

10. 市政局香港博物館，《四環九約博物館藏歷史圖片精選》，香港：香港市政局香港歷史博物館，1999 年。

11. 戈頓地圖（1843）

12. 九龍和新界村鎮主要公路分布圖（1860～1945）

13. 九龍城市規劃圖（1861）

14. 香港島北岸與九龍半島南岸規劃圖（1888）

15. 九龍城市規劃圖（1904）

16. 香港城市規劃圖（1922）

17. 丁新豹主編：《河嶽藏珍》，香港臨時市政局，第 85 頁，1997 年。

18. 香港的歷史與發展畫冊委員會：《香港的歷史與發展》，北京：文化藝術出版社，1997 年。

19. 香港與鄰近地區圖，香港政府新聞處，《香港 2001》，香港：香港政府印務局，2002 年。

附　錄

附錄一　香港教會參與社區行動的團體簡稱與
　　　　全稱對照表[註1]

簡　稱	全　稱	備　註
女協	香港婦女基督徒協會	
大埔 SKH 婦女組	大埔聖公會中心敘妍社婦女組	
中大團契	香港中文大學學生福音團契	
工商師範團契	香港工商師範學院基督徒團契	
工福	香港工業福音團契	
天道	天道書樓	
民生關注會	基督教民生關注委員會	
幼稚園教師會	香港基督教幼稚園教師會	
合一中心	荃灣合一社會服務中心	
西九龍教會	西九龍社區教會	
共和評論	基督共和評論會	
守望社	基督徒香港守望社	
社工協會	香港基督教社會工作者團契	前身乃社工團契，後易名為社工協會

[註1] 郭乃弘主編：《香港教會與社會運動──八十年代的反思》，香港基督徒學會，
　　　1994 年，第 97～101 頁。

亞協（香港）	亞洲歸主協會香港分會	
社區教會婦女組	社區教會婦女組	
宗教系社關	香港中文大學宗教系系會社關小組	
觀塘教會	觀塘社區教會	與西九龍教會合併，稱基督教勞工教會
觀塘循道中心	觀塘循道社會服務中心	
觀塘堂	循道衛理觀塘堂	
門諾會	香港基督教門諾會	
朋輩	朋輩神學團契	
柏立基團契	柏立基師範學院基督徒團契	
城市理工團契	香港城市理工學院生福音團契	
思林	思林學社	
突破	突破雜誌	
律師團契	基督徒律師團契	
宣道園	宣道園	
信義沙田匯流社	信義會沙田青少年中心匯流社	
時代論壇	時代論壇	
真理堂	信義會真理堂	
荃葵社關	荃葵基督徒社關組	
柴灣中國組	柴灣區基督教與中國研究小組	
神學組	崇基神學組	
浸會神學院師生	浸信會神學院師生	
浸會愛群	浸會愛群社會服務處	
浸會愛群職員會	浸會愛群職員會	
浸會團契	浸會學院基督徒團契	
理工團契	香港理工學院學生會基督徒團契	
專上團契	香港專上學生福音團契	
救世軍雇員會	香港救世軍雇員會	
麥理浩工社服務部	聖公會麥理浩夫人中心工業社會服務部	
教工	教會工作者協會	
教新	香港教會更新運動委員會	
教師團契	香港基督徒教師團契	

深愛社關	深愛堂社關團契	
深愛家長聯會	深愛堂幼稚園社區家長聯會	
基基聯委會	基督教回應基本法聯委會	
基基委員會	基督教關注基本法委員會	
基督勞工教會	基督勞工教會	
基關	基督徒關懷香港學會	
黃大仙教牧會	黃大仙區教牧同工會	
港大團契	香港大學（學生會）基督徒團契	
證主	福音證主協會	
循道衛理	循道衛理聯合教會	
華福	世界華人福音事工聯絡中心	
華福（香港）	世界華人福音社工聯絡中心香港區教會	
新生命堂	基督教新生命堂	
傳基	天道傳基協會	
道風山	道風山基督教叢林	後易名 CSC
葛培理	葛培理佈道會	
葛量洪團契	葛量洪師範學院基督徒團契	
愛民會	全港基督徒聲援中國愛國民主運動	後易名愛民運動
愛民運動	香港基督徒愛國民主運動	乃愛民會之前身
愛華中心	循道愛華村服務中心	
愛華藍領計劃	循道衛理愛華村藍領計劃	
愛華村堂	循道衛理愛華村堂	
聖匠堂	聖匠堂	
聖雅各人員	聖雅各福群會團體及社區工作部全體工作人員	
聖經新譯	中文聖經新譯會	
福音傳播	福音傳播中心	
興華勞工中心	循道興華勞工教育中心	
學會	香港基督徒學會	
橄欖	橄欖雜誌	
嶺南團契	嶺南學院基督徒團契	
聯會	香港華人基督教聯會	

羅富國團契	羅富國師範（教育）學院基督徒團契	
寶劍社	寶劍社	
鑽石山中心	鑽石山基督教服務中心	
CFSC	基督教家庭服務中心	
CIC	香港基督教工業委員會	
CSC	中國基督教宗教文化研究社	
FES	香港基督徒學生福音團契	
HKCC	香港基督教協進會	
HKCS	香港基督教服務處	
SCM	香港基督徒學生運動	
SKH	聖公會港澳教區	
SKH 工委會	聖公會工業委員會	
SKH 中學校長	聖公會中學校長會	
SKH 沙田露宿組	聖公會沙田社會服務中心關注露宿者小組	
SKH 福利協會	聖公會教區福利協會	
SKH 傳播組	聖公會港澳教區傳播部	
SKH 鄰舍婦女組	聖公會鄰舍發展計劃婦女組	
TAT	電視意識醒覺訓練	
YWCA	香港基督教女青年會	

附錄二　20世紀80年代香港教會關社歷程 [註2]

時　間	關社行動內容	參與團體	關社重點
1980 年			
11 月 22 日	反對兩巴加價，要求公開聆訊。	HKCC	民生
12 月 13 日	成立「各界反對兩巴加價聯合委員會」。	CIC、HKCC、其他宗教團體、與民間團體合作	民生
1981 年			
1981 年	成立「各界關注中三試聯委會」，要求取消中三考試。	HKCC 下屬委員會或工作小組、與民間團體合作	教育／公民教育

〔註 2〕 表格數據來源：郭乃弘主編：《香港教會與社會運動──八十年代的反思》，香港基督徒學會；《社區資料發展彙編 1980 及 1989 年》，香港社會服務聯會。

1 月 18 日	投函報章，反對兩巴加價。	個人組合	民生
2 月	呼籲政府改善稅制，提高薪俸免稅限額。	HKCC 下屬委員會或工作小組	民生
2 月 24 日	舉行演唱會，反對兩巴加價。	其他宗教團體	民生
9 月	成立「香港基督徒關注電視委員會」。	個人組合	道德／文化
12 月 8 日	成立「各界爭取監管兩電聯委會」，爭取凍結兩電加價。	CIC、HKCC、其他宗教團體、與天主教團體或個人合作、與民間團體合作	民生
1982 年			
3 月 27 日	呼籲政府重新考慮接納黃大仙區議會建議延長勞工處勞資關係組服務時間。	其他宗教團體	民生
5 月	成立「各界爭取監管公共事業聯委會」。	CIC、HKCC 下屬委員會或工作小組、SCM、其他宗教團體、與天主教團體或個人合作、與民間團體合作	民生
5 月 4 日	致函勞工處，建議建立「雨季地盤安全特備督導組」。	CIC	民生
6 月 6 日	投函報章，要求政府正視精神康復服務之不足。	個人組合	民生
6 月 8 日	向港督請願，要求正視木屋區問題。	SCM、與天主教團體或個人合作	民生
6 月 18 日	向港督及兩局呈建議書，促請政府成立「破產清盤工人基金」。	CIC、與民間團體合作	民生
7 月 2 日	面唔兩局，要求設立「欠薪補償基金」	CIC、與民間團體合作	民生
8 月 21 日	到輔政司署請願，抗議政府單方面通過「常委會第八號報告書」，拉低基層公務員的薪金水平。	CIC、與民間團體合作	民生
8 月 29 日	要求政府設立全民性社會保障制度	其他宗教團體、與天主教團體或個人合作、與民間團體合作	民生
8 月 29 日	成立「爭取興建東區醫院聯合委員會」	其他宗教團體	民生
9 月 11 日	120 名婦女聯署聲明，關懷老人，要求政府實施全面社會保障計劃	HKCC 下屬委員會或工作小組	民生

9月13日	促請政府提高僱代通知金，縮短領取遣散費的雇傭期限	CIC	民生
9月15日	聯署聲明，反對日本文部省篡改歷史	HKCC 下屬委員會或工作小組	其他
10月31日	發表「流行連環圖對青少年影響」調查研究報告，要求有關當局加強管制及檢控。	其他宗教團體	道德／文化
12月9日	投函報章，評「烈火青春」意識不良。	個人組合	道德／文化
1983 年			
1月19日	支持九龍灣災民爭取合理安置	個人組合、與天主教團體或個人合作	民生
6月前	成立「各界關注同性戀法例聯委會」，反對同性戀非刑化。		道德／文化
6月初	致函港督，反對同性戀非刑化。	其他宗教團體	道德／文化
6月10日	致函港督及兩局，反對同性戀非刑化	其他宗教團體	道德／文化
7月	成立「各界支持興盛道及九龍灣鄰屋單身人士爭取合理安置聯合委員會」。	SCM、其他宗教團體、與天主教團體或個人合作、與民間團體合作	民生
1984 年			
4月16日	發表「香港基督徒在現今社會及政治變遷中所持的信念獻議」。	個人組合	香港前途
7月	成立「代議政制研討綠皮書聯席會議」。	CIC、HKCC 下屬委員會或工作小組、其他宗教團體、與天主教團體或個人合作、與民間團體合作	民主
8月31日	聯署「宗教自由聲明」，送交新華社及港府	個人組合、CIC、HKCC、SCM、其他宗教團體	香港前途
9月5日～12日	組織「香港基督徒北京訪問團」及發表「對香港前途意見書」。	個人組合	香港前途
11月27日	就代議政制白皮書發表評論，指政府短視，拖延直選。	HKCC 下屬委員會或工作小組	民主

1985 年			
1 月 15 日	評「教育統籌委員會第一號報告書」。	HKCC 下屬委員會或工作小組	教育 / 公民教育
2 月 3 日	發表「公民教育與香港的未來聯合聲明」。	HKCC 下屬委員會或工作小組、其他宗教團體、與民間團體合作	教育 / 公民教育
3 月 23 日	聯署「旺角區基督教會反對設立紅燈區意見」。	其他宗教團體	道德 / 文化
4 月 1 日	聯名致函要求政府加強管制色情刊物。	其他宗教團體	道德 / 文化
5 月	成立「促進公民教育聯席會議」。	HKCC 下屬委員會或工作小組、守望社、其他宗教團體、與天主教團體或個人合作、與民間團體合作	教育 / 公民教育
5 月 13 日	成立「旺角反色情運動關注委員會」。	其他宗教團體	道德 / 文化
6 月 10 日	向兩局遞交「立法局權力及特權法案意見書」，要求無限期延期三讀，並制定「人權法案」。	HKCC 下屬委員會或工作小組	民主
6 月 11 日	向兩局請願，發表聲明，要求押後二讀前述法案	CIC	民主
6 月 25 日	向兩局遞交聲明，指立法局漠視民意，強行推行三讀特權法案。	CIC、HKCC 下屬委員會或工作小組、守望社、與民間團體合作	民主
8 月 11 日	投函報章，就不良刊物向有關當局提意見	其他宗教團體	道德 / 文化
8 月 26 日	婦女反對電視臺選美活動扭曲婦女形象	個人組合	婦女權益
9 月 4 日	致函兩局，建議受雇五年而無理被解雇，可獲長期服務金。	其他宗教團體、與天主教團體或個人合作、與民間團體合作	民生
9 月 13 日	成立「教育團體關注基本法聯席會議」。	其他宗教團體、與天主教團體或個人合作、與民間團體合作	基本法
10 月 17 日	發表調查報告，四成中一至中三學生曾閱色情刊物，要求當局正視問題。	其他宗教團體	道德 / 文化

11月3日	聯署聲明，關注勞工界推選諮委一事。	個人組合	基本法
11月6日	投函報章，支持廣播事業檢討委員會報告書之建議。	其他宗教團體	道德／文化
11月23日	成立「監察色情刊物監察團體聯席會議」。		道德／文化
12月13日	致函訪港港澳辦主任，要求直選寫入基本法	HKCC 下屬委員會或工作小組、與民間團體合作	基本法
1986 年			
1月	成立「監察基本法制定委員會」	個人組合、HKCC 下屬委員會或工作小組、SCM、與民間團體合作	基本法
2月4日	聯署基本法意見書，向港澳辦秘書長及草委會遞交。	其他宗教團體	基本法
2月27日	組成「關注廣播事業檢討聯席會議」。	HKCC 下屬委員會或工作小組、守望社、與民間團體合作	道德／文化
2月28日	向行政司提交有關廣播事業檢討委員會報告書之意見書，贊成港臺獨立公營。	其他宗教團體	道德／文化
3月4日	投函報章，要求電視禁播香煙廣告。	個人組合	道德／文化
3月8日	發表研究結果，呼籲有關當局改善社會政策，協助女性提供自我形象以發展潛能。	其他宗教團體、與民間團體合作	婦女權益
4月13日	成立「婦女關注色情及暴力傳媒聯合前委員會」。	其他宗教團體、與民間團體合作	婦女權益
5月13日	公布調查結果，大部分工人願意設立中央公積金。	CIC	民生
5月14日	向兩局請願，要求停止大亞灣核電站廠計劃。	CIC、SCM、與天主教團體或個人合作、與民間團體合作	民生
5月16日	要求政府早日設立中央公積金制度。	CIC	民生
5月31日	成立「爭取停建大亞灣核電廠聯席會議」。	CIC、HKCC 下屬委員會或工作小組、SCM、守望社、其他宗教團體、與天主教團體或個人合作、與民間團體合作	民生

6月15日	聯署聲明，建議翌年取消中三評核試。	守望社、與民間團體合作	教育／公民教育
7月10日	投函報章，反對興建大亞灣核電廠。	個人組合	民生
7月16日前	成立「各界關注香港醫療政策委員會」。	CIC、HKCC 下屬委員會或工作小組、與天主教團體或個人合作、與民間團體合作	民生
8月前	成立「基督徒關注大亞灣核電廠行動組」。	個人組合、CIC、HKCC 下屬委員會或工作小組、SCM、其他宗教團體、與天主教團體或個人合作、與民間團體合作	民生
8月25日	聯署聲明，要求擱置「中學學位分配辦法的改善措施」。	HKCC 下屬委員會或工作小組、守望社、其他宗教團體、與民間團體合作	教育／公民教育
8月27日	會晤兩局衛生事務小組，反映有關澳洲顧問團醫療服務報告書的意見。	HKCC 下屬委員會或工作小組	民生
9月前	成立「關注色情刊物運動」（灣仔區）。	其他宗教團體	道德／文化
9月前	刊登廣告，堅持要求擱置興建大亞灣核電廠。	個人組合、與天主教團體或個人合作	民生
9月23日後	刊登廣告，堅持要求擱置興建大亞灣核電廠。	個人組合、與天主教團體或個人合作	民生
9月25日	發表有關政制民主化的改革	CIC	民主
9月26日	發表研究報告，要求政府加強對外出工作家長的服務。	其他宗教團體、與民間團體合作	民生
10月5日	成立「檢討九年免費教育聯席會議」。	HKCC 下屬委員會或工作小組、守望社、與民間團體合作	教育／公民教育
10月6日	向兩局憲制小組遞交「香港未來政制模式諮議」意見書，要求88年開始直選。	HKCC 下屬委員會或工作小組	民主
10月9日	會晤兩局代表，要求港府盡快成立中央公積金及人壽傷殘保險計劃。	CIC、與民間團體合作	民生
10月17日	會晤教育及人力統籌司，要求增工廠督查。	CIC、與民間團體合作	民生

10 月 27 日	成立「民主政制促進聯委會」。	CIC、HKCC 下屬委員會或工作小組、SCM、守望社、其他宗教團體、與天主教團體或個人合作、與民間團體合作	民主
12 月 28 日	會晤兩局，要求政府促修訂長期服務金法例，放寬工齡及年齡限制。	CIC、與民間團體合作	民生
1987 年			
1 月 23 日	向兩局遞交報告及意見書，促正視工業安全。	CIC、其他宗教團體、與天主教團體或個人合作、與民間團體合作	民生
2 月 5 日	將會見兩局代表，要求政府改變薪俸稅算法，及實行夫婦分開繳稅。	CIC、與民間團體合作	民生
2 月 6 日	會晤兩局，歡迎《刊物管制綜合（修訂）條例草案》，及反對《公安（修訂）條例草案》。	CIC	民權
2 月 10 日	投函報章，就廣播事業發表意見。	其他宗教團體	道德 / 文化
3 月 9 日	向港督請願，要求盡早成立中央公積金。	CIC、與民間團體合作	民生
3 月 10 日	向布政司請願，要求擱置修訂公安條例。	CIC、SCM、守望社、其他宗教團體、與天主教團體或個人合作	民權
3 月 11 日	聯署聲明，要求擱置修訂公安條例。	CIC、SCM、守望社、其他宗教團體、與天主教團體或個人合作、與民間團體合作	民權
3 月 11 日	刊登廣告，呼籲有關當局正視公安修訂條例。	CIC、SCM、守望社、其他宗教團體、與天主教團體或個人合作	民權
3 月 13 日	召開記者會，反對《公安（修訂）條例草案》。	CIC	民權
3 月 17 日	成立「爭取新聞及言論自由聯委會」，反對修訂公安條例。	CIC、SCM、其他宗教團體、與天主教團體或個人合作	民權
4 月 5 日	舉行「各界反對公安（修訂）條例大會」，發表大會聲明。	CIC、SCM、其他宗教團體、與天主教團體或個人合作	民權

4月24日	刊登廣告，要求從促檢討和修訂《公安修訂條例》。	個人組合、守望社、其他宗教團體	民權
5月3日	發表宣言，要求政府促進設立中央公積金。	CIC、與民間團體合作	民生
5月22日	投函報章，要求政府面對露宿者問題。	其他宗教團體	民生
5月26日	聯署聲明，要求政制檢討綠皮書中有關立法局選舉方式應包括直接選舉。	CIC、與民間團體合作	民主
6月26日	批評李後就直選談話影響港人對政檢意見。	守望社	民主
7月13日	發表聯署聲明，要求八八直選；之後續邀請個人聯署。	個人組合、SCM、教工、其他宗教團體	民主
7月21日	致函英外相，要求八八直選。	CIC、與民間團體合作	民主
7月30日	會晤兩局議員，要求政府堵塞長期服務金計劃的漏洞。	其他宗教團體、與民間團體合作	民生
8月5日	發表立場書，支持八八直選。	個人組合、與民間團體合作	民主
8月19日	致函教育及人力統籌科及五大商會，要求合理改善長期服務金法例。	CIC、與民間團體合作	民生
8月26日	聯署聲明，要求政府研究新市鎮家庭的壓力來源，並提供適當服務。	其他宗教團體、與民間團體合作	民生
8月27日	一群教會人士刊登廣告，要求八八直選。	個人組合	民主
8月27日	發表政制改革立場書，要求八八直選。	教工	民主
8月28日	一群聖職人員刊登廣告，支持八八直選。	個人組合、與天主教團體或個人合作	民主
8月31日	舉行千人集會，宣讀大會宣言，支持八八直選。	個人組合	民主
9月2日	發表「工會及勞工團體支持八八直選」聲明。	個人組合、與民間團體合作	民主
9月15日	投函報章，要求八八直選。	其他宗教團體	民主
9月20日	舉行記者會，建議撤銷欠薪保障基金的申請期限。	CIC	民生

10 月 9 日	向港督請願，反對政府否決設立中央公積金。	CIC	民生
10 月 15 日	向兩局請願，反對以長期服務金取代設立中央公積金。	CIC	民生
			民生
10 月 18 日	向港督請願，不滿港督否決中央公積金。	CIC、SCM、教工、其他宗教團體、與天主教團體或個人合作	民生
11 月 2 日	聯署聲明，要求兩局交代港督否決中央公積金的根據。	SCM、教工、其他宗教團體、與天主教團體或個人合作	民生
11 月 10 日	通宵靜坐，要求政府設立中央公積金。	CIC、與民間團體合作	民生
11 月 10 日	質疑民意彙集處報告書	守望社	民生
11 月 16 日	致函有關當局，並發起簽名運動，要求政府改善薪俸稅制。	CIC、與民間團體合作	民生
11 月 17 日	聯署聲明及上兩局，質疑民意彙集處報告書的公正及可信性。	CIC、SCM、教工、女協、其他宗教團體、與天主教團體或個人合作	民生
11 月 24 日	向兩局遞交聲明，爭取改善薪俸稅制。	CIC、與民間團體合作	民生
12 月 9 日	向無線抗議，要求取消或延遲至晚上十一時後播「國際花花公子小姐競選」。	其他宗教團體	道德／文化
12 月 10 日	成立「各界反對花花女郎進入家庭聯委會」，反對無線播放「花花女郎競選」。	個人組合	道德／文化
12 月 10 日	聖職人員聯署聲明及上兩局，回應民意彙集處報告書。	個人組合	民主
12 月 14 日	以一人一信方式表達對民匯處報告書的質疑。	個人組合	民主
12 月 18 日	發表《葵涌區工友腰背健康調查》報告書，向有關當局包括工友提建議。	其他宗教團體、與民間團體合作	民生

附錄三　旺角街坊會辦理康樂活動記錄表〔註3〕

活動編次	活動日期	內　容　摘　要
1968 年		
1	4 月 29 日	為贊助大專學生，響應華僑日報救童助學運動，在大會堂義演「茶花女」名劇籌款。（湛保庶副司憲主禮）
2	5 月 29 日	本會西醫第二診所開幕。（旺角民政主任黎家驊先生主禮）
3	6 月 20 日	與旺角民政署合辦，在伊莉莎伯中學舉行坊眾免費遊藝晚會。
4	8 月 1 日	舉辦旺角區商業調查出發。（與旺角民政署合辦）
5	8 月 3 日	在麥花臣場舉行街坊眾免費遊藝晚會。（與民政署合辦）
6	8 月 10 日	在麥花臣場舉行街坊眾免費遊藝晚會。（與民政署合辦）
7	8 月 17 日	在麥花臣場舉行街坊眾免費遊藝晚會。（與民政署合辦）
8	8 月 23 日	舉辦旺角區小販調查出發。（與民政署合辦）
9	8 月 24 日	在麥花臣場舉行街坊眾免費遊藝晚會。（與民政署合辦）
10	8 月 27 日	舉辦「浪中暢遊」節目。（在松山小築，與旺角民政署、拯溺總會、市政局合辦。）
11	8 月 31 日	在麥花臣場舉行街坊眾免費遊藝晚會。（與民政署合辦）
12	9 月 7 日	在麥花臣場舉行街坊眾免費遊藝晚會。（與民政署合辦）
13	9 月 14 日	在麥花臣場舉行街坊眾免費遊藝晚會。（與民政署合辦）
14	9 月 21 日	在麥花臣場舉行街坊眾免費遊藝晚會。（與民政署合辦）
15	9 月 23 日	在大會堂舉行演劇籌募福利經費。由 1968 年 9 月 23 日至 9 月 29 日，一連七日七夜。（署理華民政務司徐家祥先生主禮）
16	9 月 28 日	在麥花臣場舉行街坊眾免費遊藝晚會。（與民政署合辦）
17	9 月 29 日	本會派棋隊（韓松堅、溫駒）二人參加麗的呼聲主辦全港公開象棋賽，本會棋隊獲亞軍獎。
18	10 月 4 日	中秋迎月遊藝晚會。（免費招待坊眾六千人，由區內熱心商號捐贈月餅 200 盒，抽籤派發。本會與旺角民政署，旺角警署合辦。）
19	10 月 17 日	「旺角杯」青年籃球賽賽程兩個月。（由本會與旺角民政司署青年協會主辦）。
20	10 月 23 日	本會慶祝「街坊節」免費招待六十歲以上耆老在瓊華酒樓之敬老宴會招待耆老 196 人，宴開二十餘席，及免費電影招待區內青少年。
21	10 月 23 日	音樂欣賞晚會，在英華書院舉行。（與民政署合辦）

〔註 3〕《旺角街坊會舉辦各項福利工作分類記錄表》（內部資料），旺角街坊會（有限公司），1971 年。

22	10 月 24 日	清游雅敘集會，西貢「湛山寺」免費招待耆老 70 餘人，整日郊遊。（與旺角民政署合辦）
23	12 月 7 日	本會徵求會員，出發典禮及「青年幹事就職」典禮暨旺角杯頒獎及遊藝晚會。（黎家驊主任監誓，胡兆熾先生頒獎）
24	12 月 23 日	預祝「聖誕節」假域多利戲院免費招待青少年。（與旺角民政署合辦）
25	12 月 23 日	預祝「聖誕節」（本會與旺角民政署及旺角各界社團聯合組成慰問團出發致送禮物）訪問廣華醫院及伊莉莎伯醫院留醫者。
26	12 月 23 日	預祝「聖誕節」假柳樹街招待小販家屬，舉辦遊藝會，免費招待。（與旺角民政署合辦）
27	12 月 23 日	預祝「聖誕節」在麥花臣場舉辦遊藝晚會。（與旺角民政署合辦）
28	12 月 28、29、30 日	本會童軍 136 旅大露營節目，於「青山」露營 3 天。
29	12 月 31 日	本會協助廣九鐵路舉辦原日之油麻地火車站改名為旺角火車站之站。
30	12 月 31 日	名牌揭幕禮（由本會主席曹紹松主持揭幕）
	1969 年	
31	1 月 25 日	在伊莉莎伯青年館舉行遊藝晚會。（與旺角民政署、旺角警署及市政局康樂組合辦）。
32	2 月 1 日	本會協助公共安全禮讓運動，在麥花臣球場舉行遊藝大會。
33	2 月 6 日	預祝「農曆新年」美化彌敦道燈飾按鈕典禮。（由九龍民政專員韋忠信先生主禮，本會與旺角民政署及旺角各界社團合辦。）
34	2 月 17 日	本會假座香港大會堂公演粵劇以籌募福利經費。（由二月十七日到二月二十三日一連七天）。
35	2 月 17 日至 3 月 2 日	公演粵劇，在麥花臣球場演出。（由 1969 年 2 月 17 日至 3 月 2 日，一連 14 天。）
36	3 月 3 日	與中山同鄉會聯合主辦上元佳節坊眾免費遊藝晚會。
37	3 月 21 日	協助旺角區大廈聯誼總會舉辦組織及選舉事宜。
38	4 月 1 日	港九各區街坊會及各大社團共 170 單位聯合讌賀，黎家驊先生榮任九龍民政專員大會，假座平安酒樓舉行。（本會及東莞同鄉會、油麻地街坊會被選為讌賀大會，正副主席負責籌備工作）。
39	4 月 12 日	在麥花臣場舉行街坊眾免費遊藝晚會。（與民政署、旺角警署及市政局合辦）。
40	4 月 27 日	「旺角區青少年遊藝大會」在麥花臣場舉行。（旺角民政署合辦）
41	5 月 12 日	旺角區各社團及各業機構共一百零五單位聯合讌賀，林誌釗先生榮任旺角民政主任大會，假座新雅酒樓舉行（本會被選為大會主席，負責籌備工作）。

42	6月9日	本會二十餘位理事會同市政局、旺角民政署聯合辦理旺角弼街至太子道之花園街小販登記，發出表格 450 份。
43	6月18日	在麥花臣球場舉行坊眾免費遊藝晚會暨預祝「端午節」。（與旺角民政署、旺角警署及市政局合辦）
44	6月19日	為響應九龍各界擴大慶祝端午節起見，本會與油麻地街坊會合資建造街坊號龍舟 1 艘，以參加出遊，本會並選派青年健兒二十餘人組成旺角街坊會龍舟隊一隊參加競賽，並獲第三名。（龍舟大會由輔政司羅樂民爵士主禮）
45	6月28日	本會與民政署、市政局及兒童遊樂場協會在伊莉莎伯青年館舉辦。
46	6月28日	舉辦新潮舞會，免費招待街坊青年參加。
47	6月30日	本會接收官產處移交來上海街 346 號舊屋一座，作為青少年康樂中心之用。預算作為擴展縫紉班，及兒童自修室、國術班、廣告設計班等活動，同時接獲官產處及旺角民政署之通知，因區內缽蘭街 120 號四樓被宣布為危樓，需即行遷出以進行修建工作，該樓居民四十餘名無法覓得居所，擬請本協會解決。經本會理監事議後，決定暫將上述樓宇，即行間隔，房間安裝水喉、電燈及電風扇等設備，以作該危樓居民四十餘人暫時作居留之所，達成協助坊眾解決困難之目的。
48	7月3日	本會與民政署、市政局兒童遊樂場聯合舉辦免費招待青少年遊河會，地點在「大青水灣」（租用油麻地渡海小輪前往，盡一日之歡）。
49	7月7日	旺角民政署，與旋轉餐廳，聯合招待少童茶點歌唱，本會夜校派出學生三十二人參加。
50	7月14日	本會及旺角民政署主辦青少年參觀生力啤酒廠，以增加青年對工業之認識及興趣。（蒙生力啤酒廠派員詳為解釋及熱忱招待。）
51	7月16日	鄧寧警司榮升及裴智先生榮升旺角警司，本會理監事為聯絡感情起見，特假座五月花酒樓設宴慶賀，是日參加者共五十餘人。
52	7月19日	本會與旺角民政署、旺角警署市政局及旅港中山同鄉會在麥花臣球場聯合主辦坊眾免費遊藝晚會。
53	7月21日	本會為響應政府防霍運動，於七月二十一日起在本會第一診所及第二診所開始辦理免費注射防霍疫苗服務工作。
54	7月22日	本會與旺角民政署、旺角警署市政局及兒童遊樂場協會聯合主辦「芝麻灣遊河」節目，免費招待青少年參加，盡一日之歡。
55	7月23日	本會與旺角民政署、旺角警署市政局及兒童遊樂場協會聯合主辦「南丫島」「遊河會」節目，免費招待青少年參加，盡一日之歡。

56	7月23日	為擴大響應防霍於二十三日在彌敦道恒生銀行門口增加設立第三防霍亂注射站免費服務，及在弼街口設立第四防霍注射免費服務站，先後七日坊眾免費接受注射，達數千人。
57	8月1日	本會協助及響應「港九各區街坊會協進會」主辦「衛生教育與公共安全展覽會」，在麥花臣場舉辦坊眾免費遊藝晚會暨第一次安全節表演。
58	8月3日	本會協助旺角民政署舉辦大專同學在旺角避風塘作水上居民生活概況調查。
59	8月4日	本會協助旺角民政署辦理夏令青少年露營，出發參加漁農處營地學習各項工作。
60	8月7日	本會在麥花臣球場舉行第三次安全示範節表演暨免費遊藝晚會（協助及響應「衛生教育與公共安全展覽會」）。
61	8月10日	本會在麥花臣球場舉行第四次安全示範節表演暨免費遊藝晚會（協助及響應「衛生教育與公共安全展覽會」而舉辦）。
62	8月11日	本會在麥花臣球場舉行第五次安全示範節表演暨免費遊藝晚會（協助及響應「衛生教育與公共安全展覽會」而舉辦）。
63	8月16日	在麥花臣場舉行第二十七次坊眾免費遊藝晚會。（由本會與市政局、旺角民政署、旺角警署合辦。）
64	8月26日	原日缽蘭街120號四樓危樓之居民經由本會借出上海街346號康樂中心作為暫居之所，現因該危樓之修建工程已告完畢，經官產處及旺角民政署之通知，可遷回舊址居住，並定本日全部遷出康樂中心。該等居民為對街坊會之協助，表示感謝，聯合致贈「惠澤坊閭」之親筆簽名鏡屏一座，藉以紀念。
65	8月27日	本會與旺角民政署、兒童遊樂場協會及九龍持牌小販互助社聯合舉辦旺角區青少年遊河會，目的地係到維多利亞海港遊覽。（免費招待青少年及小販家屬參加。）
66	9月2日	本會與旺角民政署、旺角警署、市政局及香港電臺聯合主辦坊眾免費遊藝粵劇晚會。
67	9月25日	本會與旺角民政署、旺角警署、市政局聯合主辦第二十九次坊眾免費遊藝晚會（中秋迎月晚會）。（由區內之茶樓酒家熱心殷商捐助月餅二百餘盒作幸運獎品）。
68	9月26日	本會接受殷商陳慶先生捐送16MM活動電影機一部，全套（四個鏡頭、一個火牛及零件等物。）以使本會增加青少年康樂活動之電影晚會。（附注：本會月前會蒙副民政司湛保庶先生送贈電影銀幕一張剛恰配成一套，可供使用，亦巧事也。）
69	10月18日	本會與旺角民政署、旺角警署及市政局聯合主辦第三十次坊眾遊藝晚會，內容有粵劇「萬惡淫為首」、舞蹈、高空表演、麒麟表演、及電影。

70	10 月 7 日	因區內華德大廈欠交新水錶按金及欠交水費等，致被水務局截喉，停止供水，本會理監事多人，聯同旺角民政署、旺角區大廈聯誼總會，召集華德大廈業主，住客在五月花酒樓開緊急會，進行調處，及尋求恢復供水之辦法，免三千人無水可食。
71	10 月 23 日	本會為慶祝 1969 年街坊節，特舉辦敬老慈幼二項節目：（一）慈幼方面：上午在域多利戲院、英京戲院放映電影，免費招待青少年二千餘人。（二）敬老方面：下午在瓊華酒樓招待六十五歲以上耆老 188 人參加免費敬老宴會。
72	10 月 23 日	下午三時本會協助辦理港九各區街坊協進會會所開幕，假美麗華萬壽宮茶點招待各界人士四千餘人。恭請行政局華人首席議員關祖堯爵士主禮。
73	11 月 24 日	本會與民政署、香港童軍總會聯合舉辦街坊眾免費遊藝大會，節目有：魔術、什技、口技、幸運抽獎及樂隊演奏等。
74	11 月 26 日	本會與華德大廈業主住客組成七人小組委員會，專責處理該大廈安裝獨立水錶事宜，庶免有截喉停止供水事件發生。
75	11 月 6 日	本會與市政局康樂組、及排球聯會，主辦排球表演賽。（假伊莉莎伯青年館舉行）
76	12 月 8 日	本會為籌募經費（福利），特於 1969 年 12 月 8 日起至 12 月 21 日共 14 晚，假座香港銅鑼灣利舞臺戲院聯合銅鑼灣街坊會籌募經費，禮聘「仙鳳鳴」戲團公演名劇「再世紅梅記」、「琵琶記」、「帝女花」三劇，是晚恭請行政局華人首席議員關祖饒爵士主持剪綵典禮。
77	12 月 9 日	慶祝「香港節」本會與救世軍總部舉辦「旺角坊眾之夜」，免費遊藝晚會在麥花臣球場舉行，節目有舞金龍、舞獅、土風舞、什技、幸運抽獎等等。
78	12 月 12 日	本會籌募福利經費演劇大會，為謝仙鳳鳴戲團及利舞臺戲院之大力協助，恭請署理民政司徐家祥先生蒞臨主持頒獎禮。（一）致送仙鳳鳴劇團紀念銀碟一具。（二）致送利舞臺戲院紀念銀碟一具。
79	12 月 14 日	為慶祝香港節，本會與救世軍聯合舉辦第二次晚會，名為「旺角青春旋律之夜」坊眾免費招待，有健身等節目。
80	12 月 23 日	本會籌募經費演劇為最後一天，恭請旺角民政署林誌釗主任 / 夫人，東區民政署梁文建主任 / 夫人蒞臨主持頒獎贈紀念錦旗致送任劍輝小姐、白雪仙小姐、梁醒波先生、靚次伯先生。
81	12 月	本會與旺角民政署，市政局及旺角警署在麥花臣球場聯合舉辦坊眾免費遊藝晚會。秩序有麒麟舞、金龍伴獅、天鵝溜冰表演、差利張魔術及海天歌廳名歌星演唱中西名曲等等，參觀坊眾達二千餘人。

82	12 月 27 日	本會與旺角民政署、市政局聯合主辦「新潮聯歡舞會」，假座伊莉莎伯中學大禮堂舉行，有新潮樂隊演奏流行曲及歌唱舞蹈等精彩節目，並有幸運抽獎，免費招待青年坊眾 1000 人，場面輕鬆愉快，極受青年大眾所歡迎。
83	12 月 27 日	本會派出青年幹事多人，參加旺角區童軍分會在新界舉行之野火餐舞會，使青年幹事與童軍增加聯絡，促進青年間之友誼。

附　圖

附圖一　中環街道詳圖〔註1〕

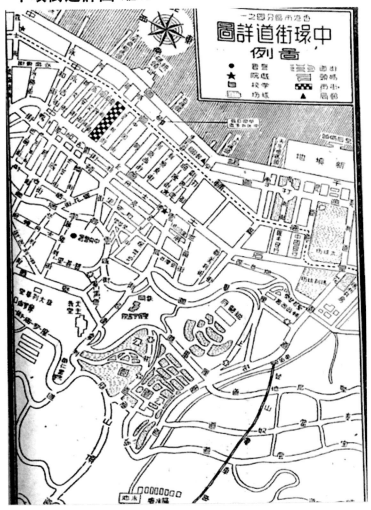

〔註 1〕《1955 年香港年鑒》第八回，中卷之日用便覽，華僑日報出版社，1954 年 12 月。

附圖二　上環街道詳圖〔註2〕

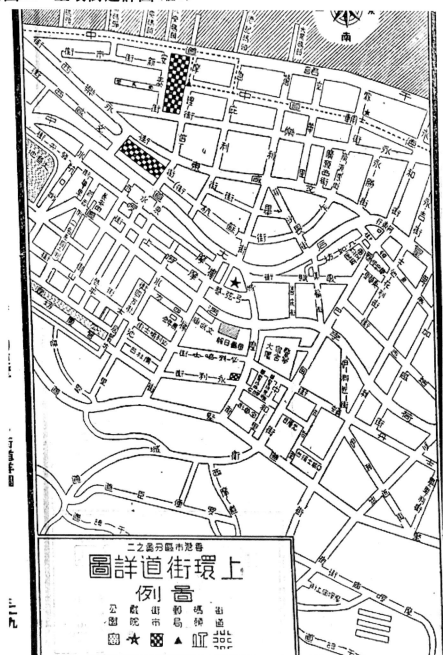

〔註2〕《1955年香港年鑒》第八回，中卷之日用便覽，華僑日報出版社，1954年12月。

附圖三　西營盤街道詳圖〔註3〕

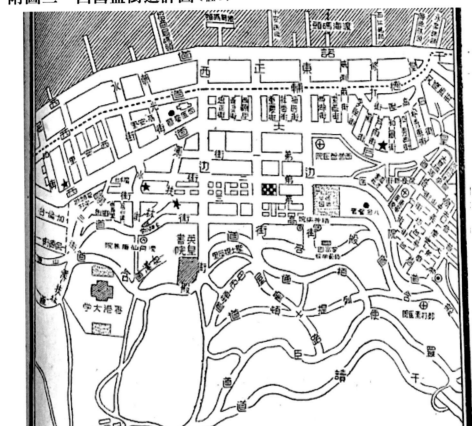

〔註3〕《1955年香港年鑑》第八回，中卷之日用便覽，華僑日報出版社，1954年12月。

附圖四　九龍尖沙咀、油麻地地區街道詳圖〔註4〕

〔註4〕《1955年香港年鑒》第八回，中卷之日用便覽，華僑日報出版社，1954年12
月。

附圖五　九龍半島著名建築索引圖〔註5〕

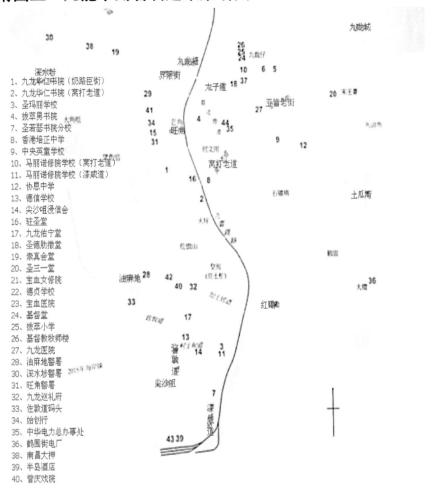

深水埗
1、九龙华仁书院（奶路臣街）
2、九龙华仁书院（窝打老道）
3、圣玛丽学校
4、拔萃男书院
7、圣若瑟书院分校
8、香港培正中学
9、中央英童学校
10、马丽诺修院学校（窝打老道）
11、马丽诺修院学校（漆咸道）
12、协恩中学
13、德信学校
14、尖沙咀浸信会
16、驻圣堂
17、九龙佑宁堂
18、圣德肋撒堂
19、崇真会堂
20、圣三一堂
21、宝血女修院
22、德贞学校
23、宝血医院
24、基督堂
25、拔萃小学
26、基督教牧师楼
27、九龙医院
28、油麻地警署
30、深水埗警署
31、旺角警署
32、九龙巡礼府
33、佐敦道码头
34、始创行
35、中华电力总办事处
36、鹤园街电厂
38、南昌大押
39、半岛酒店
40、普庆戏院

後 記

　　寒來暑往、秋去春來，經過近四年的苦讀和寫作，博士論文終於要告一段落了。耳邊響起德國作家托馬斯‧曼的話：「⋯⋯ 終於完成了。它可能不好，但是完成了。只要能完成，它也就是好的」。這算是對自己內心的安慰嗎？看著眼前這本幾近三十萬字的書稿，想起寫作過程的艱辛和歡愉，心中不免感慨萬千。

　　我是一個比較喜歡讀書，卻不太善於考試的人，因此，求學的生涯拖得漫長，我的一位研究終身教育的學長帶著玩笑的口吻稱：我是他研究終身教育的絕佳案例。

　　選擇「香港城市社區」作為博士論文的主題純屬機緣巧合。我碩士求學階段跟隨張人傑教授學習教育社會學，比較系統地掌握了包括社區理論在內的社會學相關內容，畢業以後就進入廣東省總工會系統的南華工商學院參與創辦社區管理與服務專業，並較長時間從事與社區相關的教學與科研工作。因此，當導師提示我關注香港這一研究地域的時候，我立即毫不猶豫地選擇「社區」作為介入點。在經過初步的文獻資料搜尋尤其是論文開題之後，我才發現當時自己的決策也許是有些不知天高地厚。主要的困難在於香港史料由於諸多原因比較零散，未成系統且浩如煙海，這對於非史學科班出身的我來說是首先必須突破的重大挑戰。記不清楚有多少個白天與夜晚，我冒著炎熱酷暑，踩著那輛破舊的自行車來往於翰景路的家與暨大圖書館之間那條並不太長的道路，在地下一層的密集書庫摘抄了數十萬字的舊報刊筆記且與後來在香港大學圖書館尋覓到的《社區發展資料彙編》一起構成了本書重要的史料來源。此中經歷，若非親身體驗，又豈能冷暖自知？這也使我對終年枯坐書齋、皓首窮經的歷史學者萌生出深深的敬意與仰慕！論文初成，心中還

是有一份淡淡的欣喜和寬慰。欣喜之餘，想起一路走來，那些曾經幫助、支持、鼓勵和關心過我的人，感激之情油然而生。

　　首先是陳師，有同輩學者稱他「不可複製」。追隨老師近四載，始知「不可複製」之真。陳師才思敏捷，舉重若輕，經常耳提面命、悉心指點。而我學術功底薄弱，生性愚鈍，足以想見老師教誨之不易。本篇論文更是傾注了老師大量時間精力，老師早年在香港大學攻讀博士期間便搜集了大量珍貴資料，每次都是有求必應，傾囊相助。沒有老師的指點與幫助，恐怕眼前這篇淺陋的論文都將難以誕生。唯有在後續的工作和學習中不斷努力，不至太多辜負老師的期待。師母戴老師，經常像對待自己的孩子一樣關心學生的學習和生活，陳門弟子都至為感謝師母的關懷和照顧。

　　其次是歷史地理研究中心的三位教授，郭聲波老師、吳宏岐老師、王元林老師。他們或在專業課程教授時循循善誘；或在講座中點撥啟發，一點點增加我對歷史地理學知識的理解與素養的提高。我深切感謝他們的教導。

　　此外，要特別感謝陳門師兄師姐、師弟師妹的鼎力相助，付勇師兄多次論文寫作經驗體會的提點，許燕青師姐利用在圖書館工作的便利為找尋資料提供了諸多幫助，姚瑞師弟、李哲師弟、王永偉師弟、張思師妹、楊小苑師妹、張哲師妹、董麗娟師妹、李玉姬師妹等都提供了至關重要的幫助，因有他們的慷慨支持與用心協助，才使得論文能較為順利完成。同屆同學魏超師弟、李賢強師弟、謝炳軍師弟、吳炫舟師弟、羅小霞師妹等，或一同聽課學習、或相互切磋論文，結下了彌足珍貴的友誼。藉此機會，謹再次向上述師兄師姐、師弟師妹們表達最誠摯的謝意。

　　四年來，為我順利完成學業，家人也做出了很大努力，我很感謝他們。太太譚淼女士，經常忙碌出差，非常辛苦，做了很多本來應該由我承擔的工作且無怨無悔，這一點尤為不易。兒子劉亦成自律、勤勉，學業成績優異，讓我倍感欣慰。畢業之際，也十分感恩父母，他們或許並不會看我所寫的東西，然而，是他們辛勤的教養讓我成長至今，這份恩情此生難以盡報。我的妹妹經常在我生活困頓之時施以援手，手足之情彌足珍貴。歷史與人生何其相似，都是難以一言以概之。我要始終保持敬畏之心，對過往，對現在，對未來。是為記！

劉祖強

2017 年 6 月於暨南園